教育部人文社会科学研究青年基金项目“职场精神性对员工职业发展的影响机制研究”（项目号：15YJC630001）资助

职场精神性对员工职业发展的影响机制研究

Study on the Effects of Workplace Spirituality on Employee Career Development

敖玉兰 著

西南财经大学出版社
Southwestern University of Finance & Economics Press
中国·成都

图书在版编目(CIP)数据

职场精神性对员工职业发展的影响机制研究/敖玉兰著.—成都:西南财经大学出版社,2018.10
ISBN 978-7-5504-3659-6

Ⅰ.①职… Ⅱ.①敖… Ⅲ.①职工—职业—发展—研究 Ⅳ.①F272.921

中国版本图书馆 CIP 数据核字(2018)第 188291 号

职场精神性对员工职业发展的影响机制研究

ZHICHANG JINGSHENXING DUI YUANGONG ZHIYE FAZHAN DE YINGXIANG JIZHI YANJIU

敖玉兰 著

责任编辑:王青杰
封面设计:何东琳设计工作室
责任印制:朱曼丽

出版发行	西南财经大学出版社(四川省成都市光华村街 55 号)
网　　址	http://www.bookcj.com
电子邮件	bookcj@foxmail.com
邮政编码	610074
电　　话	028-87352211　87352368
照　　排	四川胜翔数码印务设计有限公司
印　　刷	郫县犀浦印刷厂
成品尺寸	170mm×240mm
印　　张	13.5
字　　数	247 千字
版　　次	2018 年 10 月第 1 版
印　　次	2018 年 10 月第 1 次印刷
书　　号	ISBN 978-7-5504-3659-6
定　　价	86.00 元

摘要

随着全球经济的迅猛发展，市场竞争日益白热化，组织面临着越来越大的竞争压力。因此，组织不得不采取技术化、大规模裁员等各种变革手段来应对竞争以实现自身利润最大化，这就间接地将其面临的压力很大部分地转嫁到了员工身上，从而使身处职场中的员工感到内心不安、身心疲惫，并促使他们重新思考和探寻工作的意义、工作的目的以及个人动力的来源。同时，越来越丰富的物质生活和即时满足加深了人们对内在精神的弱化和对物质的过度崇拜，导致我们的物质生活和精神生活失去平衡。就职场领域而言，世界各国的员工不断思考自己职业发展和成长的方向。员工在自身的职业发展过程中，不仅关心客观职业成功，如薪资水平、职位晋升等，他们也越来越关注主观职业成功的一些方面，如工作满意度、职业满意度等，主观职业成功的内在精神性指标成为越来越多员工尤其是高薪阶层员工的追求。

职场精神性（workplace spirituality），也叫职场精神力，是指员工在职场中感知到的整体意义感和完整自我，这种意义感和完整感让个体的内在精神生活得到充实与超越。目前，职场精神性还是一个较新的管理学研究领域，其研究多集中在欧美国家。国外学者对于职场精神性的研究已经取得了一定的成就，大量研究证明了职场精神性对组织及员工个人都能产生一定的积极作用，这就为进一步研究职场精神性提供了有力的参考。国内学者对职场精神性的研究也取得了一些成果，如柯江林等。尽管已有学者对职场精神性进行过综述性介绍及相关的一些实证研究，但关注中国情境下职场精神性作用的实证研究还相对较少，因此，有必要对中国情境下的职场精神性进行进一步的挖掘。另外，以往的学者更多地是讨论职场精神性如何为组织带来绩效，如何让员工产生组织承诺、组织公民行为，降低员工离职率等，即这些研究更多地是以组织的利益为根本出发点，而较少关注职场精神性与员工个人职业发展之间的关系。因此，有必要对职场精神性与员工职业发展之间的关系进行探讨。而职业成功（career success）是个体在工作过程中积累的与职业生涯发展相关的、积极的工作成果和心理成果，是个体职业生涯发展和成长的最直接表现之一。本书在探讨职场精神性对员工个人职业发展的影响时，以员工的职业成功（包括客观职业成功和主观职业成功两个维度）为结果变量来测量职场精神性对员工职业发展的影响程度。

基于上述研究背景，本书尝试在中国情境下，以基本心理需求、职业自我效能感及职业认同为中介，以家庭需求为调节变量，探讨职场精神性对中国员工职业发展的影响机制，以丰富有关职场精神性的实证研究内容。

本书主要采用文献分析法和问卷调查法，对研究问题进行理论梳理和实证检验。首先，我们通过文献分析法，对本书相关理论基础进行回顾和梳理，并对职场精神性、职业成功、基本心理需求、职业自我效能感、职业认同及家庭需求等变量进行综述，寻找变量之间关系的理论支持，从而构建“职场精神性-基本心理需求/职业自我效能感/职业认同-职业成功”理论模型的基础，并提出相关假设。其次，我们通过借鉴国内外相关研究的成熟量表，审定编制测量问卷，并通过小样本测试及专家研讨的方式对初始问卷进行修正，形成最终的调查问卷。最后，通过收集问卷并采用 SPSS 和 AMOS 等统计软件对以上数据进行实证分析。我们在确保问卷信度、效度及控制共同方法偏差的前提下进行了大样本的实证检验，得出了以下主要研究结论：

（1）明确了职场精神性对员工职业成功的积极影响。本书证实，在控制了人口统计因素的基础上，职场精神性对员工的职业成功具有较强的解释力。这证实了职场精神性作为员工在组织环境中的积极体验对员工个人实现职业发展能产生积极影响，在职场中感受到的意义感和完整的自我能促使员工在工作中有更多的激情和投入，从而促进个人的职业成功。

（2）验证了基本心理需求、职业自我效能感及职业认同分别在职场精神性与员工职业成功之间起部分中介作用。首先，基本心理需求在职场精神性与职业成功之间起部分中介作用，中介效应占总效应的41.724%。其次，职业自我效能感在职场精神性与职业成功之间起部分中介作用，中介效应占总效应的20.65%。最后，职业认同在职场精神性与职业成功之间起部分中介作用，中介效应占总效应的27.28%。

（3）验证了家庭需求对职场精神性与基本心理需求、职业自我效能感及职业认同之间关系的调节作用。实证结果表明，家庭需求在职场精神性与三个中介变量之间均起负向调节作用。这说明不仅职场因素对员工的职业行为和态度有影响，家庭因素也同样发挥着重要作用，甚至会干扰组织环境对员工职业发展的作用。员工个人的家庭需求会调节职场精神性对员工职业心理的作用，进而干扰职场精神性与员工职业发展之间的关系。

综上所述，本书首先在对文献进行回顾总结的基础上，借助相关理论，探讨了职场精神性对员工职业发展的影响机制；其次，通过对模型提出假设，并以实证数据进行相关检验，得出了研究的主要结论；最后，提出了针对组织管理者及员工的相关意见和建议，讨论了本研究的局限性，并对未来研究进行了展望。

关键词：职场精神性，职业发展，职业成功，基本心理需求，职业自我效能感，职业认同，家庭需求

目录

1 绪论

1.1 研究背景

1.1.1 现实背景

随着全球经济的迅猛发展，市场竞争趋于白热化，企业组织不得不采取各种变革手段来增强自身的竞争力，以实现利润最大化。世界各地的企业组织不断推陈出新，制定出多样化的工作激励制度，培育着积极的组织文化。并且，企业制定的工作激励制度与员工自身的工作目标相结合的焦点主要是员工物质利益的获取。在追求更多物质利益时，企业员工确实在一定程度上提高了自己的工作积极性，物质需求也得到了一定的满足，企业与员工双方似乎都得到了较为满意的结果。然而，职场中的员工和组织仍然面临着一系列的挑战，具体表现在：

1. 职场中精神匮乏，员工的工作动力不足

首先，组织不断技术化、大规模裁员使得身处职场的员工身心疲惫、士气缺乏、内心不安，迫使他们重新思考如何寻找个人能量的来源（Harrington, Preziosi & Gooden, 2001）。其次，组织环境迅速变化使得组织面临更大的不确定性。组织文化被不信任感和不幸福感所笼罩（Fry & Cohen, 2009）。最后，组织提供给员工的职场环境让员工缺乏安全感和自我效能感，进而对工作缺乏激情和投入，导致其出现职业倦怠（Mitroff, 1999）。

但是，由于工作已经成为现代人生活的核心部分，人们不得不在职场中度过大部分时间。如果员工只是带着双手和大脑来工作，而将灵魂遗失在大门外，那么他们全部的创造力和潜力将很难得到激发，其绩效及个人职业发展都会因此受到限制（Mitroff, 1999）。正如 Moxley（2000）在对美国劳动群体的描述中指出，他们是精神缺失的群体，因为他们在工作中无法全心投入，工作不

能提供给他们内心向往的意义感和目的感。组织和组织内的领导行为常常都在谋杀他们的精神。反观中国，它的经济发展在很大程度上也受到了此类问题的桎梏。全球视野下的大范围、大规模的企业并购，再加上大规模裁员、弹性工作制和短期化的雇佣形式在中国企业中蔚然成风。在这种环境中，员工普遍在职场中缺失自我、意义感不足、与组织之间难以形成心理契约，由此带来了员工工作满意度降低、组织承诺降低、离职率升高、绩效改善乏力等问题。正如Cavanagh和Bandsuch（2002）的研究所言，吸纳和实施精神性管理有助于提升员工的工作满意度和合作精神。组织应该思考如何为员工提供一个富含精神性的职场环境，促使员工感受到精神性，并在工作中展现真实和完整的自我。

2. 物质主义充斥，员工内心感到迷茫

另外，随着经济和技术的发展，人们的物质生活越来越丰富。但是，过度的物质崇拜，导致社会道德缺失，价值观扭曲，出现腐败等各种堕落行为。我们的物质生活和精神生活因此失去平衡（Sheng & Chen，2012），我们的内心感到迷失。——我们不禁发问：什么是我们工作的最终意义和目的？Moxley（2000）将美国劳动群体描述为“精神缺失的群体，他们在工作中找不到内心向往的意义感和目的感。”就现实而言，如今的中国人正在遭遇一场由于精神性缺失所带来的巨大危机。正如灵性导师J. Krishnamurti所说，“世界的危机不是在表面，而是在于人类自身的觉悟，在于对人类千百年来积累的外部事物的觉悟。除非人类有一个猛烈的觉悟，否则外部的事物只会给我们带来更多的损害，更多的悲伤，更多的迷惑”。

3. 时代变迁，员工不再只满足于职业发展中的客观物质表现

传统的职业生涯理论如以SuPer和Schein的职业发展理论为指导的职业生涯成功标准多采用外在的客观标准进行研究，如薪水及其增长、职位及其提升、社会地位等，而忽视了主观成功标准的研究和运用。到了20世纪末21世纪初期，专家和学者越来越重视员工职业发展过程中的主观成功感知，并主张衡量职业成功的主观和客观标准两者缺一不可（Arthur，Khapova & Wilderom，2005）。在易变的职业生涯时代，直线式的职业发展模式很少，因此员工更渴望寻求那些对他们自身有意义的工作（Feldman，1989）。很多研究发现，拥有较高学历、地位及薪酬的人，即在别人眼中的成功人士，并不觉得自己在职业上是成功的（Hall，等，2005；Korman，Wittig-Berman & Lang，1981）。同时研究者发现越来越多的员工在定义他们的职业发展是否成功时，会用一些主观的指标，而不是薪水或者晋升频率等这类的客观指标（Eith，Stummer & Schusterschitz，2011；Sturges，Guest，Conway & Davey，2002）。Tischler（1999）的研究表

明，当经济回报超过某个特定阈值时，内在回报会取代经济回报成为激励员工的主要因素。当员工相信组织能带给他们积极的职业体验或者内在职业成功的时候，他们可能对组织更忠诚，进而提高工作产出。因此，员工也在不断思考他们自身职业发展的目标问题，是单纯的物质报酬和晋升，还是更多主观的职业成功体验等。

在这样的现实背景下，我们不禁思考，对于当前的员工和企业组织来说，职场精神性在员工职业生活中发挥着什么作用？企业组织如何才能有效地应对员工职业发展需求由客观成功转向主观成功这个变化？员工的职场精神性体验是否影响他们自身的职业成长？企业组织或者员工自身是否可以将职场精神性作为激励员工或自身职业发展的能力来源乃至重要动力？

1.1.2 理论背景

1. 职场精神性概念的兴起

1954年，马斯洛提出了著名的需求层次理论。但是随着研究的深入，马斯洛意识到如果一味地强调自我实现，则会使人变得残暴、空虚和冷漠，在自我实现需要之上还有一个层次——精神性需要（spiritual need）。精神性需要是一种基本的人性需求，能够促使个人努力超越现状，追求心灵的提升与自我的超越。"精神性（spirituality）"一词于1990年首次出现在管理学论文的标题中。关于职场精神性的研究从1992年开始迅速发展，1999年美国管理学会设立了管理和灵性兴趣小组，而*Journal of Management*，*Spirituality & Religion*在2004年的创刊更是标志着职场精神性的研究进入了一个全新的发展阶段。"职场精神性"中"精神性"一词起源于宗教，但是大多数学者认为职场精神性和特定的宗教传统无关，它关注的是个体在职场中感受到的整体意义感、完整的自我及超越的自我，具体表现为感受到有意义的工作（与工作的联系）、团队归属感（与工作中他人之间的联系感）及与组织价值的一致感（与组织之间的联系感）这样的内心体验（Mitoff，等，1999；Milliman，等，2003）。这种精神性体验强调整体的意义感、完整的自我及超越自我感，这种体验不仅来自工作本身，也来自与他人、与组织，甚至与社会及整个世界的联系感，因为只有感知到这些联系才能实现完整的自我和超越的自我。

2. 职场精神性研究的不断发展

在过去的二十多年里，西方管理科学领域发生了所谓的"灵性运动转向"，从关注个体的心理转向关注个体的精神领域，而职场精神性从20世纪90年代起开始在流行杂志领域受到广泛关注。2001年，纽约时报刊登的关于职场精神性的封面文章专门谈到这一话题受到的关注度，一些关于精神性领导及精神性企业家（Cohen & Greenfield，1997）的书刊相继出版。随后十年中，职场精神性吸引了学者的更多关注，成为美国学者和企业研究的热点问题（Karakas，2010）。Oswick（2009）在梳理关于职场精神性的研究中发现，1998—2008 年，关于职场精神性的书籍从 17 本增加到 55 本，而学术论文从 40 篇增加到 192 篇。一些顶尖学术期刊，如 *Journal of Business Ethics*，也发表了相当数量的关于职场精神性的研究成果。从流行读物到学术期刊，再到企业实践及大学课程，多个领域对职场精神性的关注都表明职场精神性值得进一步研究。

从目前国内外的研究来看，学者们对于职场精神性的研究进展大致可以归纳为以下几点：

（1）学者们对职场精神性的概念内涵进行了广泛的研究。Karakas（2010）的综述发现关于职场精神性/工作中的精神性的定义多达 70 多种。有些学者从员工个人角度出发，如 Ashmos 和 Duchon（2000）强调个人与工作、团队及组织的关系。另一些学者从组织文化角度出发，认为职场精神性是组织文化所体现的一些价值观，如 Fry（2009）认为职场精神性是组织通过精神性领导，促发员工的使命感、利他之爱。Jurkiewicz 和 Giacalone（2004）提出组织精神性的价值框架，包括善行、关爱后代、人文关怀等。目前研究领域对于职场精神性还没有一个统一的定义，但是从文献可以看出，职场精神性最重要的一些要素包括：工作的意义、归属感、工作中和他人的联系感、和组织的价值观的一致、联系感（Milliman，等，2003）、超越自我、内在精神生活等。

（2）学者们开发了可操作化的职场精神性的测量工具。尽管职场精神性的定义还没有达到统一，但是学者们从自己研究的目的和侧重点出发，开发了许多可操作的关于职场精神性的测量工具。根据文献分析，使用较广的测量工具有以下一些：工作中的精神性（SAW）（Ashmos & Duchon，2000）、Milliman 等（2003）的三维度量表、工作中的精神性（SWS）（Kinjerski & Skrypnek，2006）、精神性氛围量表（SCI）（Pandey，Gupta & Arora，2009）等。也有一些学者试图从价值观体系开发组织精神性量表，如包含善心、包容性、关怀下一代、尊重等维度。需要指出的是，国内学者最近对职场精神性的研究也开始涉及量表开发，这为职场精神性的本土化实证研究奠定了基础。

（3）学者们对职场精神性的结果变量进行广泛的实证研究。目前实证研究领域的热点主要集中于职场精神性对员工个人和组织的影响，以及如何培养组织及职场的精神性。已有研究表明职场精神性对员工心理、行为态度及组织绩效都会产生影响，如职场精神性能够提高组织的绩效（Garcia-Zamor，2003）、有利于员工的组织公民行为（Kazemipour，2012）、提高员工的组织承诺（Milliman，等，2003；Rego，等，2008；Kazemipour，2012）、降低员工的离职倾向（Milliman，等，2003；Chawla，2010）、降低缺勤率及减少偏离行为（Chawla，2014）等。随着研究的深入，有学者开始关注职场精神性在职业领域的作用，如职场精神性能激发员工正面积极的内在能量，使员工将职业视作使命，促使个人在职业中找到意义感（Lips-Wiersma，2002），增强员工的职业自信及职业决策自我效能感（Duffy & Blustein，2005；Duffy，2010）；意义感和精神性让人能够更好地应对压力因素并且满足人们的基本需求，如关系需求和支持需求（Karakas，2010）。意义感和精神性从情感方面带给人们快乐、幸福等积极情绪，从而提高个体的工作满意度。而工作满意度或者职业满意度在很多研究中被作为衡量职业成功的主要标准之一，由此可见职场精神性在一定程度上对员工的职业成功有重要影响。

（4）较少的研究探讨了职场精神性对结果变量的中介影响机制。从现有的文献来看，大多数研究直接考察职场精神性对个体或者组织的结果变量的直接影响（Geigle，2012），而很少有研究深入探讨职场精神性与结果变量之间的中介机制或者情境变量。尽管最近一些学者开始关注职场精神性对影响结果变量的内在机制，如将组织承诺作为职场精神性与组织公民行为之间关系的中介变量（Geh，等，2009；Kazemipour，2012）以及将情绪劳动作为职场精神性与主观幸福感间的中介变量（邹文篪，等，2015），但职场精神如何产生后效影响在一定程度上仍处于“黑箱”状态。因此，有必要对职场精神性与结果变量之间的中介机制及情境因素进行更深入的探讨。

（5）国内学者对于职场精神性的研究还处于起步阶段。目前较有影响力的学术论文还只是综述性的（参看王明辉，等，2009；张志鹏，和萍，2012；柯江林，2015），而且关于职场精神性的实证研究相对较少。而近几年学者们对于精神性领导却给予了相对较多的关注（杨付，等，2014），可见国内学者也开始重视精神性这一主题。但是国内对于精神性及职场精神性的研究都远远滞后于国外的研究，也滞后于国内实践的需求。另外，虽然中国传统文化不是宗教式的，但是我们不能否认中国人的精神追求，中国人依然会追求人生意义、归属和幸福（张志鹏，和萍，2012）。与此同时，随着我国人民物质生活水平的不断提高，员工期待在组织不断满足其物质需求的同时，能更加关注精神层面和心理方面的感受。而职场精神性关注的正是职场中个体心理的体验与工作的意义和目的，因此职场精神性的研究在国内非常有必要。因此在中国情境下研究职场精神性这一主题显得十分有必要性。

另外，以往的研究已经证明，职场精神性能对员工的行为及态度产生影响，但是大部分的研究都是从组织利益出发，关注的是员工的组织公民行为（Rego, 2008）、组织绩效等，较少关注职场精神性对员工自身职业发展的影响，那么职场精神性是否能真正影响员工的职业发展呢？这是值得我们研究的一个问题。

1.2 研究意义

1.2.1 理论意义

本研究的理论意义包括：

第一，以中国员工为研究对象，对“职场精神性”的结构维度进行本土化验证。

基本上，国内学者目前对职场精神性的研究还停留在文献综述阶段，缺乏相关实证研究。本书在参考国内外文献的基础上，结合国内员工的特点，探讨员工在职场中感知的整体意义感，如“有意义的工作”“团队感”及“与组织价值一致感”等精神性内容，并通过初步访谈确定适合中国员工特点的“职场精神性”的构念内涵及维度，为将来探讨本土情境下的职场精神性研究提供参考。

第二，揭示职场精神性与员工职业发展之间的关系。

以往国内外研究者对职场精神性的研究中，更多的是从组织利益角度出发探讨职场精神性对于员工工作态度（组织承诺、组织认同等）、工作行为（组织公民行为、离职等）等的影响，而较少关注职场精神对于员工自身职业发展方面的影响，本研究为职场精神性的研究开拓了新的路径。同时，本研究建立了认识员工职业成功的全新视角，从而在某种程度上丰富和拓展了关于影响员工职业发展和职业成功的因素的研究，为该领域的研究提供了一个新的方向。

第三，明晰了职场精神性与职业发展之间关系的具体影响路径。

本研究从职场精神性出发，将基本心理需求、职业自我效能感及职业认同作为中介变量，从三个不同的视角诠释了职场精神性影响员工职业发展的中介影响机制，职业发展以客观职业成功及主观职业成功为测量指标。以往的研究中对于职场精神性与结果变量之间的中介机制的研究很少，仅有的一些中介机制探讨也只是从单一的角度出发，如社会交换的角度等。从单一的视角往往不足以解释变量之间的复杂作用机制（Walumbwa，等，2011），因此本研究试图从多个不同视角去探讨职场精神性对员工行为态度等的复杂影响机制。本研究从自我决定、社会认知及社会认同三个理论视角，打开职场精神性对职业成功影响的“黑箱”，以便能够更加清晰深入地解释职场精神性与员工职业成功之间的复杂关系。中介机制的揭示加深了我们对职场精神性发挥效应的认识和理解，为今后的理论研究奠定了基础。

第四，为职场精神性的研究引入边界条件，丰富了职场精神性的理论研究。

在关于职场精神性的研究中，学者们较少探讨情景因素，仅有的一些边界条件的探讨也是从个体因素，如情绪智力等出发的。根据工作家庭边界理论、资源保存等理论，员工在职场中的行为态度，除了受到职场内部因素的影响，也受到职场外部因素，如家庭因素的影响。本书在梳理相关文献综述的基础上，将家庭需求作为调节变量，研究了职场精神性与职业发展之间关系的边界条件。通过考察情境条件，我们对职场精神性影响员工职业发展的复杂过程能有更全面的认识，也为将来探讨职场精神性对员工影响的边界条件研究提供参考。

1.2.2 现实意义

本研究通过对职场精神性作用于员工职业发展的机制及影响这一机制的边界条件进行研究，得出了基于员工个体层面和组织层面两个角度的现实性研究意义。即对员工个体而言，本研究找到了一条员工实现职业发展的新途径，这有利于提升员工职业生活的精神境界。对组织而言，有效地发挥职场精神性丰富了组织的激励机制，增强了组织相关政策制度的适应性，有利于精神性组织文化和职场氛围的培养。

1. 对员工的意义

（1）帮助员工寻求新的职业发展途径

员工实现职业发展的途径有很多，但尚未有学者细致地探讨过职场精神性对员工职业成功的作用机制。首先，对于体验到高职场精神性的个体而言，其感觉到与工作中他人的密切关系有助于满足其关系需求；当个体感觉到工作是有意义而且赞同组织的价值观时，个体会以主人翁的态度和饱满的热情对待自己的工作，这就有利于其自主需求和胜任需求的满足。当三种基本需求得到一定程度的满足后，员工会更自觉、更长久地坚守工作岗位，履行好工作职责，从而提高个人绩效及激发职业潜力。同时，当职场精神性满足了个体的基本需求之后，便会促进个体的心理健康（Romero，等，2006；Baetz，等，2002；Shannon，等，2002），促使其产生更多的积极情绪，如职业满意度等，而这些都有利于员工职业成功的实现。其次，能够感知到高职场精神性的员工，会认为工作是有意义的、对团队有归属感，觉得与组织价值观一致，这能提高个体的职业自我效能感，并进而影响个体的相关态度和行为。当员工感知到的职场精神性很高时，便会对工作中他人的支持形成正面预期或进行正面感知，这将进一步增加个体对于完成相关工作任务的自信，进而形成高度的自我效能感（Duffy & Blustein，2005），激发出更强的创造力，并最终促使职业成功的实现。最后，职场精神性体验会让员工感受到与同事的紧密联系感、对自己目前所从事工作和职业的意义性的认可、价值观的肯定，因此员工愿意将自我归于这个职业群体，并强烈地希望能被该职业群体接纳和认可。并且这种职业认同感会使员工产生更多的积极心理反应，得到更多的外部资源和支持，以有效地应对职业障碍（Gushue，等，2006），从而产生积极的工作态度和行为等（Gümüs，Hamarat，Colak & Duran，2012；Loi，Yue & Foley，2004；刘彩霞，文若兰，沙立民，等，2014），进而帮助个体在组织和职场环境中有更大的职业发展等。因此，若个体想要实现职场上的成功，可以从职场精神性这条新路径出发，通过满足其基本心理需求、提升其职业自我效能感和职业认同感，从而实现职业成功。

（2）有利于提升员工职业生活的精神境界

20世纪中后期以来，在外部竞争日益激烈的情况下，各组织有意无意地逐渐将外部竞争压力转移到了组织内部，并间接地转移到员工身上，导致员工逐渐出现工作压抑、身心疲惫和缺乏安全感等非幸福体验（Fry & Coen，2009），这让人们不得不重新思考如何寻找个人能量新来源（Harrington，等，2001）。职场精神性最突出的特征就是个体渴望在职场中追求意义感，追求一个完整的自我、一个超越的自我的实现（Ashforth & Pratt，2010；Giacolone & Jurkiewics，2010）。它从伦理道德以及价值观等层面来帮助员工实现其自我价值，其内核是完整性和超越性，反映了个体最高层次的需求。职场精神性的出现，让整日困惑于如何安顿自我身心的，如何提升自我修养的员工找到了方法，激励他们不再为工作中的琐事和钩心斗角等俗事扰乱心境，因此职场精神性有利于提升员工职业生活的精神境界。

2. 对组织的意义

（1）有利于精神性组织文化的培养

工作伦理、情绪劳动等得到更多管理者及学者的关注，他们发现，员工似乎不再只是满足于物质的需求，而是有了智力、情绪、精神等层面上的更高需求。在职场中，员工的精神性需求作为一种最高层次的需求，不仅仅需要自身的培养，也需要组织提供一种具有精神性的职场氛围，一种更为人性化的和关爱员工及社会的氛围。因此组织文化理所应当地充当这个角色。很显然，精神性的组织文化和职场氛围容易被员工认同和接受，而不需要组织过多地强加推动，因为精神性的内涵在于自我完整和自我超越，是完全符合个体利益及其内在心理诉求的。而组织建设精神性文化的动因在于新时代背景下，员工与组织的协同发展、互利共赢。因此，职场精神性既符合雇主与雇员双方的利益，又符合当今时代的发展趋势，它的出现有利于一种新兴的组织文化——职场精神性文化的发展。

（2）丰富组织的激励机制

长期以来，管理学、心理学和组织行为学等学科为研究激励理论和激励实物做出了重要贡献。然而，随着时代的发展，新的组织现象在部分传统的激励理论中得不到解释，同时某些传统的激励方法也很难在当下的环境里发挥以往的效用。职场精神性是新时代下员工的一种新诉求，组织应加以利用并将其纳入激励机制中，使之成为新时代背景下调动员工工作积极性、激发员工工作潜能的新利器。这是因为职场精神不仅能够使员工自发地提高自身的工作能动性，提升其对组织的承诺，进而实现组织绩效的增长，也能促进员工产生工作满意度及幸福感等（Milliman，等，2003）。同时，组织实施的精神性管理除了可以帮助组织实现更多绩效之外，还可以促进员工自身的成长及发展。因此，在管理实践中，组织应在当前背景下，思考如何由内而外地激励员工，比如充分考虑员工内在的精神诉求，发挥职场精神性的激励作用。

（3）促使组织增强对相关政策制度的适应性

组织制定的相关政策和制度，不一定能取得预期的效果。究其原因，多数组织现行的政策和制度是基于员工处于职业领域，只受职场中各种因素的影响这一假设。但事实上，员工虽身处职场但也在很大程度上受到家庭领域等诸多因素的影响，正是这种影响导致了组织的部分政策和制度的可行性和适应性程度降低。本研究以家庭需求为调节变量，试图探讨能影响个体的职业成长的重要家庭因素，并通过模型推导、数据验证等来论证家庭需求分别通过调节员工个体的职场精神性与心理需求、职业自我效能感、职业认同的关系从而对其职业成功造成影响。我们通过家庭需求的边界条件的研究，试图验证之前众多学者所得出的研究结论，即工作个体的家庭因素能够对其职业生涯造成一定程度的影响（Dust & Greenhaus，2013）。因此，本研究结论有助于组织综合分析员工在工作和家庭两个领域面临的角色要求，提高和精进组织对员工的认识，进而提高组织制定的相关政策和制度的可行性与适应性。

1.3 研究内容

本研究首先通过回顾相关文献和理论分析，以自我决定、社会认知、社会认同理论和相关实证文献为基础，构建了职场精神性对职业发展的影响机制模型；其次以职业成功为职业发展的测量标准，重点研究职场精神性与职业成功之间的传导机制，以及职场精神性和职业成功之间的边界条件；最后结合实证研究结论对组织及员工提出相应的对策和建议。本研究主要包括以下几个方面内容：

1. 探讨职场精神性对职业成功的影响

早期有关精神性问题的研究多与宗教、康复医疗等主题相联系。其后，随着积极心理学和积极组织行为学的兴起，国外学者（Cavanagh & Bandsuch，2002）指出，将精神性问题融入人力资源管理政策和过程将有助于提升员工的工作满意度及合作精神。然而，国内外现有的关于职场精神性与员工相关结果变量的研究却多是从组织利益角度出发（如组织承诺、组织认同、组织公民行为等），而非从员工个体利益角度出发对职场精神性的结果变量进行探讨。并且，已有的关于职场精神性及其结果变量之间关系的探讨还多停留在短期行为或态度变量上，并未对与员工长期利益相关的职业成长变量进行充分探讨，更缺乏对职场精神性与员工职业成功关系的探讨。基于此，本研究将从职场精神性入手，探讨职场精神性对员工职业成功的影响，从而为今后进一步的相关研究提供理论依据。

2. 研究职场精神性对员工职业成功影响的中介传导机制

在现有的关于职场精神性及其结果变量的关系的研究中，学者们对中介机制的探讨尤其不足，并且仅有的一些关于中介机制的探讨只是从单一的角度出发（如社会交换、资源保存），而现有的学术界还比较缺乏职场精神性与员工职业成功中介机制的研究。中介机制的缺乏使得职场精神性对职业成功的影响机制还处于“黑箱”状态，使我们无法清晰地认识到职场精神性与员工职业成功之间具体的作用过程。据此，本研究基于自我决定、社会认知和社会认同三个理论，引入基本心理需求、职业自我效能感及职业认同作为职场精神性与职业成功之间的中介变量，对职场精神性影响员工职业成功的作用机制进行全面深入的探讨，打开职场精神性对职业成功影响机制的“黑箱”，清晰而深刻地构建了职场精神性对员工职业成功影响的传导机制。

3. 讨论家庭需求分别在职场精神性和基本心理需求、职业自我效能感及职业认同之间的调节作用

根据工作家庭边界理论，个体在家庭领域的高水平卷入会导致个体在工作领域的低水平卷入（Clark，2000）。家庭需求作为家庭领域的一种卷入，其高低程度会对个体工作领域的其他卷入造成不同的影响。具体而言，家庭需求的高低会调节职场精神性分别与基本心理需求、职业自我效能感和职业认同感之间的关系，对工作个体的认知和心理状态造成不同程度的影响。虽然很少有学者在职业与家庭界面探讨精神性问题（Dust & Greenhaus，2013），但家庭需求作为工作/职业与家庭的互动情境，其高低程度确实能影响职场精神性对于基本心理需求、职业自我效能感和职业认同作用的发挥。因此，本书根据 Dust 和 Greenhaus（2013）所提出的工作-家庭界面职场精神性理论研究框架，选择家庭需求作为调节变量，通过验证家庭需求分别在职场精神性与基本心理需求、职业自我效能感及职业认同感之间的调节作用，从而揭示出家庭需求分别在这三对关系上的边界条件。

4. 结合实证结果为组织和员工提供相应的对策和建议

理论需为实践提供指导和服务。本研究首先根据当前的现实背景和理论研究现状，从理论上构建了一个职场精神性影响员工职业成功的研究框架，其次结合实证数据对所提出的假设进行验证，对实证所得的研究结果进行解读和阐释，最后，本研究根据实证结果从组织和员工角度出发，对组织及员工提出了相应的管理建议，这对于组织改善管理、提高员工的绩效产出和帮助员工形成积极的心理和精神感受具有重要意义。

1.4 研究方法与技术路线

1.4.1 研究方法

我们在阅读大量文献的基础上提出本书的研究假设，然后采用问卷调查法收集相关数据，并采用数据分析对假设进行验证，本研究主要研究方法如下：

1. 文献研究法

任何研究都需要以前人的成果为基础，因而文献研究法理所应当地成了本研究初期阶段一项最基本的研究方法。通过该方法，我们以“spirituality”“psychological need”“self-efficacy”“career identity”“career success”“family demand”以及“职场精神”“心理需求”“自我效能”“职业认同”“职业成功”“家庭需求”等词在谷歌学术、知网、国内外某些大学数据库等进行了中外相关文献搜索，并通过搜索到的文献对本研究中所涉及的主要变量如职场精神性、职业认同、心理需求、家庭需求及它们之间的关系进行了梳理，以此界定了本研究中主要变量的概念和维度，发现了现有研究中的不足之处，进而奠定了本研究中理论模型和研究假设的基础，为后续研究的展开提供了前提条件。

2. 问卷调查法

本研究在文献研究法的基础上，通过借鉴国内外相关成熟量表作为调查问卷的基础内容，并按照问卷设计原则（如词句表达要明确、用词尽量中性等）和问卷设计方法（如英汉对译、小组讨论等）初步确定了本研究的调查问卷。通过对小样本预调研，检验初始问卷在中国情境下的信度和效度问题，发现问卷的不足之处并加以修正和完善，最终形成了大样本问卷。以最终确定的问卷为基础，本研究通过便利抽样和滚雪球抽样的非随机抽样方式以及采用纸质问卷和电子问卷两种调查方式对成都、重庆、杭州等地的调查对象进行了大样本调查，并在调查过程中采用周浩和龙立荣（2004）的方法对共同方法偏差问题进行程序控制和统计控制，同时通过匿名等手段降低社会赞许性偏差对本研究造成的干扰。据此，所收集的大样本信息为后续实证研究的开展提供了数据支持。

1.4.2 技术路线

本研究的研究思路为“研究问题的提出—理论基础与文献回顾—理论模型构建和研究假设—研究设计—数据分析及假设检验—研究结论与讨论”，后文将按照此思路展开相关研究，具体研究线路如图 1-1 所示。

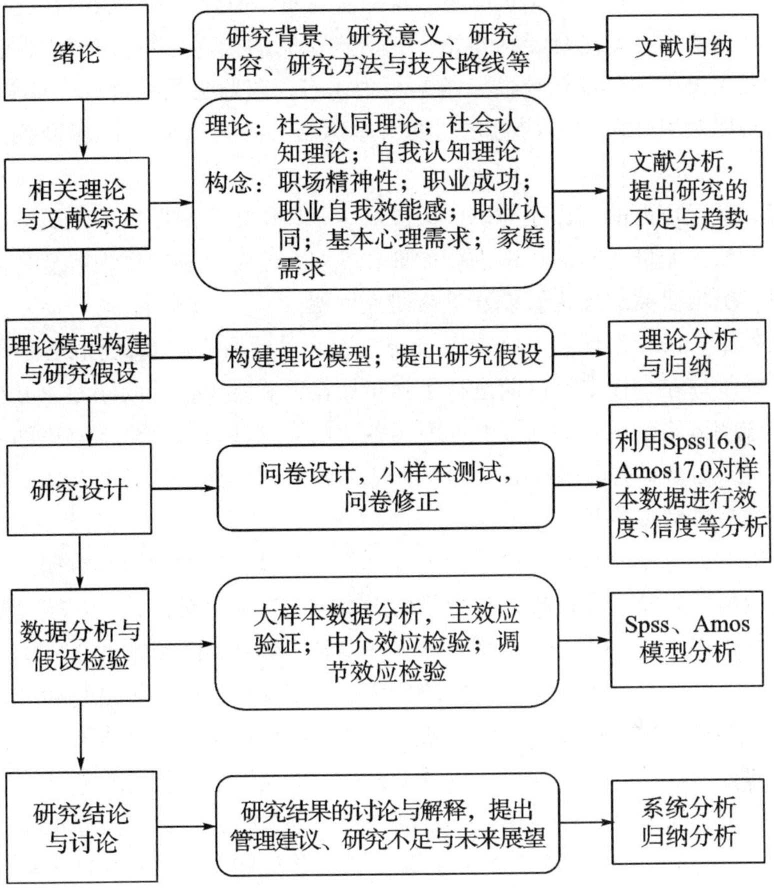

图 1-1　本研究的技术路线

1.5　本书结构

根据以上的研究内容、研究方法和技术路线，本书各章的具体内容安排如下：

第一章：绪论。本章通过对现有文献的简要归纳，首先结合现实背景及理论背景提出研究的问题，分析了研究的理论意义和现实意义所在及本研究的主要研究内容，其次提出了研究思路和将要用到的研究方法、技术路线，交代了本书的整体结构，最后总结了本研究可能的主要创新点。

第二章：相关理论与文献综述。本章着重对本研究涉及的自我决定、社会认同及社会认知理论进行详细介绍，并对本研究的构念进行文献梳理与综述，重点是找出员工的职场精神性、基本心理需求、职业自我效能感、职业认同、职业成功以及家庭需求等构念之间的关系脉络，并为构建理论模型找寻理论依据。

第三章：理论模型构建与研究假设。本章在基于文献回顾和相关理论的基础上，对相关变量之间的关系进行梳理和推演，论证明确模型内各变量间的逻辑关系，提出研究的理论假设和整体研究框架。

第四章：研究设计。本章首先对研究所涉及的所有变量的量表进行收集、归纳和整理，在小样本测试前进行了初步访谈，确定了初始的问卷。其次，通过小样本测试检验问卷的信度及问卷内条款的合理性，在小样本测试的基础上对问卷进行合理的修正及完善，最终形成后续大样本测试检验的正式问卷，然后进行大样本数据收集。

第五章：数据分析与假设检验。本章首先是对收集的大样本数据进行描述性统计分析，以及对人口统计学变量的因素方差进行分析，其次，本章最重要的部分是采用 Amos 17、SPSS19.0 等软件以及 Pearson 相关分析法分析变量之间的相关关系，利用多元层次回归的方法对第三章提出的假设进行验证，主要进行了职场精神性与职业成功的主效应检验，另外还对基本心理需求、职业自我效能感及职业认同的中介作用以及家庭需求的调节作用进行了检验。

第六章：研究结论与讨论。本章的内容主要包括：讨论第五章的统计检验的研究结论，分析总结研究结论的价值，阐述研究结论对管理实践的启示，分析本研究的局限及未来的研究方向。

1.6 本章小结

本章通过对现有文献的简要概括，首先对研究的现实背景及理论背景进行阐述，指出在中国情境下研究职场精神性的必要性，并指出职场精神性对员工个人职业发展的重要作用，分析了研究的理论意义和现实意义所在及本研究的主要研究内容，其次提出了研究思路和将要用到的研究方法、技术路线，交代了本书的整体结构，最后总结了本研究可能的主要创新点。

2 相关理论与文献综述

2.1 理论基础

2.1.1 自我决定理论

自我决定理论（Self-Determination Theory，SDT）是由 Deci 和 Ryan 两位学者提出的，用以研究个体行为的动机理论。Deci 等（2000）认为，自我决定除了是个体的一种能力之外，它还是个体的一种需要。人们拥有一种自我决定的倾向，这种倾向是基本的、内在的，它引导人们从事有利于发展能力和感兴趣的行为，以及形成对社会环境的灵活适应能力。自我决定理论区别于其他动机理论的特点是，它并未把动机简单地区分为内部动机和外部动机，也不是把动机看作一个单一的概念，而是把动机的养成看作一个从完全无动机到外部动机再到内部动机的连续体。其中，外部动机又可细分为内摄、外部、认同及整合四种调节类型。并且，内摄和外部两种调节的自主成分不高，因而也被称为控制动机。而另外两种调节类型随着个体自主成分的逐渐增加而开始占有较强的主导地位，因而也被称为自主动机。在不同动机的调节下，个体的心理活动及其行为表现通常表现出较大的差异。其中，内部动机是一种天生的、使人具有积极倾向的动机，它通过激发个体内在的兴趣而使个体在诸如知识和技能等的获取方面具有强大动力优势。然而，这种存在于个体身上的内在积极动力却与个体心理需求的满足程度密不可分（Deci & Ryan，2000）。

实际上，个体在从事某一项特定工作时对于心理需要的满足程度就决定了其对该项活动所具有的内部动机的强弱。根据 Deci 和 Ryan 的研究，任何个体都存在自主需求、胜任需求以及关系需求三种基本的心理需求。自主需求的满足处于主导地位，指的是当个体在开展某项工作时，内心深处渴望有心理自由感和选择的体验（Ryan & Deci，2006）；胜任需求与班杜拉的自我效能感的意义相似，指个体在某项活动中感到自己是有效的；关系需求是个体在所处环境中体验到的，渴望与目标人或目标人群发生联系的内在心理倾向（Baard，Deci & Ryan，2004）。总之，个体的自主需求、胜任需求和关系需求的满足程度在社会情境中越高，其动机调节的方式就会越倾向于内在动机调节，个体才会在某项任务上具有更持久的韧性和更积极的心理状态；反之，环境因素对于个体三种基本心理需求的满足度越低，则越容易导致个体绩效成果和幸福感的降低（Reis，Sheldon，Gable，等，2000）。

经过40多年的发展，自我决定理论已经形成了涵盖五个子理论并以基本心理需求理论为核心的一套理论体系，在教育、宗教、组织、和人际关系等多个实践领域具有重要的指导作用。根据研究的需要，我们主要采用这些子理论中的基本心理需求理论，来构建并论证职场精神性通过基本心理需求来影响职业成功的中介路径。因此，本书只对自我决定五个子理论中的认知评价理论和基本心理需求理论进行阐述。

1. 认知评价理论

认知评价理论（Cognitive Evaluation Theory，CET）由Deci（1975）提出，是自我决定理论的早期思想。认知评价理论强调外在奖酬对内在激励的负面作用，它将外部环境区分为信息性环境和控制性环境两类，并认为这两类外部环境对个体内部动机及相关行为具有截然相反的影响，控制性环境起抑制性影响，而信息性环境起促进性影响（Deci & Ryan，1985）。认知评价理论认为，个体可以分别被内在和外在两种因素激励，然而这并不意味着这两类因素不具有相关性。内在激励因素对于个体的影响作用会因为外在激励的增加而有所降低，这是由于个体对自主需求的满足程度产生了改变性认识所导致的，这是认知评价理论的一个基本假设和重要理论内容。

2. 基本心理需求理论

基本心理需求理论（Basic psychological need theory）（Deci & Ryan，2000）作为自我决定理论的核心，主要阐释了基本心理需求的内在含义以及主观幸福感和心理需求的关系。自我决定论认为，每个人都有自我发展的需求——这是人类的基本心理需求，并且已经被证明可以跨越情境和文化因素而广泛地存在。该理论从促进个体自我整合的社会环境入手，提出了人类最基本的三种心理需要，即自主需要、能力或胜任需要、关系或归属需要。并且这三种需要是人们与生俱来的，所有个体都为了满足它们而努力，具有普适性。

基本心理需求理论研究的核心问题是环境因素如何通过个体的三大基本心理需要而作用于个体的心理健康及其后续的相关行为，本研究采用的中介变量之一——基本心理需求正是基本心理需求理论的核心构念。研究表明，人们对幸福的体验和基本心理需求的满足程度呈正相关。若人们的基本心理需求得到满足，则会沿着最佳选择的方向发展，且能够体会到一种实际存在的完整感和“因积极或理性生活而带来的幸福感”（Ryan & Frederick，1997），否则就会产生消极的作用，如病态和忧伤。Williams，Deci 和 Ryan（1998）的研究发现，通过对职员能力、自主性和关系等这些基本心理需求满意程度的调查就可以预测他们在工作时的愉快程度和业绩。有跨文化研究发现，在不同的文化类型中，自主需求的满足程度与人们的积极行为和方式幸福感总是呈正相关的（Kasser & Ryan，1996）。基本心理需求的理论已经成为自我决定理论许多重要假设建立的基础。

2.1.2 社会认知理论

班杜拉（1986）的社会认知理论（SCT）强调，心理学应该具有基本的社会属性，因为它的研究对象——人具有基本的社会属性。也就是说，心理学不仅仅是意识、行为或认知的简单叠加，因而，在对个体的自我调节过程进行研究时不能忽略相应的社会情景和人际关系以及社会影响及社会评价。“社会认知”作为一个独立的研究领域兴起之后，不同的学者在各自的研究领域对其定义有不同的界定。总体说来，社会认知是人们关于社会关系和社会现象等方面的人类自身事件的认识，主要包括以下三个层次：首先，是关于个体自身的认知，包括自己对他人的品质特征、思想观念和心理活动等的认识；其次，是关于人与人之间的关系（比如合作、冲突、友谊和权威等）的认知；最后，是关于组织内部和组织之间各种社会关系的认知。班杜拉（1986）认为，个体的认知活动与他们的行为之间有着前后相继的因果关系，个体认知在外部环境因素和内在思维活动的共同作用下，决定了个体的相关社会态度、社会动机和社会行为，并且内在思维活动对个体社会行为的影响远大于外在环境。社会认知理论主要包括三元交叉理论、观察学习和自我效能感三方面的内容。在三元交叉理论模式中，来自个体的认知、来自个体的行为以及来自外部的环境事件三者之间存在相互决定的关系。环境事件与个体行为互相依存，个体对行为结果的预判性认知影响着他接下来的行为表现（包括表现方式和表现程度等），而行为结果也会反馈到个体，形成新一轮的思维活动（具体表现为思想和认知的调整）。而班杜拉的社会学习则包括两种学习方式，一种是个体从自我相关行为结果中通过分析、总结、领悟等方式而进行的直接性学习，另一种是个体通关观察社会其他个体以观察、模仿等方式而进行的间接性观察学习。就社会实际而言，观察学习是两种学习方式中最常见的学习方式（成晓光，2003）。

而作为班杜拉（1997）社会认知理论的重要部分，自我效能指的是人们所感知到的，对自己是否具有相应能力以掌控左右其生活的环境事件的信心。它包括了四个主要来源，即成功经验、替代性经验、言语劝导和生理唤醒水平。成功经验和生理唤醒水平是偏向于自我本身的两个效能感来源。成功经验是指个体自我的成功及其对于成功的总结性认知会增强自我的效能感知，而自我失败的经验却会弱化它。生理唤醒水平则是从个体的情绪控制角度来寻找自我效能感的来源，它认为个体在面对某项特定的情绪化事件时，所表现出来的“平常心”会使人产生自信，而焦虑、急躁等剧烈的情绪化反应则会使个体降低对自我能力的认知。替代性经验和言语劝导都是从自我本身以外的其他个体或群体上寻找效能感来源。替代性经验是指个体通过将自己与同自身条件差不多的其他个体进行对比，通过对比结果而获得相应水平的自我效能感。即如果作为对比对象的其他个体能取得或轻易取得成功，则个体就会形成对自我的高效能感水平认知，反之则会形成低自我效能感水平认知。言语劝导是通过个体本人所看重的其他个体（如父母、老师、配偶等）的鼓励性言语来增强自我效能感。在一定程度上可认为，个体是将自己对于其他重要个体的信任转换为对自我能力的信任，因而个体对于发出鼓励性言语的个体越信任，自己也就会形成越高的自我效能感。

在自我效能感理论的影响下，社会认知的职业理论（Social Cognitive Career Theory，SCCT）逐渐受到了学者们的关注。社会认知的职业理论强调三种个人变量，即自我效能、结果预期和个人目标分别在职业发展中所起的作用。社会认知职业理论还包括职业兴趣、职业选择和工作绩效三个相互联系的子模式。在每个子模式中，自我效能、结果预期、个人目标连同个体的其他重要特点（如背景、经验等）共同对个体的职业选择和发展过程产生联合性影响。比如职业兴趣模式认为，职业兴趣一经形成便会连同结果预期以及自我效能感共同促进个体目标的形成，并通过目标的中介作用而对个体的行为绩效产生正向影响。同时，行为绩效也会对结果预期和自我效能产生反作用，形成一个动态往复的反馈过程（高山川，孙时进，2005）。职业自我效能感是自我效能感在职业领域的运用。赫克特（Hackett）和贝茨（Betz）两位学者可谓职业自我效能感研究的先驱，他们在20世纪80年代就开始将自我效能感理论引入职业领域以进行相关研究（Hackett & Betz，1981）。随着自我效能感在职业领域应用范围的扩大（比如将自我效能感用于择业、工作的再次寻找等方面），研究者逐渐使用职业自我效能感的构念来阐释影响职业选择、职业发展以及职业行为等的自我效能。

由以上内容可知，社会认知是个体对社会性客体和社会现象及其关系的感知和理解（庞丽娟，田瑞清，2002），而个体的自我认知作为社会认知的一种高级认知和主要内容（刘艳，邹泓，2007），其私密我（private self-knowledge）与延展我（extended self-knowledge）的认知加工方式使个体知觉到他对所做事情可以有怎样的调节，这就增强了行为的人为目的性和自我掌控性（姚项哲惠，等，2014）。同时，自我认知中自信、自立、自强、自尊的重要特征在个体的自我效能感中得到充分的体现，并且自我效能感本身就是有关自我认知的重要概念（田在兰，黄培伦，2014），而职业自我效能感是自我效能感在职业领域一种更加具体的形式。因此，本研究以社会认知理论为基础，通过引入职业自我效能感这一中介变量来探讨职场精神性与职业成功的问题。

2.1.3 社会认同理论

亨利·泰费尔（Henry Tajfel）等在20世纪60年代最早提出了社会认同理论。其后，Tajfel（1982）把社会认同定义为，个体知道自己归属于某类特定的社会群体，并且通过这种归属的划分而使其获得的群体资格会赋予自己某种价值性的意义或者情感。随着该理论的兴起，研究者数量不断增加，并在20世纪80年代后取得了显著的成绩。社会认同作为解释群内、群际现象的研究取向，集合了多个理论方向，如特纳（Turner，1985）在研究基础上提出的自我分类理论（Self-Categorization Theory）、Hogg（2001）以自我分类理论为基础提出的领导力的社会认同理论（The Intergroup Theory of Leadership）、群际情绪理论（Intergroup Emotions Theory，IET）等，这些理论对社会认知理论做了进一步的完善。

1. 自我分类理论

自我分类理论是特纳等学者在社会认同理论的背景下发展而来的，它所关注的是“个体中的群体”，这个群体是心理化的群体。自我分类理论关注的是个体将群体通过主动化心理活动后所得到的具有正向价值意义及正性情感，并借此与其他个体相区别的动力过程（Turner，1985）。这里的社会群体不仅包括了客观存在的群体，还涉及具有心理意义的主观群体（杨宜音，2005）。自我分类过程受到自我提升和减少不稳定性这两个因素的影响，在自我提升方面，个体会将他人对于所在群体的评价等同地视为他人对自己的评价，因此个体会通过各种方式为提高自己所在群体的具有积极价值的评价（如社会地位、社会形象等）而努力；在减少不稳定性方面，个体致力于增强他们所处社会位置的主观稳定性。自我概念的稳定性，使得个体知晓自己应当如何进行感知以及做出相关行为，而且能够较准确地进行相关计划，进而做出使自身免受不确定性伤害的相关行为。通常而言，个体的自我概念越不稳定，他便越倾向于从属于具有明确而统一规范的高度一致化的群体。

2. 群际情绪理论

群际情绪理论（Intergroup Emotions Theory，IET）是近年来由美国学者Mackie等在情绪评价理论的基础上，通过引入社会认同理论以及自我分类理论并进行整合所提出的。该理论从社会认同的角度去挖掘群际关系，促进了社会心理学的进一步发展。

群际情绪是指当个体认同某一社会群体，并把该社会群体认可为自我的一部分时所体验到的自己对内群体和外群体所具有的差异性情绪（Smith，等，2007）。该理论认为群际情绪可以对个体行为和群体行为进行调节，当个体基于内群体和外群体的基本认知而对两者进行比较性评价时，对自己所处的群体产生认同的个体便会从内群体的视角出发对所发生的特定事件进行有情绪偏向的评价，将群体事件认定为个体自我事件，进而做出非公正性的、有情绪偏向的评价，并最终对个体行为和群体行为产生调节作用。在早期阶段，群际情绪理论主要将关注焦点锁定在某些指向外群体的情绪体验上（如恐惧、怀有敌意等）。之后，研究者发现个体也会有习惯性或普遍性的情绪状态（Smith & Seger，2007）。例如，Smith等（2007）的一项研究发现，习惯性群际情绪比个体情绪能更好地预测群际态度和行为倾向，这不仅证明了习惯性或普遍性群际情绪状态的存在，也证明了它对于预测个体群际态度和群际行为的意义。

而职业认同是从社会认同领域发展而来的概念，职业认同（career identity，professional identity）也叫职业同一性，是在自我同一性（ego identity）的基础上发展而来的。同一性的过程就是个体逐渐认清自我和社会角色定位的过程。职业认同是个体在职场或职业领域这个“小社会”所形成的一种社会认同形式，它将个体的关注焦点锁定在该职业为自己所带来的正向价值意义及正性情感上，因而能很好地解释个体在职业生活中的群内和群际现象，以及个体对于工作或职业的积极态度与正向产出行为。为此，本研究以社会认同理论为基础，通过引入职业认同这一中介变量而探讨职场精神性与职业成功的问题。

根据上述现实背景和理论背景，本研究基于社会认知、社会认同、自我决定等理论，探索职场精神性对员工职业成功的影响及作用机制，尝试从员工职业自我效能感、职业认同、心理需求三个不同的视角出发，对职场精神性作用于员工的职业发展机制进行研究，并挖掘影响该作用机制的可能性情境变量。

2.2 文献综述

2.2.1 职场精神性文献综述

1. 职场精神性的概念内涵

国外学术界对于职场精神性的概念、测量及结果变量有大量的研究。在概念研究方面，“职场精神性”是从“精神性”这一概念开始的。精神性（spirituality）是人类品格中的一个关键维度（Krishnakumar & Neck, 2002），该词源于拉丁语，意即呼吸、空气、风（Merriam-Webster）。这暗示着“精神”（spirit）是一种让我们得以呼吸和生存的生命的力量（Garcia-Zamor, 2003）。在国内现有的相关著作中，“spirituality”等词被不同的学者翻译为“精神性”“灵修”“灵性”以及“信念”等。精神性一词最先用于宗教领域，指的是个人感知的与超自然力量的联系。但是后来学者的研究普遍认为，精神性应该和宗教区分开来，而不一定要依附于某种宗教信仰或者特殊的宗教组织或传统。比如，Mitroff 和 Denton（1999）的研究发现，60%的被采访者认为精神性是积极正面的，而宗教是消极负面的。由此证实了精神性不只局限于宗教领域。而我国学者王明辉等（2009）认为，“精神性的研究起源于宗教，但是工作场所中的精神性与特定的宗教传统无关，它所关注的是工作场所中个体的内心体验与工作的意义和目的”。从这个观点可以看出，精神性已经独立于宗教而不受其影响。

职场精神性是精神性在工作场所中的一种具体表现。在已有的研究文献中，有诸多词语来描述职场精神性这一现象，比如：“organizational spirituality”“spirituality in the workplace”“spirituality at work”“spirituality in business”“workspace spirituality”等（Gotsis & Kortezi, 2008）。职场精神性的研究目前还处在早期阶段（Pawar, 2009; Gupta, Kumar & Singh, 2014），对职场精神性的内涵解释还未形成一个被广为接受的概念，Krishnakumar 和 Neck（2002）认为，这是由于每个人对精神性的理解都较个人化而造成的。如 Ashmos 和 Duchon（2000）强调个人与工作、团队及组织的关系，他们认为职场精神性是员工的一种内在自我感知，这种感知包括有意义的工作，并且这种意义感是在团体的背景下发挥作用的；在工作过程中职场精神性体验能够帮助个体在职场中将身、心、智三者结合起来，超越自我，追求多方面地表达自我，实现自我价值。另一些学者从组织文化角度出发，认为职场精神性是组织文化体现的一些价值观，如 Fry（2009）认为职场精神性是组织通过精神性领导，促发员工的使命感、利他之爱。虽然职场精神性尚未形成一个被广为接受的概念（Gotsis & Kortezi，2008；Kolodinsky，等，2008），但较多的研究者采纳的是"workplace spirituality"或者" spirituality at work"的英文表达。无论从个人角度还是组织角度出发，我们可以看出，职场精神性最重要的一些要素包括：工作的意义感和终极目的、与工作中的他人之间的联系感、自身与组织的联系感、超越自我等。

国内外一些学者对职场精神性的定义如表 2-1 所示。

表 2-1　　有关职场精神性的概念研究

作者	年份	职场精神性定义	定义重点
Chamberlain & Zika	1992	职场中体验到的积极的人际关系、意义感和内在的宗教性	意义感、人际关系及宗教性
Mitroff & Denton	1999	感受到和真实的自我、他人及宇宙联系。探寻人生的最终意义和目的、建立并发展与同事及职场中相关他人的强烈联系以及个体自身核心理念与组织的价值观契合的一种努力	联系感、最终意义、真实的自我
Ashmos & Duchon	2000	职场承认员工有内在精神生活，这种内在精神生活滋养了工作意义感，同时工作意义感又反过来丰富内在生活	内在生活（inner life）
Milliman & Fergusen	2003	整体意义感、完整的自我；有意义的工作、团队感、个人价值和组织价值一致	意义、团队、价值一致
Fry	2003	组织创造一种愿景，即领导者和追随者都体验到一种使命感，这种使命感让每个人感受到意义、目的及发挥作用。组织文化通过利他之爱、共同愿景、希望及使命感提高员工的组织忠诚及生产力	工作的使命（calling）、利他之爱（altruism love）及共同愿（vision）
Kinjerski & Skrypnek	2004	职场中的精神性指的是员工感觉工作带给他们激情和能量，在工作中找到意义和目的，在工作中能完善自我，在工作中感到和同事的联系感	意义感、联系感，从个人感受角度的定义
Jurkiewicz & Giacalone	2004	职场精神性是指组织文化体现的的价值框架，包括善心、延续性、人文关怀、正直、公正、相互联系性、接纳性、尊重、责任及信任	价值框架（values framework）
Moore & Casper	2006	职场中的善良力量，这种力量可以提高员工在工作中的信心和胜任，接纳员工在工作场所中的真实完整自我	善良（goodness）、完整自我（wholeself）

表2-1(续)

作者	年份	职场精神性定义	定义重点
王明辉，郭玲玲，方俐洛	2009	个体在职场环境下的一种超越性体验，它是通过工作过程来升华工作的意义和目的、发展与他人之间的紧密联系以此来丰富自我的内心体验，实现个体内在心灵需求与工作意义的互动，实现自我与组织的融合，实现个体的成长与进步	是一种超越性体验，在工作中提升工作意义、培养与他人的关系、实现与组织的融合
Giacolone & Jurkiewicz	2010	职场的各个因素，包括个人、团队、组织都通过超越自我来提高满意度。工作的过程让员工有一种超越物质世界的联系感，这种联系感让他们感到完整和愉悦	超越性、联系感
Ashforth & Pratt	2010	自我的超越感、整体感、和谐及成长	从宗教角度定义
Liu & Robertson	2010	感觉到和更高更大力量的相互联系以及和人类的相互联系、和自然以及所有生灵的相互联系	相互联系（interconnectedness）

从上面的文献分析，我们可以看到学者由于研究的目的和侧重点不一样，他们对于职场精神性的定义及内涵也不尽相同。Krishnakumar 和 Neck（2002）认为有三种关于职场精神性的观点，即内生源观点、宗教观点及存在主义观点。内生源观点认为，职场精神性源于个体，是个体的内在感受；宗教观点认为，精神性与某种特定宗教相关；而存在主义观点则强调人存在于任何情境都要寻求意义所在，如在职场中我们会不停寻求这份工作的意义，和他人及组织之间的意义。在中国情境下，虽然宗教文化对我国员工和组织的影响程度都远低于西方，但是精神性是普适性存在的，而不仅仅局限于有某种特定宗教信仰的人群，因为我们每个人在生命中、职场中都在寻求存在的深层意义和超越感。因此，本研究采用存在主义观点并结合 Mitroff 和 Denton（1999）、Ashmos 等（2000）及 Milliman 等（2003）关于职场精神性的定义给职场精神性下的定义为，职场精神性指的是个体在职场环境中感知到的整体意义感及完整的自我，这种意义感和完整感让个体的内在精神生活得到充实与超越。它包括了有意义的工作、团队归属感及与组织价值观的一致性三个结构维度。

2. 职场精神性的测量

目前国外研究者对职场精神性进行了很多的实证研究，因此有相当一部分学者提出了可操作化的职场精神性的测量工具。根据文献分析，使用较广的测量工具主要有：

（1）工作中的精神性（SAW）（Ashmos & Duchon，2000）

工作中的精神性（SAW）这一测量量表中涉及职场精神性的三个方面，分别是：有意义的工作、与工作中他人的联系感、精神生活。这个工具不仅可以测量个人看法也可以测量组织观念。Milliman 等（2003）检验了职场精神性的三个维度（有意义的工作、团队归属感、价值观一致性），并论述了职场精神性是如何解释五种工作态度（情感承诺、离职倾向、内在工作满意度、工作投入和基于组织的自尊）的。这个有意义的工作维度代表着人在工作中感到意义和目的的程度。团队归属感指的是人们认为自己是彼此联结的，并且一个人内心的自我和他人内心的自我间存在着某种关联。价值一致性维度测量的是，个体的价值观与组织的任务和目的之间是否有着很强烈的一致性。Milliman 等（2003）的研究在很大程度上是基于 Ashmos 和 Duchon（2000）的研究，但是他们只选择了以上提到的三种维度。

（2）工作中的精神性（SWS）（Kinjerski & Skrypnek，2006）

SWS 致力于研究个体在工作中的精神体验。该研究的目的是确定“工作时的精神”是否不仅仅意味着精神本身。为了探讨这一点，SWS 衡量了四个因素：工作的从事、集体感、精神联系和神秘体验。他们的研究表明，在工作中的精神是一种独特的状态，其特点是认知性、人际体验、精神体验和神秘体验。

（3）精神性氛围量表（SCI）（Pandey，Gupta & Arora，2009）

这个工具的目的是为个人提供整合他们的工作和精神的方法，在一个人所处的职场环境中提供工作和精神的整体性。该工具测量了自我的和谐、工作环境的和谐和自我超越。自我的和谐关注的是一个人发现自我的意义、目的和从工作中的自我完善。工作环境的和谐，关注的是对他人的尊重和关系的不同性质。自我超越关注的是神圣且神秘的与个体存在的直接连通。

（4）精神性领导量表（Fry，2003）

Fry 的研究关注的是精神领导力，理论基础是积极心理学，它阐释了精神性对人类品质的直接贡献，尤其是利他主义。Fry（2003）认为领导的首要任务之一就是创造一种基于利他主义的文化，这种文化包含真诚的关爱、关心、对自己和他人的欣赏。这个层次假定在领导和追随者之间建立起价值观的契合，尤其是在战略、团队授权和最终转化成为伟大的组织承诺、生产率及员工福祉方面，去测量精神领导力。

需要指出的是，我国学者柯江林（2014）以经典三维结构（工作意义、团体感、与组织价值观一致）为基础，开发了一份包括 27 项测量条目的本土化职场精神性量表，该量表具有良好的信度与效度，但目前还没有得到广泛验证。

基于以上对于测量工具文献的分析，职场精神性是一个多维的结构（Gupta，Kumar & Singh，2014），比如有意义的工作（Ashmos & Duchon，2000；Kinjerski & Skrypnek，2004）、团队感（Ashmos & Duchon，2000）、同情心（Petchsawang & Duchon，2009）、完整感（Kinjerski & Skrypnek，2004；Ashforth，Rogers & Pratt，2010）、自我超越（Ashforth，Rogers & Pratt，2010；Giacalone & Jurkiewicz，2010）、社会贡献感（Rego & Cunha，2008）、组织价值（Milliman，等，2003）、怜悯之心（Gupta，Kumar & Singh，2014）等。本研究在选择职场精神性这一构念的结构维度时主要考虑了以下两点：首先结合国外研究，选用职场精神性的普适性维度，即不包含宗教维度，这也更加符合绝大多数中国员工的具体情况；其次，选取了与工作特征和组织特征联系比较紧密的维度。因此在本研究中，我们将职场精神性构念的维度确定为有意义的工作（meaningful at work）、团体归属感（sense of community）以及与组织价值观一致（alignment with organizational values）。我们选用的这三个维度是在 Ashmos 和 Duchon（2000）所提出的职场精神性七个层次上精炼而成的。它们分别从工作角度、同事角度、组织角度三个方面概括了职场精神性，因而具有广泛的代表性（Crawford，Hubbard，等，2008；Pawar，2009），另外，其他学者（如 Milliman，等，2003；Gupta，Kumar & Singh，2014）也较多地采用或认可这三个维度以进行相关研究，因而我们觉得选用这三个维度较为合适。本研究采用 Milliman 等（2003）修订自 Ashmos 和 Duchon（2000）的 21 题项量表测量职场精神性。这一量表也被较多的研究者采用，如 Rego 等（2008）、Kazemipour（2012）等，得到了较好的验证。典型题项有“我感觉得到工作是有意义的”“我觉得自己的工作能为社区或者社会的更大利益服务”等。

3. 职场精神性的影响因素

从目前国内外的研究来看，关于职场精神性的影响因素的研究还相对较少。有学者从个人精神性、组织文化等角度研究职场精神性的前因影响因素，但较多的学者是从人口统计学角度来进行研究的。比如，Huma 等（2011）发现年龄、教育和经验影响着领导的精神行为。对其他影响因素进行探索的研究也有，诸如 Beekun 和 Westerman（2011）发现精神性在挪威比在美国能产生更大的影响，由此可见不同国籍或者文化对精神性会起到不同程度的作用。Smith 和 Snell（2009）的报告显示不同的年代的人对精神性定义不同。

4. 职场精神性的结果变量

以往学者的研究更多地关注职场精神性对于员工行为态度及组织绩效的影响，他们的研究发现职场精神性能够提高工作绩效、员工的组织公民行为、员工的组织承诺、组织认同、职业持久性、工作满意度、职业满意度、职业成功，并能够降低员工的离职率、缺勤率、工作压力及偏离行为等（Miner, Bickerton, 等, 2015; Petchsawang & Duchon, 2012; Erdogan & Kraimer, Liden, 2004; Bozionelos, 2008; McCallum, 2008; Ucol-Ganiron Jr, 2013; Gao & Wu, 2014; Crawford, 等, 2008; Pawar, 2009; Kolodinsky, 等, 2008; Milliman, 等, 2003; Chawla, 2014; Duffy, 2010; 邹文篪, 等, 2015）。如 Pawar（2009）以印度的管理层员工为被试，探讨了职场精神性的三个维度（有意义的工作、工作中的团队感、积极的组织目的）对个体的工作态度（工作满意度、工作卷入、组织承诺）的影响机制。研究发现，职场精神性的其中两个维度（有意义的工作、工作中的团队感）均正向影响工作满意度和工作卷入，另外职场精神性的三个维度均正向影响个体的组织承诺。Crawford 等（2008）以美国旅店业的员工为被试，探讨了职场精神性对员工相应变量的影响。研究发现，职场精神性对个体的内在工作满意度、工作投入、组织承诺等都有正向影响，对离职倾向有负向影响，即职场精神性对个体的主客观职业成功有促进作用。虽然 Duffy 等（2010）的一些研究关注了精神性对于职业决策、自我效能感等和职业相关变量之间的关系，但是关于职场精神性对员工职业方面变量的影响还是相对较少。从定义上看，职场精神性关注员工的内在生活和意义感，关注员工对于工作使命和价值感的追求、与同事及组织之间的联系感的体验。当员工在职场体验到精神性满足的时候，他们将会感受到工作带来的能量和激情，促使其关注自身与同事及组织的一种联系感和和谐感（Ashmos & Duchon, 2000; Milliman, 等, 2003）。因此，职场精神性能激发员工正面积极的内在能量，增强员工的自我效能感。大多数员工都有追求职业成功的心理动机，因此当面对有意义的工作时，他们更愿意主动去做，而不会仅仅被动地满足于工作任务的完成。

目前国内外虽然没有关于职场精神性对职业成功产生直接影响的研究，但我们发现有相当一部分学者认为，职场精神性与工作满意度、幸福感等存在相关性，精神性与职业决策、职业适应力（Duffy, 2010）等相关，这为我们研究职场精神性与员工职业成功之间的关系提供了很好的实证参考。具体研究见表 2-2。

表 2-2　　有关职场精神性对工作满意度及幸福感的影响的研究

作者	年份	已研究的概念	研究结果
Cavanagh & Bandsuch	2002	伦理道德、创造性、工作满意度	将精神性管理融入人力资源管理政策和过程有助于提升员工的伦理道德水平、创造性、工作满意度等
Robert，等	2006	满意度	精神幸福与工作满意度呈正相关
Clark，等	2007	满意度	拥有坚定精神信仰的员工，工作满意度更高
Chawla & Guda	2010	满意度	销售专业人士的职场精神性与工作满意度呈正相关
Usman	2010	满意度	工作精神性与工作满意度呈正相关
Altaf & Awan	2011	满意度	职场精神性与工作满意度呈正相关
Bodia & Ali	2012	承诺、生产率、满意度	精神领导力与承诺，生产率和满意度正相关
Awan & Sitwat	2014	心理幸福感、自尊	职场精神性带来更高的自尊体验，从而提高员工的心理幸福感
邹文篪，等	2015	主观幸福感、情绪劳动	职场精神性是情绪劳动的前因变量，同时它也会提升员工的主观幸福感

在职场精神性的结果变量研究中，敬业度、工作态度、留职、承诺等也是研究的一大热点。具体的研究见表 2-3。员工个体的敬业度是预测其职业认同的良好变量，同时员工的工作态度、留职、承诺等也能在一定程度上解释其对该职业的认同。

表 2-3　　有关职场精神性对工作态度、行为等的影响研究

作者	年份	已研究的概念	研究结果
Milliman，等	2003	组织承诺	通过实证研究验证了职场精神性与组织承诺之间的正向影响关系
Milliman，等	2003	承诺、满意度、留职	职场精神性与承诺、满意度和留职呈正相关关系
Kinjerski & Skrypnek	2004	承诺、满意度	工作项目中的敬业精神增加了工作满意度、承诺和留职
Rego，等	2008	组织承诺	验证了职场精神性对组织承诺的正向影响，并从而影响组织绩效

表2-3(续)

作者	年份	已研究的概念	研究结果
Kolodinsky 等	2008	满意度、参与度、认同度	组织精神性与工作参与度、组织认同度、回报满意度呈正相关
Pawar	2009	承诺、满意度、留职	职场精神性与承诺、满意度和留职呈正相关关系
Geh & TAN	2009	组织认同、基于组织的自尊	工作中的精神性能带来更高的组织认同，从而让员工感受到来自组织更多的认同
Khanifar，等	2010	职业承诺	职场中的精神性让员工有更高的职业承诺
Duffy	2010	效能感、职业成熟度	工作的精神性能带来更高的职业自我效能感及职业成熟度
Golparvar & Abedini	2014	积极情绪	工作中的意义感和精神体验能带来积极情绪
Miner，Bickerton，等	2015	离职倾向	职场精神性越高，员工工作投入越高，从而离职倾向减弱

在职场精神性的结果变量研究中，还有些变量值得关注，比如归属感、动机（Lee，2005）。当个体缺乏某种东西的时候就会引起其产生相关心理需求，进而激发其动机（陈华伟，周艳球，汪传信，2006），因此职场精神性对个体心理需求也有一定影响。

5. 评析

员工对于自身职业发展及职业成功的诉求不仅是员工自身迫切需要思考的问题，同时也是现代企业必须重视的问题。因为职场精神性可能帮助员工提高职业自我效能感及职业认同，满足员工的基本心理需求，一方面帮助员工提高工作满意度（Milliman，等，2003），实现更大的职业成功；另一方面，也可以使员工为组织贡献更大的绩效。虽然国外研究者对职场精神性的研究已经有一定的成就，但是还存在以下一些问题：首先，学术界对于职场精神性没有较为统一的定义。因此，学者们根据自己研究的重点，对职场精神性进行了各种定义。有些从无神论和物质化角度定义职场精神性（如 Mitroff & Denton，1999；Ashmos & Duchon，2000），而有些则从泛神论和自然神论角度定义（Mohamed，Hassan & Wisnieski，2001）。其次，学术界对于精神性运用到组织环境下的作用褒贬不一。有人担心精神性被组织操纵，成为控制员工的工具，以达到更高的组织利润。最后，目前为止对于职场精神性的实证研究还相对较少，而且这些实证研究更多关注的是从职场精神性对员工工作态度、工作行为等的影响，从而提高组织绩效或者利润等。如 Milliman 等（2003）提出职场精神性对于员工组织承诺、内在工作满意度等的影响；Fry 等（2005）的研究结果表明职场中的精神性领袖可能积极影响组织中员工的绩效及承诺，但很少有研究关注职场精神性对与员工个人职业成长相关变量的影响。另外，从文献资料来看，目前的研究缺乏对于职场精神性与结果变量之间的中介机制的探讨，仅有的一些中介探讨也主要从社会交换或内在激励出发，较少从社会认知、认同等角度出发。因此，有必要对职场精神性是通过什么路径影响员工的职业行为和态度的进行研究。员工在获得了物质满足的同时，更期待一种精神满足。当员工感受到职场环境中的工作本身、团队、组织三方面的因素带来的意义感和联系感的时候，他们可能会产生更高的自我效能感和职业认同感，基本心理需求得到满足，从而促进员工的职业成功。因此，本研究认为有必要对职场精神性与员工职业发展之间的关系进行探讨，并挖掘这种关系的作用过程。

2.2.2 职业成功文献综述

员工职业发展在国外有各种名词，如 career development，career advancement 等，如有学者将 career development 定义为所有影响员工一生中的工作性质和工作成功的一些因素。career advancement 指的是职业晋升，可以指职位的获取或职业梦想的实现，也可以指职业相关的技术能力的积累。本研究更多侧重于员工职业发展的结果表现，可以体现在职业晋升（客观职业成功），也可以是员工对自己职业发展的进步及技能积累是否满意（主观职业成功）。因此，本研究在后续论述中，均采用职业成功这个概念对职业发展进行结果测量，后文将不再对这一问题多做叙述。

有关职业成功的研究最早可追溯到英国牛津大学于 1934 年出版的 Thorndike 的《预测职业成功》一书。经过 80 余年的发展，其研究内容主要涵盖了职业成功的定义、标准及测量、影响因素三大方面（周文霞，2006）。

1. 职业成功的定义

职业成功（career success）亦称为职业生涯成功，它是由 Thorndike 于 1934 年首次提出的概念。其后，学者们对其进行了更明确的定义。根据 London 等（1982）对职业成功的界定，职业成功是指个体在其职业生涯中所逐渐累积起来的与工作相关的成就及积极的心理感受（London & Stumpf, 1982）。这一定义得到学者们的广泛采用。职业成功主要包括两方面：一是客观职业成功（Objective Career Success, OCS），它以个体外在的社会价值评价为标准；二是主观职业成功（Subjective Career Success, SCS），它主要是从心理角度及个体层面进行定义并以个体内在自我感受为评价标准，如个体的自豪感、内在平静等（Hall，2005）。Hughes（1937）将客观职业成功定义为可被公正的第三方直接观察、测量和检验的成果。而主观职业成功则被定义为个体对其职业发展过程的自我反应（Hughes，1937；Heslin，2005），它是个体对其所从事职业的感知性评价及情感反应（Greenhaus，等，1990）。

20世纪80年代以前，由于职业环境较为稳定，因此客观职业成功作为个体职业成功的标准得到西方学者们更为广泛的认同。20世纪80年代以后，随着知识经济时代的到来，工作中的个体逐渐从传统的职业发展模式向“无边界职业生涯”模式转变，逐渐从忠于组织向忠于职业转变。同时，学者们也发现越来越多的工作个体对其职业成功的界定是从主观指标进行的，而非从薪酬水平、职位晋升等客观指标进行（Eith，Stummer & Schusterschitz，2011）。显然，传统的职业评价方式已经不能适应这种变化。在这种环境之下，学者们开始更多地强调主观职业成功作为个体职业成功的标准。Eby等（2003）顺应无边界生涯时代发展的要求，提出了包括主观成功和客观成功两方面内容的职业成功评价新标准。他们以职业满意度为主观职业成功的测度指标，以组织内部市场竞争力和组织外部市场竞争力作为客观职业成功的测度指标。从20世纪90年代开始，学界涌现出越来越多的学者从主客观两个方面来定义职业成功（Korman，等，1981；Poon，2004；Ballout，2009）。他们认为，尽管主观职业成功与客观职业成功具有相关性，但在潜在的前因影响方面是有所区别的，因此必须将职业成功的主客观两个方面结合起来进行研究。Arthur和Khapova等（2005）对职业发展所做的一项统计性研究发现，在1992—2002年，职业发展类的68篇重要文献中有57%都是从主客观两方面进行研究的。

通过结合现实背景及上述学者的观点，本研究将职业成功定义为：个体在职业发展进程中所获得的，与职业生涯发展相关的，积极的工作成果和心理成果，包括客观职业成功和主观职业成功两方面的内容。

2. 职业成功的标准及测量

20世纪90年代初期以前，有关职业成功的测量指标大多是客观的，如薪水（Ng，Eby，Sorensen & Feldman，2005）、职位晋升（Judge & Hurst，2008）、头衔（Seibert，Kraimer & Liden，2001）等。Abele等（2011）认为，薪水、职位晋升和地位之所以被学者们作为研究客观职业成功时最经常使用的指标，是由于它们能被直接地测量和检验。Nicholson等（2005）对客观职业成功的标准做了较深入的研究。他们通过人类比较学方法，将客观职业成功具体划分为六大指标：物质成功（收入能力、财富等）；地位和头衔（等级位置）；社会声誉、威望与影响力；友谊和社交网络；知识与技能；健康与幸福。

随着组织扁平化结构的发展以及控制人力成本以应对日益剧烈的竞争的需要，以往的客观评价指标的作用不断弱化，因此，部分学者或者通过加入一些新的指标来应对这种情况，如管理幅度指标（Tharenou，2001）、自主权指标（Martins，Eddleston & Veiga，2002），或者重新对客观职业成功的标准提出看法。如 Eby 等（2003）基于无边界职业生涯背景提出了客观职业成功的标准，即个体的内部市场竞争力和外部市场竞争力。随着时代的进一步发展，传统的评价指标已不能很好地反映个体的职业成功。在这种情况下，无边界职业生涯时代的主观职业成功测量指标比客观职业成功测量指标更为重要（Weick，1996）。越来越多的学者开始更多关注个体无形的、主观的收益，以更好地测量个体的职业成功。如 Hall 等（2005）就曾提出，个体在心理上的成功可作为衡量其职业成功的一个重要指标；Ng 等（2005）认为，职业满意度是个体主观职业成功的唯一预测指标；Boudreau 和 Boswell（2001）通过添加“生活满意度”来测量经理人员的职业成功；其他主观指标如为组织和社会做贡献（Hall & Chandler，2005）、工作意义（Wrzesniewski，2002）、工作-生活平衡（Finegold & Mohrman，2001）也得到了学者们的研究。Arthur 等（2005）在他们所进行的一项统计性研究中发现，职业参与度、生活满意度等指标也被某些学者用来衡量主观职业成功与否。

事实上，主观职业成功是一个较为宽泛的概念（Dries，Pepermans & Carlier，2008），它所涵盖的方面根据学者们研究的不同而呈现出较大程度的变化（Ng & Feldman，2014）。比如 Gattiker 和 Larwood（1986）认为，主观职业成功是一个多维度的构念，它包括了个体对工作成功的感知、对社交关系成功的感知、对财务成功的感知，以及对生活成功的感知等。同时，部分学者表示，将主观职业成功以一定的标准来衡量是一种客观主义者方法（objectivist approach），没有考虑到它的社会建构主义特征（Dries，等，2008；Arthur，等，2005）。主观职业成功对于不同的个体、不同的文化来说是不同的，甚至它还会随着时间的推移和个体不同的职业阶段的不同而出现动态的变化（Abele，Spurk & Volmer，2011）。例如，Dries 等（2008）认为，我们可以从两个维度来看待个体的主观职业成功。横向维度用影响和结果来描述，纵向维度用自我和人际来描述。另外，周文霞和孙健敏（2010）认为，职业成功的标准是个体自我形成的有关职业成功的看法，因此他们提出了“职业成功观”这个构念，并认为个体由于其不同的价值取向，导致对职业成功的评判标准会有所不同。

我们赞同以上学者对于主观职业成功的观点，但本书中我们仍将个体的主观职业成功标准进行统一，并以职业满意度这个指标来衡量。这样做的原因有二：首先，使用统一的指标来衡量个体的主观职业成功会极大地降低研究的困难程度从而便于实证研究的开展。其次，职业满意度是大多数个体认可的指标。另外，职业满意度作为衡量个体主观职业成功的指标也得到众多学者的采用（如龙书芹，2010；Abele，Spurk & Volmer，2011；Eby，Butts & Lockwood，2003）。对于客观职业成功指标，我们选用被众多研究者使用的薪酬水平、职位晋升（次数）。需要指出的是，我们测量个体职业成功采用的主客观指标与Abele等（2011）所采用的类似，它们以薪水、职位两个指标衡量个体的客观职业成功，而以工作满意度、职业满意度和其他相关成功共三个指标来衡量个体的主观职业成功。

3. 职业成功的影响因素

回顾相关文献，我们发现学者们从多个方面探讨过个体职业成功的影响因素。而对于职业成功前因变量的分类，不同学者也提出了大同小异的分类方法。如Eby等（2003）将个体职业成功的影响因素划分为三大类，即“知道为什么”“知道谁”“知道如何做”。其中，“知道为什么”代表的是个体的职业动机、职业认同等，他们在文章中以职业洞察力、主动性人格以及开放性的人格特征作为该方面的预测变量。“知道谁”代表的是与个体职业联系的关系网络资源，包括组织内外部的人际关系等，他们在文章中以导师/师徒关系、组织内关系和组织外关系作为该方面的预测变量。“知道如何做”代表的是个体所具有的与工作或职业相关的技能和知识，它重在强调个体应该具有更加宽泛的、弹性的技能以及应该立足于职业的学习而非工作相关的学习。中国学者周文霞（2006）认为，以往研究中关于职业成功的影响因素可以大致分为以下几个方面：人口统计变量（如性别、种族、年龄等）、人力资本变量（如教育水平、工作经验等）、行为动机变量（如野心、抱负等）、人格特征和组织变量（如控制点、组织支持等）。Hogan等（2013）认为，以往关于职业成功影响因素的研究可以大致归结为三个方面，即人力资本类因素、结构化因素和社会化因素。Ng等（2005）则将职业成功的影响因素划分为个人角度、组织角度、社会角度和家庭角度四个方面。值得一提的是，在有关个体主观职业成功的影响因素研究中，大多学者都是从正面进行，即研究有哪些因素会促进主观职业成功的实现（如Abele & Spurk，2009）。但从反面研究职业成功的影响因素也是非常重要的。有研究发现，个体消极的工作经历比其积极的工作经历对个体产生的心理影响更大（Duffy，Ganster & Pagon，2002）。因此，Ng和

Feldman（2010）以资源保存理论为理论基础，从反面视角对过去三十年来影响个体主观成功的消极因素进行了元分析。结果发现：在影响个体职业成功的六大类因素中，背景相关类障碍因素（如低社会经济出身、女性、配偶在工作、有小孩）以及技能相关类障碍因素（如低教育水平、低国际化经验等）与个体的主观职业成功无关系。而个体特质相关类障碍因素（如低工作主动性、低核心自我评价、低情绪稳定）、激励类障碍（如工作不满意、低职业认同等）、社交关系障碍（如低领导成员交换质量、低主观支持、低社会支持、低社交行为）、组织及工作障碍（如低组织支持、低工作挑战度、角色模糊、程序不公正等）与个体的主观职业成功呈显著负相关。

根据本研究的需要，我们以 Ng 等（2004）关于职业成功的影响因素为基础，对相关文献进行梳理。个人角度包括人口学变量、人力资本变量等。人口统计学变量（如年龄、性别、婚姻状况、孩子个数等）和人力资本特征（如培训、工作经验、教育、自我效能、主动性等）是学者们用以研究影响个体职业成功中最常用的两类因素（Judge，Higgins，Thoresen，等，1999）。人口学变量方面，研究者多研究个体的年龄、性别、婚姻状况、种族等对职业成功的影响（Judge，等，2002）。人力资本变量方面，主动性人格对职业成功具有正向预测作用（Bertolino，Truxillo Fraccaroli，2011）。自我效能也能提高个体职业成功的可能性（刘华芹，黄茜，古继宝，2013），如 Ballout（2009）讨论了职业自我效能感对职业成功的间接影响。他的一项研究发现，个体中高度的自我效能感在职业承诺与主客观职业成功之间起调节作用，而低度的自我效能感则不起作用。刘华芹、黄茜和古继宝（2013）以中国 261 名来自不同企业的员工为被试，实证表明了个体的自主性职业态度、自我效能感能正向影响其职业成功。职业承诺体现的是工作中的个体对当前职业所持有的肯定性态度，包含了个体对当前职业的认同、积极投入及情感依赖等一系列的内在动机过程（龙立荣，方俐洛，凌文辁，2000）。而职业承诺作为个体职业成功的一个重要预测变量，它已经被广大学者证实（任皓，温忠麟，陈启山，2013；余琛，2009；Ballout，2009；Poon，2004）。如余琛（2009）通过对 149 名知识型人才的研究发现，个体的职业承诺可以预测其职业满意度。Poon（2004）通过对马来西亚的白领进行研究发现，职业承诺对客观职业成功中的薪酬水平有正向预测作用，对主观职业成功中的职业满意度有正向预测作用。Ballout（2009）研究发现，个体的职业承诺对客观职业成功中的薪酬水平指标以及主观职业成功中的职业满意度指标具有正向的预测作用。

个人角度方面的其他变量如基本心理能力（Judge，Higgins，Thoresen，等，

1999）、生涯适应力（宁甜甜，张再生，2014）、情绪智力（刘燕，张秋惠，2014）、可雇用性（De Vos，等，2011）等对个体职业成功也有正向预测作用。如 De Vos 等（2011）探讨了个体的能力发展、可雇佣性与其职业成功的关系。研究发现，个体的能力发展正向影响其可雇佣性，可雇佣性正向影响职业成功，可雇佣性在能力发展与职业成功之间起完全中介作用。

从社会角度、组织角度、家庭角度方面来探讨职业成功的影响因素也得到了广泛的研究。组织角度方面，个人绩效、薪资、离职率会受到组织结构与产业特征的影响（Judge，2002），也会受到组织支持（如主管支持、组织政策支持等）资源的推动作用。如有学者（Zafar & Mat，2013）探讨了组织的人力资源管理政策（如绩效管理、职业生涯发展等）对个体职业成功的影响。社会角度方面，社会网络关系是学者们研究的一个重要前因变量（李太，涂乙东，李燕萍，2013；周文霞，潘静洲，庞宇，2013）。如李太、涂乙东和李燕萍（2013）基于戏剧理论，以下属迎合为中介，以人际公平氛围为调节，探讨了领导-下属关系对下属职业成功的影响。周文霞、潘静洲和庞宇（2013）研究发现，中国社会的关系（组织内部关系、组织外部关系）对个体职业发展（绩效提升、晋升速度、薪酬水平等）有正向促进作用。人际关系资源对于个体职业成功的作用甚至会高于人口特征和其他人力资本（Zafar & Mat，2013）。家庭角度方面，家中孩子的数量和年龄、家中赡养老人数量、个体顺从配偶工作的意愿等都会影响个体的职业成功。如 Monique 和 Jamie（2008）探讨了家庭因素及职业发展路径对女性工作者的主客观职业成功的影响。研究发现，家庭因素中女性工作者的第一次生育年龄与其职业成功呈正相关，而孩子数量及其对其丈夫工作的顺应则与其职业成功呈负相关。Judge 等（1999）的一项研究指出，个体的人口统计学变量比其他变量更能解释其客观职业成功，而组织变量对个体主观职业成功的解释力要强于其余变量。

4. 评析

从国内外现有的文献资料可以判断，学者们对职业成功的研究已经取得较为丰富的成果，影响个体职业成功的诸多因素已被人们广泛知晓，进一步地，人们对于个体获得职业成功的内在过程有了更深刻的理解，这对今后个体积极寻求职业成功起到了巨大的作用。通过对已有文献进行回顾，我们发现影响个体职业成功的因素是很多的，通常个体的职业成功并非单独某个因素在起作用，而是诸多影响因素共同作用的结果。

从心理学上看，客观成功的指标是一种数量化指标，它主要通过数量的多少及其变化幅度来对职业成功进行刻画，这种刻画不包含任何主观思维。然而实际上，这样的操作在现实生活中既是很难实现的也是不完全正确的，所以国内的学者（如周文霞，孙健敏，2010）便提出将职业成功的标准与价值观进行整合，通过提出“职业成功观”而将职业成功的本质特征进行细化，将职业成功的测量指标和研究进一步加深。在有关职业成功的影响因素研究方面，学者们既考虑了个体方面的人口社会学特征和人力资本特征，也考虑了来自组织方面的支持对职业成功的影响（Ng，2005），但是并没有对个体方面的动机性因素以及组织方面的群体性交往因素，尤其是从内心精神层面感受上对职业成功的影响进行研究。目前与精神性研究较为接近的是职业呼唤与职业成功的关系，这些前期研究的空缺都为本研究拓展职业成功的影响因素提供了契机。

2.2.3 基本心理需求文献综述

20世纪80年代以前，我国学者对需求的研究较少。80年代后国内学者开始逐渐关注需求方面的研究，并根据马克思列宁主义的指导方针对需求进行理论探讨和研究。如果以“心理需求”为关键词，中国知网的文献检索中能够检索到900多条相关文献（包括期刊论文和硕博学位论文）。它们的研究对象各不相同，主要包括消费者的心理需求、医院患者的心理需求、离退休和老年人的心理需求、学生的心理需求等。

1. 基本心理需求的内涵

长期以来，需求（need）因受到心理学家们的重视而被广泛地研究。Hull（1943）认为，对需求进行研究的核心是必须要理解个体需求的有机性以及环境如何对个体需求进行满足，并指出个体的生理需求会因为没有得到满足而产生驱动力，这种驱动力进而会引起个体的一系列行为。心理需求则是需求的一个类别，一般与生理需求相对应。心理需求（psychological need）在心理咨询大百科全书中的定义为：“心理需求亦称‘次级需求’，一种同生理需求对应的分类方法。是指一切起自内心，而非来自生理实体的需求……心理需求主要是后天习得的，内容极其丰富，如人的自尊心、荣誉感、责任心、归属感、价值追求和成就欲以及学习、探究、创造的需要等都是人的心理需求。……”对于心理需求的概念，国内学者给出了各自的见解。霍宗红、莫玉梅和许邦文（2001）指出，“心理需求系指个人的一种心理要求，此要求如能满足则能降低或解除个体的焦虑与烦恼，而且能改善目前状况的立即感觉，能增加舒适及幸福感”。陈华伟、周艳球和汪传信（2006）认为，“心理需求是指个体缺乏某种东西的状态，是心理上对自身生存和发展的客观条件的依赖和要求，是心理活动与思想行为的基本动力”。

自我决定理论（Self-Determination Theory，SDT）认为，个体存在三种先天的心理需求，分别为自主需求（autonomy）、胜任需求或能力需求（competence）、关系需求或归属需求（relatedness）。自主需求指的是个体希望自己的行为能够遵循个人意愿和内在渴望，希望在行为中感受心理上的自由（Deci & Ryan，2000；Broeck，2008）。胜任需求是指个体渴望自己能很好地担任某个职位或轻松地完成某项工作而不会感到紧张和有压力，这与Bandura提出的自我效能感的概念（Bandura，1997）有相似和相通之处。关系需求则是指个体渴望与目标对象（通常是自己所重视的他人）保持紧密联系和密切交往的需要，是一种能与他人建立互相尊重和依赖的感觉（Deci，等，2000）。在美国心理学家Alderfer（1969）基于马斯洛需求层次理论而提出的三种人类需求（生存需求、关系需求、成长需求）中，关系需求被定义为人们对维持重要的人际关系的渴望。

本书采用SDT对于基本心理需求的界定，即基本心理需求指的是人先天的三种需求包括自主需求、胜任需求和关系需求。

2. 基本心理需求影响因素研究

心理需求在心理学领域得到了广泛的研究，并不断地向组织行为学领域渗透。在组织行为学领域，我们将根据个体内在动机的个体性与社会性，从个人因素、工作内容和工作环境因素三个方面考察各变量对心理需求的影响。

首先是个人因素与心理需求满足的关系。个人因素与心理需求的关系突出表现在个体年龄与心理需求的关系方面。这方面的研究主要有：Warr，Mile和Platts（2001）以16~64岁的英国人为被试，通过借助学习兴趣这一中介变量，发现年龄与工作动机呈负相关的关系。Kanfer和Ackerman（2004）在Lachman等（1997）研究结果的基础上，就年龄与工作激励问题进行了更深入的研究。他们认为，个体的年龄与成就动机呈负相关，而这种成就动机可被视为心理需求中胜任需求的体现。Warr和Fay（2001）考察了年龄与工作主动性（工作主动性体现了一种前摄行为，这与内在动机相似）的关系。他们的研究发现，学习因子会随着个体年龄的增长而下降，而这里的学习因子和工作主动性可被视为心理需求中自主需求成分的体现。同时，除年龄变量外，国内有部分学者（吴捷，李幼穗，王芹，2011）对个体的心理需求做了其他人口统计学变量（性别、是否独生、身体状况、经济状况、文化水平）方面的研究，并发现人口统计学的这些变量与心理需求具有某种程度的相关性。

其次是工作内容与心理需求满足的关系。由Hackman和Oldham两位教授开发出的工作特征模型侧重强调工作内容对心理需求的影响，认为任务的重要性、完整性和工作自主性等五个核心工作维度对内在心理需求（如对工作意义的体验、对工作结果的责任感等）有显著的预测作用，并进一步对个人（内在工作动机、工作满意度）及工作结果（绩效、缺勤、离职等）产生影响。Thatcher，Liu 和 Stepina（2002）的一项研究发现，IT 工作者的工作自主性和多样性对他们的内在动机起显著的正向预测作用。

最后是工作环境与心理需求满足的关系。工作环境成为心理需求满足的一个重要影响因素是由于自我决定理论认为，工作环境在满足了工作个体的三大基本心理的心理需求后，就会引发他们的内在动机，进而产生稳定且长久性维持的工作态度、组织承诺和心理幸福感等。工作中友好互助性的同事关系，不仅能满足个体的关系需求，还会进一步提高员工的工作满意度。Deci 等（1989）从认知评价理论出发，认为组织中的规章制度、期限、评估等控制性的外部因素会弱化个体的内在动机，而提供合作条件等信息性的外部因素则会使得个体的内在动机得到强化。在领导与成员关系方面，有最新研究（江静，杨百寅，2014）表明，高质量的领导-成员交换（LMX）关系能促进员工的内部动机。Tierney，Famer 和 Graen（1999）的研究表明，企业内部工作环境中支持度的提高以及资源和信息的交换等与员工的内在动机相关。Deci 和 Ryan（1985）在他们的著作 *Intrinsic Motivation and Self-determination in Human Behavior* 中表示，领导如果能够做到关心部属的内在心理感受，鼓励他们表达出隐藏在自己内心深处的真实想法，就会激发员工的创新动机。从积极心理学的角度而言，企业若想让员工形成一个积极的心理状态，除了需要考虑员工个人的积极人格以及积极情感体验外，还应考虑积极的社会组织系统（在组织内则是积极的工作环境或积极的工作氛围）。积极的工作环境从物质方面而言，主要包括能满足员工生理与安全需要的一系列因素，如基本工资、工作条件等。而积极的工作环境从精神方面而言，则主要包括领导者的个人因素、工作制度与工作氛围等。文化和环境因素也能对心理需求产生影响（Deci，Ryan，等，2001）。

3. 基本心理需求对结果变量的影响

通过回顾现有文献，心理需求的结果变量主要包括了以下几个方面：心理健康、工作绩效、敬业度、工作满意度与工作幸福感等。

心理需求满足与个体心理健康的关系得到了众多学者们的关注。部分实证研究结果也确实表明，心理需求满足能够弱化个体的焦虑、失望等消极的心理产出。

工作绩效方面，Baard，Deci 和 Ryan（2004）的研究表明，人们在工作中对基本心理需要的满足会影响工作中的绩效表现和心理调整。Deci 等（2001）探讨了保加利亚和美国两个不同文化背景下的个体心理需求满足问题。他们的研究发现，两个国家个体心理需要的满足程度和工作绩效、幸福感均呈正相关关系，这表明尽管存在文化差异，个体内在心理需求始终是其工作绩效与主观幸福感的重要预测因素。另外，国内学者张剑和张微等（2012）也一致认为，心理需求的各个维度（自主需求、胜任需求、关系需求）与员工的工作绩效确实存在正相关关系。

敬业度方面，Kahn（1990）认为，员工的关键心理状态在支持性的工作和组织因素与员工敬业度两者的关系上起着较为显著的中介桥梁作用。这也是对于本书模型中心理需求作为中介变量在起作用的一大佐证。其后，Broeck（2008）等人通过构建自主需求、关系需求和胜任需求三大需求对敬业度产生中介作用的模型，对工作要求和工作资源与这三大需求的关系进行了研究。他们的研究发现，工作要求对三者心理需求的满足均起负向作用，而工作资源却正好相反。员工心理需求的满足程度决定了其通过认知、精力而投入工作的程度。我国学者杨红明（2010）以心理需求为中介变量，考察了工作特征对员工敬业度的影响，结果发现心理需求的三个维度在工作特征与员工敬业度之间均扮演了部分中介作用的角色。

工作满意度与工作幸福感方面，Porter（1965）从满足基本需要的角度出发，提出达到工作满意的五个标准分别是安全、社会、独立、自尊和自我实现。Ryan 和 Deci（2000）以及 Lynch，Plant 和 Ryan（2005）发现，基本心理需求的满足和员工的工作满意度呈正相关关系。Reis 等（2000）在对心理需求满足的结果变量进行研究时发现，纵向研究的数据结果显示心理需求满足对幸福感的促进作用在不同个体间和不同时间上都具有一定的信度。Gagne（2003）借鉴 Reis 等（2000）的研究方法，将之用于研究运动员，也得到了心理需求满足与个体的幸福感具有跨时间的正向稳定关系这样的结论。Gagne 和 Deci（2005）认为职场环境对于员工心理需求满足程度的提升将有助于触发和提高他们的内在动机甚至会促进外在动机的内化，进而促进积极的工作产出，提高职业成功的可能性，这也是职场精神性通过心理需求影响主观职业成功的表现之一。杨红明（2010）认为，工作满意度是员工认知和评价特定工作满足自身需求程度而产生的情感体验和态度，而工作动机往往是它的一大预测因素。

另外，除上述几个主要的结果变量外，也有学者探讨了心理需求与个体情感承诺（Greguras & Diefendorff，2009；张旭，樊耘，黄敏萍，等，2013）、工作投入（Kahn, 1990；李敏，2014）之间的关系。

4. 评析

基本心理需求理论是自我决定理论中一个重大的子理论，学者们对其进行了广泛的研究。前人对基本心理需求的研究多集中在基本心理需求的内涵、内容、影响因素、结果变量等几个方面。部分学者研究了自主需求、胜任需求和关系需求三种心理需求对内在动机、职业满意度、幸福感等变量的影响。另外，大部分研究是以基本心理需求为自变量，研究其对结果变量的影响。当然也有一些研究将基本心理需求作为中介变量进行研究，如 Broeck（2008）等人的研究显示出心理需求在工作特征与敬业度两者之间起完全中介的作用，但是基本心理需求作为中介变量的探讨还相对较少，可见有必要对这方面进行进一步的挖掘。自我决定理论认为，员工具有成长和发展的倾向，他能通过与工作环境进行积极的互动而不断获得自己对于自主需求、胜任需求和关系需求三种先天需求的满足。当这三种先天心理需求得到一定程度的满足后，员工便能够主动发挥潜力、投入工作（Deci & Ryan, 2000），进而影响员工积极的工作产出，嫁接了职场精神性与职业自我效能、职业认同等中介变量的相互影响，并最终作用于结果变量——职业成功。因此，本研究以自我决定理论中比较核心的内容——基本心理需求为基础，探讨基本心理需求在职场精神性与职业成功之间关系的中介作用。

2.2.4 职业自我效能感文献综述

1. 职业自我效能感的相关概念研究

自我效能感（self-efficacy）是由美国著名心理学家班杜拉（Bandura）基于社会认知理论于 1977 年在其发表的论文《自我效能：关于行为变化的综合理论》中首先提出的概念，在此之后该概念被广泛地应用于心理学界，进而发展到管理学界，并引发了大量的实证研究，成为成功心理学研究的重要变量。其后，班杜拉又于 1986 年在其著作《思想和行动的社会基础：社会认知论》中，对自我效能的相关内容做了进一步系统性和较为完整的阐述，使得自我效能感的发展逐渐形成一个理论框架。班杜拉在自我效能感概念的提出之初，将其看作个体在一定的情境条件下对自身是否有能力及有多大能力去执行相关行为的预期，并进一步把这种预期分为效能和结果两种或者说两个具体阶段的预期。效能预期是个体对自己是否能够顺利地执行某种或某一系列行为以产生一定结果的预期，结果预期是对某种行为导致某种结果的个人预测。在这一点上，自我效能感的提出可能是受到了弗鲁姆期望理论的影响，因为它们之间存在一定的相似性。

同时，自我效能是一个不断发展的概念，不同的研究者（如周国韬，戚立夫，1993；Maddux，1995；Bandura，1997）因为所处的立场和方向的不同就会有不同的界定。就组织行为这一特定研究领域而言，斯塔科维奇（Stajkovic）和鲁森斯（Luthans）两位学者在1998年提出了实用性强且被广为接受的自我效能感定义："自我效能是指个体对自己能力的一种确切的信念（或自信心），这种能力使自己在某个背景下为了成功地完成某项特定任务，能够调动起必需的动机、认知资源与一系列行动"。

值得关注的是，学者们对自我效能感的维度有不一致的看法。有学者（如Gibson & Dembo，1984）认为，自我效能感由行为效能和能力效能两个维度构成，而另外一些学者（如周国韬，戚立夫，1993）却认为自我效能感是一维结构的。我们认为，不管自我效能感是一维还是二维，它反映的本质都是个体对自己通过某种行为或能力去顺利达成特定工作目标的一种自信程度。

自我效能感可分为适用性广的一般自我效能感（general self-efficacy）和适用性有限的特殊自我效能感（domain-specific self-efficacy）两大类。前一类的研究者是以Jerusalem和Schwarzer等人为代表。他们认为，存在不以领域为转移的一般自我效能感，因此他们主张从一般个性的视角来研究自我效能感。而后一类的研究者则以Bandura等人为代表。他们认为，在特定的领域，一般自我效能感对个体行为的预测效果并不理想，因此需要将一般自我效能感进一步细化和深化，将一般自我效能感与特定的领域特征相结合以形成各个领域的自我效能感，例如学习自我效能感、教师自我效能感等。其中，职业自我效能感（occupational self-efficacy）受到了研究者的广泛关注，至今为止，学者们对它的研究已历经30年左右的时间。

职业自我效能感是自我效能感在职业领域的运用。自20世纪80年代中期开始，研究者们（Hackett & Betz，1981；陆昌勤，方俐洛，凌文辁，2002；周文霞，郭桂萍，2006）逐渐开始关注自我效能感在组织行为领域中的应用性研究，比如研究自我效能感与员工工作绩效之间的关系、探讨自我效能感与员工相关工作态度之间的关系等。并且近年来，这方面的相关研究还呈现出逐年增多、研究范围逐渐细化的趋势（姚凯，2008）。赫克特和贝茨（Hackett & Betz）两位学者可谓职业自我效能感研究的先驱，他们在20世纪80年代就开始将自我效能感理论引入职业领域以进行相关研究（Hackett & Betz，1981）。随着自我效能感在职业领域应用范围的扩大（比如将自我效能感用于择业、工作的再次寻找等方面），研究者逐渐使用职业自我效能感的构念来阐释影响职业选择、职业发展以及职业行为等的自我效能。Hackett 和 Betz（1981）对职业自我效能感的最初定义为“个体从事特定职业的能力的信念”。之后，他们又把职业自我效能感定义为“包括个体与职业选择，各职业调整有关的范围广泛的行为效能判断的总称”。再后来，他们又将有关职业效能预期（职业效能感）具体解释为“个体对实施与职业相关的行为、教育和职业的选择，以及对其坚持性的信念”（Betz & Hackett，1997）。郭本禹和姜飞月（2003）认为，“职业自我效能感是指综合各种信息，基于对自身某种职业行为能力的判断和评估，所形成的对自身能力的信心或信念”。它包括两个方面的内容，即与职业内容（如该职业所需的教育等）相关的自我效能感和与相关职业行为过程相关的自我效能感（如职业决策自我效能等）。有关自我效能感与职业自我效能感的概念介绍，详见表 2-4。

表 2-4　　自我效能感与职业自我效能感概念简介

作者	年份	概念定义
Bandura	1997	自我效能感是关于人们对完成产生预期结果所需行为的能力信念
Hackett & Betz	1981	职业自我效能感是“个体从事特定职业的能力的信念”
Bandura	1986	自我效能感是指个体对自己能否在某个水平上完成特定活动所具备能力的判断、信念或主体自我把握与感受
周国韬、戚立夫	1993	自我效能感是个体对自己能否进行某种特定行为，而对其实施的能力所进行的推测或判断
Maddux	1995	自我效能感是指人们对发动完成任务要求所需行动的过程、动机和认知资源的能力的信念
Hackett & Betz	1997	职业自我效能感是“个体对实施与职业相关的行为、教育和职业的选择，以及对其坚持性的信念”
Stajkovic & Luthans	1998	自我效能是指个体对自己能力的一种确切的信念（或自信心），这种能力使自己在某个背景下为了成功地完成某项特定任务，能够调动起必需的动机、认知资源与一系列行动
郭本禹、姜飞月	2003	职业自我效能感是指综合各种信息，基于对自身某种职业行为能力的判断和评估，所形成的对自身能力的信心或信念
Rigottih，Schyns，等	2008	职业自我效能感是自我效能感在某一领域的运用，指的是个人对自己成功完成工作或职业中的任务的能力的信心

根据上述对于职业自我效能感的分析，职业自我效能是一般自我效能感在职业领域的一个延伸。并且根据学者们的研究，我们发现职业自我效能感还能继续细化，如职业搜寻自我效能感（Duffy，2007）、职业任务自我效能感（如Abele & Spurk，2014）等。但本书的研究目的是探讨职场中员工对于自身所从事职业的所具有能力的信心，因此结合Hackett和Betz（1981）、Abele和Spurk（2009）以及Rigotti，Schyns和Mohr等（2008）的定义，本研究认为职业自我效能感是“个体对自己完成所从事的职业的相关任务及要求的能力所持有的信念”。

2. 职业自我效能感的测量

早在20世纪80年代初，Hackett和Betz两位学者将自我效能理论引入职业领域中以进行相关研究时就设计出了第一个职业自我效能量表。之后也有更多学者从不同的研究角度开发了一些职业自我效能感量表（具体参看表2-5）。进入21世纪后，国内学者（凌文铨，张鼎昆，方俐洛，2001；姜飞月，郭本禹，2004；边玉芳，2004）也开始涉足此领域，修订或编制了各种测量职业自我效能感的量表。有关职业自我效能感的测量，可以分为以下两大部分。

第一大部分的自我效能感测量研究主要针对的是职业内容。它包括一般意义上的职业、各种具体职业、各种具体任务（如计算机使用、写作、人际交往等）三个层次的内容，并由此设计出相应层次的职业自我效能感测量工具，如：“职业自我效能量表”“教师效能感量表”“保险推销员（职业）自我效能感量表”等。第二大部分的职业自我效能感测量研究主要针对的则是职业行为过程，如职业决策、职业寻找、职业调整自我效能感的测量。有关职业自我效能感的测量介绍，详见表2-5。

表2-5　　**职业自我效能感的测量简介**

作者	年份	测量	特点
Hackett & Betz	1981	在传统性和非传统性女性职业中各自选择10个职业，共计20个条目进行测量	是第一个职业自我量表
Taylor & Betz	1983	“职业决策自我效能量表”（CDMSE），是较早编制的与职业行为过程有关的自我效能感量	经修改后的简缩版量表（CDMSE-SF）具有更高的信度和效度
Gibson & Dembo	1984	编制出的“教师效能感量表”（TES）包含30个情景项目、两个因素	成为当时被广为接受的教师效能感测量工具之一

表2-5(续)

作者	年份	测量	特点
Solberg，等	1994	“职业寻找自我效能量表”（CSES），该量表由4个维度共计35个题项构成	是关于职业寻找自我效能与职业调整自我效能感的测量
Schwarzer & Jerusalem	1995	该量表由10个项目构成，用4点计分法，根据被试最后的总分范围（从10分到40分）来对其自我效能感进行评估	该量表的测评对象包括12岁以上的青少年及普通成人，是典型的一般自我效能感量表（GSES）
凌文辁，张鼎昆，方俐洛	2001	构建了保险推销员自我效能感量表，由32个项目、8个因素构成	具有良好的信度与效度
Schyns & von Collani	2002	基于Sherer等（1982）及Schwarzer（1994）等编制的一般自我效能感，重新编制了20条目的量表	测量的内容是对目前从事职业的能力的信念
Rigotti, Schyns & Mohr	2008	基于Schyns和von Collani（2002）的20条目量表，在不同的国家进行样本测试，最后修订为6条目的职业自我效能感量表	与Schyns（2002）一样，测量的是对职业的整体效能感，更加简短实用

3. 职业自我效能感的前因变量研究

有关职业自我效能感的前因变量研究，一方面，学者们较多的是从归因风格、工作绩效、性别、工作年限、职称、学校类型、家庭职业指导、社会原因、习俗和偏见等变量进行的（魏立莹，1999；刘雅玲，袁园，2013）。另一方面，几乎没有学者将职场精神性作为职业自我效能的前因变量来进行研究，而只有少数学者对精神性与自我效能之间的关系进行了探讨（Konopack & McAuley, 2012; Duffy, 2010）。比如，国外学者的研究发现精神性能影响成人的职业决策自我效能、职业忍耐力（Duffy，2006；Duffy，2010）等。此外，也有学者（Bandura，1986；周笑平，2009；楼玲娣，2012；刘雅玲，袁园，2013）进行了这方面的相关性研究。如与职场精神性中“发展与同事及工作中他人强烈联系”维度紧密相连的变量（如社会支持、他人的评价和劝说、团体辅导）以及与职场精神性中“探寻人生最终意义及目的”维度密切相连的变量（如自我目标定位、目标设置状况）都可以影响个体的职业自我效能感。具体见表2-6。

表 2-6　　职业自我效能感的前因变量研究

作者	年份	前因变量	详解
Bandura	1986	他人的评价和劝说、他人成功或失败经验的示范等四个变量	Bandura 认为，个体通过不同的信息渠道而获得了关于自身能力的相关信息，并形成了自我效能感。而这四个方面的因素影响了个体自我效能感的形成
Duffy	2005 2010	宗教支持、精神性	通过对大学生及成人的研究，发现精神性体验能够提升学生及成人的职业自我效能感
周笑平	2009	团体辅导	通过实验组和对照组的研究方式，得出团体辅导对提高毕业生的自我效能感和就业信心有显著效果
刘雅玲，袁园	2013	社会支持	研究发现，社会支持与职业自我效能感各因子（除职业价值和职业选择外）、效能感总分均呈正相关，且有统计学意义
楼玲娣	2012	社会原因等	职业自我效能感的建立和自我效能感的建立一样，离不开 Bandula 提出的四种信息源，同时提出了影响女大学生职业自我效能感的社会原因和心理原因

4. 职业自我效能感的结果变量研究

有关职业自我效能感的结果变量我们可以将其分为主观职业成功变量和客观职业成功变量两大类。在职业成功的客观方面，有研究证实，个体的职业自我效能感对工作投入（Caesens & Stinglhamber，2014；高鑫，2011）、工作绩效（Stajkovic & Luthans，1998；闫威，陈燕，2009）、薪资水平（Day，Allen，2004；Valcour，Ladge，2008）、职业决策（Betz，Hackett，2006）等变量有正向影响。在主观职业成功方面，只有较少的学者（Mcdonald，Siegall，1992；Schyns & Elart von Collani，2002；Spurk & Abele，2014；Spurk & Abele，2009；Higgins，等，2008）探讨了职业自我效能感与主观职业成功的关系。如 Mcdonald & Siegall（1992）以技术人员为被试，发现自我效能感与工作满意度存在显著的正相关关系。Schyns 和 Elart von Collani（2002）在探讨个体的职业自我效能与工作满意度时，考虑了职业自我效能与多方面工作满意度的联系。结果显示个体的职业自我效能感与对工作中上级的满意度、对工作任务的满意度、对工作中同事的满意度等均呈正相关关系。同时，他们还以实证数据证实了个体的职业自我效能感与其对组织的情感承诺呈中度正相关关系。研究还发现，个体的职业自我效能感与职场精神性中和谐同事关系及与组织价值观契合的相关变量——组织支持感与职业成功也呈显著正相关关系，工作支持和员工价值认同均与职业满意度呈正相关关系。另外，我们通过文献回顾发现，有较多的研究者（Bandura，1997；Jex & Bliese，1999）进行了个体的职业自我效能感与职业满意度、工作满意度、成就感的关系研究，并发现职业自我效能感能够对职业满意度、工作满意度、成就感等变量产生正向影响，而这就为我们进一步研究职业自我效能感与职业成功的关系奠定了基础，并提供了一定的实证支持。当然，也有极少数学者同时研究了职业自我效能感对个体主观和客观职业成功的影响（Spurk & Abele，2009；2014）。如 Spurk 和 Abele（2009）采用纵向研究的方法，实证研究了职业自我效能感和职业发展目标对个体主客观职业成功的影响机制。研究发现，职业自我效能感在三个研究阶段均正向影响个体的薪资水平和职业满意度。

根据 London 和 Stumpf（1982）对职业成功的界定，职业成功是“个体在工作过程中，随着时间的推移而逐渐获得的心理收获，以及积累起来的工作成就”。职业领域的自我效能感能带来很多积极的结果，如一般效能感、社会效能感、心理坚韧、低水平的职业不决策，从而帮助个体拥有更好的职业适应性，有更多的精神资源来应对压力，从而更有信心去处理工作任务及职业中的挑战（Duffy，2005），从而取得更大的职业成功。Jex 和 Bliese（1999）的研究表明，职业自我效能感在应激源与个体所体验到的职业紧张之间起显著的中介作用，职业自我效能感高的员工通常会有更少的职业紧张表现，因而能更好地应对职业中的变化及压力，获得更好的职业发展，并有较高的工作满意度。

5. 评析

目前，有关自我效能感的研究已取得了丰富的研究成果，如一般自我效能感与职业自我效能感的对比研究、自我效能感与其他理论相结合的研究及各应用领域的职业自我效能感研究均获得了不错的进展。职业自我效能感研究虽然相对于一般自我效能感的研究起步晚且研究领域更窄，但因其更贴近实践的有效性而受到越来越多学者们的关注。对于职业自我效能感，研究者们主要将研究重点集中在概念、特定领域职业自我效能感量表的编制以及为适应不同环境而对已有量表的修改、职业自我效能的前因变量研究、结果变量研究等方面。具体来说，职业自我效能的前因变量研究主要集中于个人因素（归因、人口特征）及社会因素（社会支持、他人劝说等），较少研究组织环境因素对职业自我效能感的影响，但是也有一些学者发现了精神性方面的概念与自我效能感或者职业决策自我效能之间的关系（Konopack & McAuley，2012；Duffy，2010）。因此，职业自我效能感的前因影响因素的研究还值得关注。同时，学者对于职业自我效能感的结果变量进行了较广泛的研究，这些研究也发现职业领域的自我效能感水平对职业成熟度、工作满意度、职业信心、职业压力、工资等都有影响。虽然目前对于职场精神性、职业自我效能感及职业成功三者之间关系的直接研究几乎没有，但是从文献综述我们可以看出，职场精神性有可能影响员工的职业自我效能感，从而进一步影响员工的职业成功，这似乎是一个比较有趣并且有意义的话题。因此，本研究将从社会认知的视角出发，探讨职业自我效能感在职场精神性与职业成功之间所起的中介桥梁作用。

2.2.5 职业认同文献综述

1. 职业认同的相关概念研究

职业认同（career identity）也叫职业同一性，是在自我同一性（ego identity）的基础上发展而来的。1994 年，Erikson 首先提出“同一性”这个概念，并认为个体在其青少年时期因生理和心理以及社会角色的巨大变化而需要建立自我同一性。同一性的过程就是个体逐渐认清自我和社会角色定位的过程。之后，学者们对于职业认同的发展性研究多是在 Erikson 自我同一性的基础上进行的（高艳，乔志宏，宋慧婷，2011），但是职业认同的概念因研究者的立足点及研究方向的不同而尚未形成一个被广泛认可的定义。McGowen 和 Hart（1990）将职业认同的定义进一步细化为“一个职业群体中成员所共有的态度、价值、知识、信念和技能”。Holland 和 Johnston 等（1993）则认为，职业认同是指个体认识自己的职业天赋、职业兴趣以及职业目标等内容的清晰程度和稳定程度。Meijers（1998）则表示，职业认同是个体将其自身的能力、兴趣、价值观与自己认可的职业目标融合的一个概念，并且它会随着个体在社会学习过程中的改变而改变。很显然，与 Holland 认为职业认同是种结果的观点不同，Meijers（1998）认为职业认同是种过程。而从认同的内容出发，Moore 和 Hofman（1998）则认为，职业认同是个体对自己的职业角色重要性、职业角色吸引力以及职业角色与其他角色的融合度进行判定。对于职业认同的定义，我国的部分研究者也给出了自己的看法。我国心理学家车文博（2001）在其主编的《心理咨询大百科全书》中，将职业认同界定为人们对自己目前所从事的职业目标及其社会价值等内容的看法，它与社会对该职业的评价及期望一致。而魏淑华（2005）在对教师进行的研究中，将教师的职业认同界定为过程和状态两方面内容的合集。所谓“过程”是指个体在其所经历的过程中逐渐发展起来的对自我教师角色逐步清晰的和趋于稳定的认识。所谓“状态”是个体就现阶段而言，对自己所从事职业的认同程度。有关职业认同的概念研究，见表 2-7。

表 2-7　　　　职业认同的相关概念研究

作者	年份	概念定义	特点
Holland, Johnston & Asama	1993	职业认同是指个体认识自己的职业天赋、职业兴趣以及职业目标等内容的清晰程度和稳定程度	强调了职业认同是一个相对稳定的状态
Goodson & Cole	1994	职业认同是一种职业现实的建构，它是目前正在发生的偏个体化和情境化的解释过程	从建构的角度对职业认同进行了界定
Moore. M & Hofman. JE	1998	向心性（centrality）、价值性（valence）、协调性（consonance），即"个体在多大程度上认为自己的职业角色是重要的、有吸引力的、与其他角色是融洽的"	从认同的内容出发，将职业认同界定为个体在多大程度上认为自己的职业角色是重要的、有吸引力的、与其他角色是融洽的
Meijers	1998	职业认同是个体将其自身的能力、兴趣、价值观与自己认可的职业目标融合的一个概念	从动态的角度认为，职业认同是不断发生相关改变的一个过程
魏淑华	2005	是过程和状态两方面内容的合集	将职业认同"过程说"与"状态说"融合
Hekman	2009	员工感到自己与职业是"同一"的，对职业产生依附性	职业认同的过程与组织认同的过程类似，都是对特定群体的"同一性"感受
高艳，乔志宏，宋慧婷	2011	职业认同是指个体对某个特定的具体职业的喜爱和所感知到从事该职业的价值意义	主要指向某个职业，并且从心理角度表达对该职业的喜爱与价值感

根据研究重点，本研究更多关注的是员工对于目前从事职业的认同和归属，因此结合 Hekman（2009）及魏淑华（2005）的定义，将职业认同界定为"员工对自己所从事的职业的认同状态，对职业产生的依附性和归属感"。

2. 职业自我认同感的测量

由于各个学者对职业认同的概念均有不同的理解，因而职业认同的测量也就有了不同的方法。高艳、乔志宏、宋慧婷（2011）将职业认同的测量方法大致划分为以下两类：一类是从单一维度来测定工作个体的职业特点的清晰度和稳定性，它以 Holland 的职业认同理论为基础。另一类主要基于 Meijers 的动态视角，根据职业认同的各个发展阶段及其状态特征来进行测量。就单一维度的测量而言，比较典型的量表是 20 世纪 80 年代 Holland 等（1980）所编制的职业认同量表（Vocational Identity Scale，VIS），该量表由18个题项构成，采用0和1的计分方式，总分越高意味着个体的职业认同就越清晰和稳定。与上述单一维度的测量方法不同的是，根据职业认同的各个发展阶段及其状态特征来进行测量的理论依据在很大程度上源于Marcia（1966，1980）的理论成果。Marcia根据探索和承诺的高低程度将自我同一性划分为同一性扩散、同一性早闭、同一性延缓、同一性获得四种状态。

与高艳和乔志宏等（2011）学者划分的方式不同，学者赵伟（2013）认为，职业认同的测量可以大致可分为用于测量不同群体职业认同的普适性量表以及用于测量某特定群体职业认同的专门性量表两类。就普适性量表而言，Hofman和Kremer（1981）编制的职业认同量表由19个六点计分的题项组成，包括中心性、自我表述、价值和团结四个因素，内部一致性系数均在0.6以上。Tyler和McCallum（1998）编制的职业认同量表，由10个五点计分的题项构成，量表内部一致性系数为0.93。学者王惠卿（2013）采用定性分析和定量分析相结合编制而成的《社会工作者认同问卷》的信度和效度良好，能作为我国社会工作者职业认同的测量工具。专门性量表是针对特定职业领域开发的量表，具有较明显的行业特色，因此各行业间的量表有一定程度的差异。具体而言，专门性的职业认同量表多用于教师这个职业群体。有关职业认同的结果维度与测量的研究，见表2-8。

表2-8　　　有关职业认同的结果维度与测量的研究

作者	年份	结构维度与测量	特点
Holland, Gottfredson & Power	1980	VIS（Vocational Identity Scale）量表	该量表测量的是个体对自己职业能力、职业兴趣与职业目标认识的清晰度和稳定度
Hofman & Kremer	1981	量表包括中心性、自我表述、价值与团结4个测量维度	普适性量表，由19个六点计分的题项组成
Tyler & MacCallum	1998	量表由“我的工作内容与我的期望相符合”“我所从事的工作让我觉得很光荣”等10个题项构成，采用五点计分法	普适性量表
Beijaard, Verloop & Vermunt	2000	量表包括3个维度共计18个题项，使用不适用到完全适用的四点计分法	教师行业的专门性量表
Hekman	2009	员工对于职业的同一感	单维，从医生这种职业出发，探讨职业认同

表2-8(续)

作者	年份	结构维度与测量	特点
王惠卿	2013	量表分为统一性、连续性、情感性、价值性四大职业社会认同因子	从"认同"的两个维度出发，提出了社会者的职业认同是一个一阶四因子的多维结构的构想

本研究的研究目的是探讨员工对于自身从事职业的一种整体认同感，因此选用 Hekman（2009）的量表，实际上本量表更多是根据组织认同的测量方法进行量表设置，这种方法有很多研究者使用，如 Van Knippenberg 和 Van Schie（2000），Bamber 和 Iyer（2002），Hekman（2009）等，由"当别人称赞我的职业时，我感觉自己也受到了称赞""当别人批评我的职业时，我感觉自己也受到了屈辱"等 5 个题项构成。

3. 职业自我认同感的前因变量研究

有关职业自我认同感的前因变量，中外学者主要在教师领域和医护领域从以下几个方面进行了大量研究：人口统计学变量（如性别、年龄）（Beijaard, Verloop & Vermunt, 2000；魏淑华，2008）、工作状态（Meyer, Allen & Smith, 1993）、工作态度（如倦怠水平、离职意向）（Gaziel, 1995）、专业发展（张敏，2006）、外部环境（Dillabough, 1999；Vanden Berg, 2002）等。

通过对文献的回顾，我们发现，虽然研究者们（Kiesling & Sorell, 2009；Beaumont & Scammell, 2012）已经承认了精神性对认同发展的重要作用，但目前关于精神性与认同的实证研究还比较缺乏（Gebelt & Leak, 2009）。只有极少数学者探讨了精神性与职业认同之间的关系。如 Miner 和 Bickerton 等（2015）研究发现，精神性资源能正向预测个体未来的工作卷入度，并且对职业持久性具有重要影响，同时精神性资源还与工作中的个体幸福密切相关。

不过我们可以察觉到的是，已有部分学者对与"职场精神性"相关的变量与职业认同之间的关系进行过研究，比如职业价值对职业认同的作用（封子奇，姜宇，等，2010）、组织氛围等组织内部环境对个体的职业认同的影响（张宁俊，朱伏平，2010）、人际关系满意度对职业认同的影响（安秋玲，2010；赵伟，2013）、社会支持对职业认同的影响（赵伟，2013）等，这就为我们进一步研究职场精神性与职业认同的关系奠定了基础。同时，我们发现有学者（刘秋颖，苏彦捷，2007）对自我效能与职业认同的关系进行了研究，而高艳、乔志宏、宋慧婷（2011）的研究也证实了这一点，这表明职业自我效能与职业认同之间确实存在某种关系。

4. 职业自我认同感的结果变量研究

在职业认同的结果变量方面，我们可以发现，已有部分学者对个体的职业认同与其职业成长之间的关系进行了研究（魏淑华，2005；McArdle，Waters，Briscoe & Hall，2007；Meijers，Kuijpers & Gundy，2013）。如 Meijers，Kuijpers 和 Gundy（2013）以荷兰三千多名学生和近两百名教师为被试，发现职业认同正向影响职业产出。另外，也有少数学者探讨了职业认同与主观职业成功相关指标如幸福感（刘彩霞，文若兰，2014；孙钰华，2008）、工作满意度（魏淑华，2008；张敏，2006）、职业满意度（Gümüs，Hamarat，Colak，等，2012；Loi，Yue & Foley，2004）之间的关系。典型如 Gümüs 等（2012）以土耳其公立学校 238 名教师为被试，探讨了组织认同、职业认同与组织满意度、职业满意度以及提前退休意向之间的关系，结果发现两类认同都与工作满意度呈正相关而与个体的提前退休意向呈负相关。Loi，Yue 和 Foley（2004）以香港 309 名律师为被试，探讨了职业认同与工作满意度、职业满意度及组织承诺的关系，结果发现职业认同对工作满意度和组织承诺均有正向预测作用。国内学者魏淑华（2008）研究发现，教师的职业认同与其工作满意度之间存在着强正相关关系，而与教师的离职意向之间存在着强负相关关系。刘彩霞和文若兰等（2014）研究发现，职业认同与主观幸福感呈正相关。孙钰华（2008）认为，教师职业认同是教师幸福感的内在影响因素。也有学者研究了职业认同与其他结果变量之间的关系，比如离职意向（Moore，Hofman，1998）、工作压力和离职意愿（Gaziel，1995）等，而这些变量对职业成功都能产生影响。

5. 评析

职业认同的概念是从社会认同领域发展而来的，以前的研究对职业认同的影响因素、结果变量及测量等都进行了探讨。从影响因素来看，学者认为社会环境、组织环境及人口特征等都会影响职业认同的形成。从结果变量来看，职业认同对于个体的职业生涯发展有重要作用，能影响个体的主客观职业成功（Hall & Chandler，2005）。这些研究都表明，员工感知的职场精神性（反映为对工作、团队、组织的整体职场环境感受）可能影响员工的职业认同形成，进而影响其职业成功，但至今为止还没有学者研究职场精神性与职业认同之间的关系，更没有学者将职业认同作为中介变量来研究职场精神性与职业成功的关系，因而这方面的研究具有较高的研究价值。同时，本书在社会认同理论基础上探讨职业认同在职场精神性与职业成功之间关系的中介作用不仅是一次大胆的尝试，也是对职场精神性研究的拓展。

2.2.6 家庭需求文献综述

随着社会的发展，越来越多的女性投身到工作领域，而与此同时男性则较多地承担了家务工作（Nordenmark，2004）。显然，单从工作领域探讨个体的相关工作态度和行为显得苍白无力。系统理论认为，相关联的一系列因素因相互作用而构成一个整体，其中一个因素的变动必然引起另外某些因素的变动（Nichols & Schwartz，1998）。一方面，对于工作中的个体来说，工作和家庭是个体生活整体的两个不同领域，并且是两个关键的领域（Whitely & England，1977），两者共同构成一个系统。当这两个领域处于平衡状态时即为工作/家庭平衡，而当这两个领域中其中一个发生变化时，必然引起另一个的变化，进而衍生出四种不同的状态，即工作家庭冲突（WFC）、家庭工作冲突（FWC）、工作家庭增益（WFE）、家庭工作增益（FWE）。另一方面，家庭本身也是一个系统，该系统所包含的相互作用的规则对个体的行为有显著性的影响（Carr，2000）。家庭系统中的个体的行为或情感变化会促使家庭中其他成员发生相应的积极变化（Nichols & Schwartz，1998），进而做出基于整个家庭而非个体自身的相关行为（Leong，1993）。而根据工作家庭边界理论，这样的变化会超出家庭领域而对工作中个体的相关态度和行为形成积极或消极的影响（Duxbury & Higgins，1991；Frone，等，1992）。

随着双职业家庭的增多，员工越来越疲于处理来自工作及家庭的需求（Byron，2005），同时来自工作和家庭的需求会通过导致个体感受到压力和冲突（Greenhaus & Beutell，1985）而对个体的职业生活造成严重影响。因此，为了更科学地探讨个体的职场精神性如何通过职业自我效能感、职业认同感和心理需求以影响职业成功，本研究引入家庭领域变量——家庭需求（family demands/household demands），以深入探讨这种影响机制。本部分根据研究的需要，对家庭需求的定义、家庭需求的测量、家庭需求的结果变量进行相关介绍。

1. 家庭需求的相关概念研究

有关需求概念的大多数研究是在 Karasek（1979）等学者的成果基础上进行的。通常而言，学者们用角色超载（role overload）一词来对需求进行刻画。角色超载是指个体因为有过多的角色工作要处理，进而导致个体感受到需求压力而给其带来消极的情感性体验（Boyar，Carr，2007）。

对家庭需求的概念进行界定的代表性学者主要有 Yang 等（2000）、Boyar 等（2007；2008）以及 Ahmad 等（2010）。Yang 等（2000）将需求定义为是一种角色表演者（role performers）对于压力的知觉和感觉，并进一步将家庭需求定义为是一种由于家庭任务如整理家务和照顾孩子等而导致的基于时间的压力，它通常与家庭依赖人数、家庭规模以及家庭结构等家庭特征相联系。他们认为，家庭需求代表的是个体对于充分履行家庭角色相关责任的承诺和压力，比如精力和时间的花费和对于履行家庭责任的努力。Boyar 等（2007；2008）则将需求定义为“（个体）在工作或家庭领域感受到的一个全方位的责任感水平和强度”。该定义强调了三点：首先，需求要从全方位去衡量，而非单指某一种需求或某一类需求。其次，需求是有强度的，不同强度的需求对个体的影响是不同的。最后，需求必须要被感受到。Ahmad 等学者（2010）指出，家庭需求的产生可能来自于与个体家庭角色相关的责任、要求、期待和承诺。由此可知，女性员工或者双职工家庭的员工比普通员工会感受到更强烈的家庭需求（Lu，Gilmour，Kao，等，2006）。

本研究结合以上三位学者的研究，认为家庭需求指的是当个体同时具有工作及家庭方面的角色时，个体在家庭领域感受到的一个全方位的责任感水平和强度。

2. 家庭需求的测量

有关家庭需求测度的研究盛行于 20 世纪末和 21 世纪初。这段时期内，大量学者对家庭需求的测度指标进行了探讨（Artazcoz，等，2001；Regidor，等，2010；Byron，2005；Voydanoff，2005；Ten Brummelhuis，等，2008）。如 Artazcoz 等（2001）在探讨家庭需求对女性工作者健康的研究中，将家庭需求的测度锁定在家庭规模、家中孩子的年龄、家中老人的年龄三个变量上。Voydanoff（2005）将家庭需求划分为四个方面，即配偶需求、家务需求、孩子问题及亲属需求。Ten Brummelhuis 等（2008）在对 1 046 名荷兰员工进行的研究中，以家庭结构（如伴侣情况、家中孩子的个数和年龄等）和家庭任务（如家务工作时间耗费等）来测度家庭需求。而 Regidor 等（2010）在对 6 284 名西班牙职员的研究中，将家庭需求的指标锁定在个体承担的家务劳动、家中 15 岁孩子以下的个数等上面。另外，其他学者并非通过以上划分类别的方式来测度家庭需求，而是通过更具体的数量化指标。比如照顾家庭的小时数（Parasuraman，等，1996）、家庭孩子数量（Netemeyer，等，1996）、赡养者数量（Rothausen，1999）、孩子长成与否（Byron，2005）、性别（Choi & Chen，2006）、婚姻状况（Frone，等，2000；Martins，等，2002）及伴侣工作投入等。

本研究认为，无论家庭需求的来源有多少方面，其最终都落脚在占用个体有限的时间和精力上，因此本研究不对家庭需求做细致的变量界定，而是通过具体的问题题项如“我的家庭需要我所有的关注和照料”“我要费力处理与家庭相关的各种事情”等以此体现家庭需求对个体时间和精力的占用，进而影响到工作中的个体。

3. 家庭需求的结果变量研究

基于研究的考虑，本部分只对与家庭需求相关的变量进行梳理和归纳。这些相关变量包括家庭工作冲突、家庭支持、职业自我效能感、职业认同感。

（1）家庭需求与工作家庭冲突（WFC）、家庭工作冲突（FWC）

早在1964年，Kahn等学者就认为，工作家庭冲突是指来自工作和家庭两方面的压力在某些方面不可调和时所产生的一种角色交互冲突。不过学界广泛采用的是1985年Greenhaus和Beutell两位学者对工作家庭冲突的定义，即同时来源于个体所在的工作领域和家庭领域的角色压力因在某些方面不相融合（如时间）而形成的一种角色间冲突形式。后来，Frone等（1992）对工作家庭冲突的概念进行了进一步的发展，并认为工作家庭冲突是一种双向的概念，它同时包含了工作干扰家庭（WFC）和家庭干扰工作（FWC）两种情况。WFC与FWC都是工作家庭界面的角色间冲突，其区别在于两者的发生原因、作用方向以及对两个领域的相对作用大小（Lu，Kao，Chang，等，2008）。Netemeyer等（1996）将工作家庭冲突（WFC）定义为因工作内的时间投入及其他需求所导致的压力妨碍了家庭相关责任的履行的一种角色冲突的形式。众多学者对家庭需求与工作家庭冲突之间的关系进行过探讨，并得出了基本一致的结论，即家庭需求与工作家庭界面的冲突有显著关系（Netemeyer，等，1996；Yang，Chen，Choi & Zou，2000；Byron，2005；Lu，Kao，Chang，等，2008）。具体而言，家庭需求与家庭工作冲突（FWC）呈正相关关系（Voydanoff，2005；Boyar，等，2008）。如Lu，Gilmour，Kao等（2006）探讨了工作/家庭需求、工作/家庭冲突与个体幸福的关系，并对个人主义文化（以英国为例）与集体主义文化（以中国台湾为例）下的员工进行了对比。研究发现，对英国员工和中国台湾员工来说，家庭需求与家庭工作冲突均呈显著的正相关关系。在家庭需求与家庭工作冲突关系方面研究得较为全面的当属Voydanoff（2005），因为他不仅关注了核心家庭需求还将家庭需求扩大至社区需求，即广义家庭需求。Voydanoff（2005）以1 567名职员为研究对象，发现家庭需求和社区需求与家庭工作冲突呈正相关关系。

（2）家庭支持与家庭工作冲突的关系

家庭支持（family support）或个体感受到的家庭支持（perceived family support，PFS）只指“个体感受到的其对于被支持的需求、信息获取的需求以及反馈的需求被家庭所满足的程度”。与家庭需求的研究现象类似，众多学者也对家庭支持与家庭工作冲突之间的关系进行探讨并得出了基本一致的结论，即家庭支持为家庭工作冲突的重要前因变量（Greenhaus & Powell，2006）。具体而言，家庭支持与家庭工作冲突呈负相关关系（Adams，等，1996；Karatepe，Bekteshi，2008；Ho，等，2013）。如 Adams，L. A. King 和 D. W. King（1996）探讨了个体的家庭社会支持、工作/家庭冲突与其工作和生活满意度的问题。研究发现，个体的高家庭情感性支持及工具性支持与低水平的家庭工作冲突相关，即家庭支持与 FIW 呈负相关关系。Karatepe 和 Bekteshi（2008）以阿尔巴尼亚 107 名酒店一线员工为研究对象，发现个体的家庭社会支持能够降低其工作/家庭界面的冲突并能提高家庭工作增益。Ho 等（2013）以中国上海和济南两座城市的 306 对已婚夫妇为研究对象进行研究，发现无论是男性个体还是女性个体，其感知到的家庭支持与家庭工作冲突都是负相关的。

（3）家庭需求与自我效能的关系

对于家庭需求与个体自我效能感的关系，学者们进行了较多的探讨（Whiston，1996；Hall，2003；Lent，Brown，Nota，等，2003；Nota，等，2007）。并得出了较为一致的意见，即家庭需求负向影响个体的自我效能感，而家庭需求的反面即家庭支持则正向影响个体的自我效能感。如 Whiston（1996）实证探讨了家庭互动方式与个体的职业决策自我效能感的关系。研究发现，家庭互动方式（如家庭对个体的目标支持等）与个体的职业决策自我效能感（如职业信息的运用）具有较强的正向关系。Lent，Brown，Nota 等（2003）研究也发现社会支持通过自我效能感间接影响个体的职业决策。Nota 等（2007）以 253 名意大利青年人为被试，探讨了职业寻找自我效能感在家庭支持及职业犹豫间的调节作用。结果发现，家庭支持能够直接对个体的职业寻找自我效能感产生正向影响。

另外，众多工作家庭界面的研究者认为，家庭需求会导致个体产生压力感（Frone，Russell & Cooper，1992；Williams & Alliger，1994；Nordenmark，2004；Choi，等，2006；Lu，等，2008）或抑郁情绪（Wallace，2005），而且这种关系通常是正向的。即随着家庭需求的产生，个体的压力感也会产生，并且进一步成为影响个体自我效能感的负向因素。如 Nordenmark（2004）在瑞典环境下探讨了来自工作和家庭的需求的增加与个体感受到的压力水平之间的关系，并比较了男女之间的差别。结果发现，来自工作或家庭需求的增加均会提升男女个体心力交瘁的感知。Choi 等（2006）以中国职工为研究对象，探讨了工作/家庭需求对个体生活压力的影响，并对工作家庭冲突的中介作用进行了研究。结果发现，工作需求和家庭需求均会导致个体的生活压力，并且家庭需求导致生活压力会受到工作家庭冲突的中介的影响。Wallace（2005）认为，当员工承受过大的来自某个领域的需求（如家庭需求）以及工作角色压力时，就会导致心理抑郁。

（4）家庭需求与职业认同的关系

个体职业认同的发展可以看作是个体因素、相关因素和社会情境因素共同作用的一个过程，相关因素中的家庭因素对个体职业认同的形成及认同水平都有重要影响。已有的研究已经发现，家庭需求的增加如家务劳动时间增加、孩子的诞生等会提升个体工作倦怠感（Voydanoff, 1988）、提高缺勤率（Erickson, Nichols & Ritter, 2000）以及降低工作承诺（Campbel & Campbell, 1994），进而导致个体职业认同感的降低，当家庭需求过多时，通常会引起工作中个体的职业认同危机。如 Penick 和 Jepsen（1992）用家庭关系角色和家庭系统维持因素来预测青少年的职业认同和职业规划问题。该研究表明，家庭关系中的冲突会显著地负向影响个体的职业认同。

而家庭支持则可以提升个体的职业认同感（Hargrove，等，2005；Whiston & Keller, 2004）。如 Johnson，Buboltz，Nichols（1999）称，家庭凝聚力、家庭可表达性及低水平的家庭关系冲突都是高职业认同水平的一大保证。Hargrove 等（2005）研究发现，来自家庭的互动方式如家庭关系质量、家庭对于大学生个体工作目标的支持程度等会对个体的职业目标清晰性、稳定性的形成（即职业认同的一种表现）产生重要的影响。Whiston 和 Keller（2004）的研究发现，家庭联系的质量是个体职业发展过程中一个非常重要的前因变量，家庭联系与职业认同之间是紧密相连的。

4. 评析

目前关于家庭需求的研究，从组织角度来看，主要研究的是家庭需求对员工工作-家庭冲突的影响，并进一步研究它对员工工作绩效、工作态度及职场领域其他行为的影响等。从个人角度来看，主要研究了家庭需求对于员工心理压力、心理健康、工作满意度、情绪耗竭等的影响。目前研究者更多地将家庭需求作为工作家庭冲突及压力等的前因变量进行研究，而较少关注家庭需求的调节作用。但是从家庭工作互动角度来看，家庭需求作为工作与家庭的互动情境，其高低程度能影响职场精神性对于职业自我效能感等作用的发挥。因此本研究将家庭需求作为调节变量来探讨工作个体的家庭与工作的互动情况。

2.2.7 主要变量间的关系研究

1. 职场精神性与职业成功的关系研究

现有研究从个人、组织、社会、家庭等多个方面探讨过个体职业成功的影响因素（Ng, 2005）。其中，个人角度方面的变量如基本心理能力、生涯适应力（宁甜甜，张再生，2014）、情绪智力（刘燕，张秋惠，2014）、可雇用性（De Vos, 等, 2011）等人力资本类因素是学者们用以研究影响个体职业成功中最常用的因素，对个体职业成功有正向预测作用。而职场精神性作为个体方面的积极心理变量，也已经被证实会对员工的心理、态度和行为产生影响，如职场精神性能够提高员工的工作参与度（Kolodinsky, 等, 2008）、组织公民行为（Kazemipour, 2012）、工作满意度（Cavanagh & Bandsuch, 2002; Milliman, 等, 2003; Robert, 等, 2006; Clark, 等, 2007; Pawar, 2009; Chawla & Guda, 2010; Altaf & Awan, 2011）和幸福感（Awan & Sitwat, 2014; 邹文篪等，2015），降低员工的缺勤率及偏离行为（Chawla, 2014）、离职倾向（Milliman, 等, 2003; Chawla & Guda, 2010）等。如 Chawla 和 Guda（2010）研究发现，销售专业人士的职场精神性与工作满意度呈正相关。Pawar（2009）以印度管理层员工为被试进行研究时发现，职场精神性的其中两个维度（有意义的工作、团队归属感）均正向影响工作满意度和工作卷入。Crawford 等（2008）以美国旅店业的员工为被试，探讨了职场精神性对员工相应变量的影响。结果发现，职场精神性对个体的内在工作满意度、工作投入等都有正向影响，对离职倾向有负向影响，即职场精神性对个体的主客观职业成功有促进作用。Gupta，Kumar 和 Singh（2014）对印度私有保险业下员工的职场精神性进行了探讨，发现职场精神性其中的三个维度（有意义的工作、团体感、组织价值）对个体的工作满意度均有正向影响，且呈现出极大的正相关性（相关系数在 0.6 左右及其以上）。

需要特别指出的是，Ashar 和 Lane-Maher（2004）关于精神性与成功的研究是本研究所发现的唯一一篇对精神性与成功之间关系进行直接研究的文章。他们发现，参与者的成功感知和他们的工作经历、成就感及能在生活中找到“意义”及“目的”直接相关。目前国内外虽然较少有关于职场精神性对职业成功产生直接影响的研究，但我们认为，以上学者对于职场精神性与主客观职业成功指标之间关系的研究奠定了职场精神性与员工主客观职业成功研究的基础，为本研究的展开提供了条件。

2. 职场精神性与基本心理需求、职业自我效能感、职业认同之间的关系研究

就职场精神性与基本心理需求的关系而言，两者关系密切（常广财，2013）。一方面，部分学者认为个体的某些需求本身就是灵性需求（张淑美、陈慧姿，2007；McSherry，2010；Oldnall，1996）。如 McSherry（2010）认为，人的灵性需求包括：追求有意义的人生目标的需求、被爱及联系的需求、被谅解和宽容的需求、希望的需求、寻求超越的需求。Oldnall（1996）认为，所有个体都有灵性的需要，并且正是灵性才把人统一成为一个整体。台湾学者张淑美、陈慧姿（2007）认为灵性需求可分为内在生命层面和与外在世界互动两个层次，并用意义、超越性、人际关系、与环境、宗教信仰、宇宙联系六个层面作为灵性需求的评估项目。另一方面，基本心理需求满足是个体心理健康的必要条件，未得到满足的心理需求通常会导致心理问题的产生或心理健康水平的下降（Baard, Deci & Ryan, 2004）。因此我们可以从精神性体验与心理健康或心理疾病的关系来看精神性与心理需求满足之间的关系。目前，已有许多研究结果表明，精神性（灵性）体验对于个体心理健康具有正向促进作用（Romero, 2006; Baetz, 等, 2002; Shannon, 2002）。如 Baetz 和 Larson 等（2002）在对住院病人的一项研究中发现，精神性体验能降低他们的抑郁水平、降低他们滥用药物的程度，并最终提高他们的生活满意度。这些研究间接地说明了，正是由于精神性体验能对心理需求满足产生影响，从而才会进一步对个体的心理健康问题产生影响，即精神性与基本心理需求满足具有的内在的联系。

就职场精神性与职业自我效能感的关系而言，国内外目前还没有学者将职场精神性作为职业自我效能的前置性影响因素来进行研究，然而大多数学者（Konopack & McAuley, 2012; Duffy, 2010; Duffy & Blustein, 2005）都持这样的观点，即精神性与自我效能具有相关关系，并且精神性能正向预测个体的自我效能感。比如，Duffy（2010）的研究发现精神性作为能影响成人的职业决策自我效能、职业忍耐力等。另外，Duffy 和 Blustein（2005）也探讨过职场精神性与职业决策中的信心两者之间的关系。他们发现，具有宗教信念或者精神信念的大学毕业生在职业决策方面更加成熟，具有精神性联结的个人在职业决策方面更加自信，更加愿意探索多样性的职业机会。而且当学生感到职业是一种使命的时候，他们更易有积极情绪，更加自信。同时，也有学者（Bandura, 1986；周笑平，2009；楼玲娣，2012；刘雅玲，袁园，2013）进行了这方面的相关性研究。如与职场精神性中“团队归属感”维度紧密相连的变量（社会支持、他人的评价和劝说、团体辅导）以及与职场精神性中“探寻工作及人

生最终意义和目的"维度密切相连的变量（如自我目标定位、目标设置状况）都可以影响个体的职业自我效能感。比如刘雅玲和袁园（2013）研究发现，社会支持与职业自我效能感各因子（除职业价值和职业选择外）、效能感总分均呈正相关，且有统计学意义。周笑平（2009）通过实验组和对照组的研究方式，得出团体辅导对提高毕业生的自我效能感和就业信心有显著效果。

关于职场精神性与职业认同两者之间关系的直接性研究还比较缺乏（Gebelt & Leak，2009）。不过研究者们（Kiesling，Sorell，2009；Beaumont，Scammell，2012；De Klerk，2005）已经承认了精神性对认同发展的重要作用。如 F. W. de Klerk（2005）在一项职场灵性实践与人力资源管理的研究中提出了"人生意义与职业贡献的三个方面（职业认同、职业弹性、职业计划）均正相关""人生意义与积极的工作取向、态度、行为正相关"等一系列假设，这一研究为职场精神性正向影响职业认同的假设提供了有力支持。并且最近又有学者（Miner，Bickerton，等，2015）研究发现，精神性资源能正向预测个体未来的工作卷入度，并且对职业持久性具有重要影响。除此之外，国内学者发现与职场精神性相关的变量，如职业价值（封子奇，姜宇等，2010）、人际关系满意度（安秋玲，2010；赵伟，2013）、组织氛围（张宁俊，朱伏平，等，2010）等对职业认同具有正向预测作用。同时，职场精神性对与职业认同相关的变量如员工敬业度、职业承诺（Khanifar，2010）等也具有正向关系。如 Khanifar（2010）研究发现，职场中的精神性让员工有更高的职业承诺。这些研究为我们探讨职场精神性与职业认同之间的关系奠定了基础，并提供了间接性的实证支持。

3. 基本心理需求、职业自我效能感、职业认同三者之间的关系研究

Deci 和 Ryan（1985）的认知评价理论（Cognitive Evaluation Theory）认为，环境因素会通过影响心理需求的满足从而影响认知过程。因此心理需求满足能够影响作为认知因素的职业自我效能感，两者间的关系有着坚实的理论基础。另外，自我建构（self-construal）是在自我认知（self-evaluation）基础上的进一步发展（Walumbwa，等，2011），因而作为自我建构的职业认同也与作为自我建构的职业自我效能感之间存在着深刻的联系。就实证方面而言，多项研究表明了职业认同与自我效能感及心理需求满足之间具有直接或间接的关系，共同构成了对个体相关行为的复杂影响机制。比如 Kahn（1990）认为，员工的关键心理状态在支持性的工作和组织因素与员工敬业度两者的关系上起着较为显著的中介桥梁作用，这也是对于本书模型中心理需求满足作为中介变量在起作用的一大佐证。Krishnakumar 和 Neck（2002）通过回顾已有文献，发现精神

性在职场领域受到重视是因为精神性对职场中个体的承诺和忠诚、自我满足感，以及直觉和创造力的培养都有促进作用。Broeck 等（2008）在其研究中通过构建自主需求、关系需求和胜任需求三大需求对敬业度产生中介作用的模型，对工作要求和工作资源与这三大需求的关系进行了研究。研究发现，工作要求对三种心理需求的满足均起负向影响，而工作资源却相反。

我国学者杨红明（2010）以心理需求为中介变量，考察了工作特征对员工敬业度的影响，结果发现心理需求的三个维度在工作特征与敬业度之间分别起部分或完全中介作用。同时，部分学者（刘秋颖，苏彦捷，2007；Valcour, Ladge, 2008；Ballout, 2009；Conklin, Dahling, Garcia, 2013）还对自我效能与职业认同的关系进行了研究，如 Valcour 和 Ladge（2008）以 916 名母亲职员为被试，探讨了工作领域中的相关变量（如职业认同、自我效能感）对女性主客观职业成功的影响。研究发现女性的职业认同与其主观职业成功正相关，而自我效能感与女性的主客观职业成功均呈正相关。Ballout（2009）以黎巴嫩三座大城市的 180 名银行职员为被试，探讨了职业承诺对职业成功的影响，并探讨了自我效能感的调节作用。结果发现，当个体具有中度或高度的自我效能感时，职业承诺能对主观职业成功和客观职业成功产生正面影响。Conklin, Dahling 和 Garcia（2013）以美国 200 名毕业大学生为研究对象，结果发现，个体的职业决策自我效能在其对专业的情感承诺和职业预期结果，尤其是职业表现和职业满意度之间起调节作用。高艳、乔志宏和宋慧婷（2011）的研究也证实了职业自我效能与职业认同之间确实存在某种关系。这些研究都表明了心理需求满足、职业自我效能感以及职业认同之间存在着密切的联系，共同构成了对个体职业发展的复杂影响机制。

4. 基本心理需求、职业自我效能感、职业认同与职业成功之间的关系研究

Eby, Butts 和 Lockwood（2003）曾将个体职业成功的影响因素划分为三大类，即“知道为什么”“知道谁”“知道如何做”。其中，“知道为什么”代表的是个体的职业认同等因素。“知道谁”代表的是与个体职业联系的组织内外部关系网络，从某种程度上可理解成是驱动职业成功的关系需求。“知道如何做”代表的是个体所具有的与工作或职业相关的技能和知识，它在一定程度上是个体职业自我效能感的重要影响因素，通过影响个体的职业自我效能感而对个体的职业成功产生影响。而学者 Ng 和 Feldman（2014）以资源保存理论为依据，从反面视角对过去三十年来影响个体主观成功的障碍因素进行了元分析，结果发现：在影响个体职业成功的六大类因素中，个体特质相关障碍因素

（如低核心自我评价）、激励类障碍因素（如低职业认同）、社交关系障碍因素（如低领导成员交换质量、低社会支持）、组织及工作障碍因素（如低组织支持、低工作挑战度等）与个体的主观职业成功显著负相关，这就说明了个体的职业认同、自我效能感、关系需求及胜任需求等基本心理需求会对个体的职业成功造成影响。

从基本心理需求与职业成功的关系研究来看，已有部分学者对心理需求与主客观职业成功的关系进行了初步的探讨，并且已经证实了心理需求满足与客观职业成功指标如工作投入（Kahn，1990；李敏，2014）、绩效产出（张剑，张微，Deci，2012；Greguras & Diefendorff，2009；Baard，Deci & Ryan，2004；Deci，Ryan，Gagne，等，2001），以及与主观职业成功指标如工作满意度及工作幸福感（霍宗红，莫玉梅，许邦文，2001；Lynch，Plant & Ryan，2005；Sapmaz，等，2012；Vansteenkiste，等，2007；Deci & Ryan，2000）等正相关。如 Baard，Deci 和 Ryan（2004）的研究表明人们在工作中对基本心理需要的满足会影响工作中的绩效表现和心理调整。Sapmaz 等（2012）以土耳其某大学的 192 名学生为被试进行研究发现，心理需求各维度均与幸福感呈正相关关系，并且在对幸福感的正向影响程度方面，最强的是能力需求维度，其次是自主需求和关系需求维度。Deci 和 Ryan 等（2001）探讨了保加利亚和美国两个不同文化背景下的个体心理需求满足问题。研究发现，两个国家个体心理需要的满足程度和工作绩效、幸福感均呈正相关关系，这表明尽管存在文化差异，个体内在心理需求始终是其工作绩效与主观幸福感的重要预测因素。另外，李敏（2011）以云南腾冲县第一中学的教师为被试，探讨了教师的心理需求与工作投入之间的关系。研究发现，基本心理需求与工作投入呈中度正相关。学者张剑、张微和 Deci（2012）也一致认为，心理需求的各个维度（自主需求、胜任需求、关系需求）与员工的工作绩效存在正相关关系。虽然没有实证研究直接证明心理需求对于员工职业成功的影响，但是从上述分析可以看出，心理需求满足能促发员工内在的工作动机和自主工作动机，使员工更加投入到工作和职业中去，在工作中充满活力，这种积极的工作态度和投入会正向影响员工的工作表现，提高工作绩效，从而影响客观职业成功。同时，上述研究也表明，心理需求满足能影响员工的幸福感和工作满意度，这与主观职业成功的内涵高度契合。

从职业自我效能感与职业成功的关系研究来看，研究者发现自我效能感会提高个体职业成功的可能性（Ballout，2009；刘华芹，黄茜，古继宝，2013；Spurk & Abele，2014）。如 Ballout（2009）的一项研究发现，个体中高度的自我效能感在职业承诺与主客观职业成功间起调节作用。刘华芹、黄茜和古继宝（2013）以中国261名来自不同企业的员工为被试，实证表明了个体的自主性职业态度、自我效能感能正向影响其职业成功。Spurk 和 Abele（2014）以时间维度为切入点进行研究时发现，工作个体的职业自我效能感能正向影响其客观职业成功，进而客观职业成功又正向影响其主观职业成功，最后主观职业成功又反过来正向影响职业自我效能感，形成一个正向影响环，周而复始地运行着。另外，也有研究者分别探讨了自我效能感对主观职业成功指标如工作幸福感和职业满意度的影响（Schyns & Elart von Collani，2002；Higgins，等，2008；Mcdonald & Siegall，1992），对客观成功指标如薪资水平（Day & Allen，2004；Valcour & Ladge，2008）、工作投入（Caesens & Stinglhamber，2014；Chaudhare，等，2012；高鑫，2011）、工作绩效（Stajkovic & Luthans，1998；Sdari，Rboertosn，1993；闫威，陈燕，2009）的影响，这些研究都可以作为个体的职业自我效能感能促进其职业成功的佐证。高鑫（2011）以证券公司客户经理为研究对象，发现客户经理的自我效能感能正向预测其工作投入。Chaudhare等（2012）以印度公共组织及私人部门中的150名高管为被试，研究发现高管的自我效能对其工作投入产生直接或间接的影响。Spurk，Abele（2009）采用纵向研究的方法，实证研究了职业自我效能感和职业发展目标对个体主客观职业成功的影响机制。研究发现，职业自我效能感在三个研究阶段均正向影响个体的薪资水平和职业满意度。如 Mcdonald & Siegall（1992）以正在经历技术革新的技术人员为研究对象，发现自我效能感与工作满意度存在显著的正相关。Schyns 和 Elart von Collani（2002）在探讨个体的职业自我效能与工作满意度时，考虑了职业自我效能与工作满意度多个方面的相关性，结果发现个体的职业自我效能感与对工作中上级的满意度、对工作任务的满意度、对工作中同事的满意度等均呈正相关关系。由此可知，自我效能感和目标都是成功行动的决定因素。职业领域的自我效能感能带来很多积极的结果，帮助个体拥有更好的职业适应性，从而使个体更有信心去处理工作任务及职业中的挑战（Duffy，2005），最终取得更大的职业成功。

从职业认同与职业成功的关系研究来看，虽然少有职业认同与职业成功直接关系的研究，但学者们对于职业认同与职业成功的近似变量、职业成功的主客观指标都进行了大量的探讨。职业成功的近似变量方面，Meijers，Kuijpers 和 Gundy（2013）以荷兰三千多名学生和近两百名教师为对象，发现职业认同正向影响职业产出。Hall 和 Chandler（2005）发现，职业认同会提高员工的绩效产出。职业成功的主观指标方面，Gümüs 等（2012）以土耳其公立学校 238

名教师为被试，探讨了组织认同、职业认同与组织满意度、职业满意度以及提前退休意向之间的关系，结果发现两类认同都与工作满意度呈正相关而与个体的提前退休意向呈负相关。Loi，Yue 和 Foley（2004）以香港 309 名律师为被试，发现职业认同对工作满意度和组织承诺均有正向预测作用。国内学者刘彩霞和文若兰等（2014）的研究也发现，职业认同与与主观幸福感呈正相关。孙钰华（2008）也认为，教师职业认同是教师幸福感的内在影响因素。

同时，也有较多的实证研究表明，职业认同与工作压力、离职意愿、职业倦怠呈负相关（Gaziel，1995；Moore & Hofman，1998；张敏，2006），而这些研究从反面证实了职业认同能正向促进个体职业成功的实现。另外，职业承诺体现了工作个体对当前职业的积极态度，包含了个体对当前职业的认同、积极投入及情感依赖等一系列的内在动机过程（龙立荣，方俐洛，凌文辁，2000）。而职业承诺作为个体职业成功指标的一个重要预测变量，它已经被广大学者所证实（任皓，温忠麟，陈启山，2013；余琛，2009；Ballout，2009；Poon，2004）。如余琛（2009）通过对 149 名知识型人才的研究发现，个体的职业承诺可以预测其职业满意度。Poon（2004）通过对马来西亚的白领进行研究发现，职业承诺对客观职业成功中的薪酬水平有正向预测作用，对主观职业成功中的职业满意度有正向预测作用。Ballout（2009）研究发现，职业承诺对客观职业成功中的薪酬水平以及主观职业成功中的职业满意度有正向预测作用。

2.3 本章小结

本章重点对本研究中涉及的相关理论及相关构念进行了系统的文献整理及回顾。从对职场精神性、职业成功、基本心理需求、职业自我效能感、职业认同及家庭需求的文献回顾及梳理来看，我们可以总结出以下四点：①职场精神性的研究已经得到了国外学者的广泛关注。职场精神性能够影响员工的心理、态度和行为，对于组织及员工绩效都有影响。而在易变的职业生涯时代，员工职业成功的重新诠释和重要性也是组织行为领域研究的重点。并且职业成功作为员工职业成长的衡量标准之一，对于员工的职业生涯极其重要。目前只有较少的研究探讨职场精神性对员工职业方面的影响，因此职场精神性对员工的职业方面变量的影响有待进一步开拓，而本研究正是基于职场精神性有意义的工作、团队感、与组织价值一致感等核心因素来构建其与员工职业发展之间的逻辑关系，并且有效地拓展了职场精神性及职业成功这两个构念的研究边界。

②目前国内外对于职场精神性的研究更多地关注其产生的直接影响，而较少探讨这些影响所发生的内在机制。已有的一些中介机制探讨也只是从社会交换、内在激励等角度出发。这些相对匮乏的中介机制研究，没有很好地揭示职场精神性与结果变量之间的影响机制，使得职场精神性发生作用的过程仍然处于“黑箱”状态，因此有必要对其加以研究。基于此，本研究将基本心理需求、职业自我效能感及职业认同作为职场精神性与职业成功之间关系的中介变量，更进一步打开了职场精神性产生作用的“黑箱”机制，也拓展了对这一构念的研究视角。③目前对于职场精神性的研究较少研究其发生作用的边界条件，因此情境因素是否能对职场精神性作用的发挥起到促进或抑制作用有待深入考量。而从工作家庭边界理论来看，工作和家庭是互动的两个情境，家庭因素势必对员工的职业发展产生作用，并且有可能和职场交互作用，从而影响员工的职业态度和行为，因此可见家庭因素是员工在工作及职业发展过程中非常重要的因素。而目前对于家庭需求的研究也发现，家庭需求会导致员工的工作家庭冲突、增加员工的压力，从而对员工产生反作用。但是目前的研究很少将家庭需求作为调节变量进行探讨，因此本研究将家庭需求作为边界调节引入研究之中，可以拓展职场精神性边界调节的研究，同时也丰富了家庭需求相关的研究。④本章还对本研究拟采用的自我决定理论、社会认知理论及社会认同理论进行了梳理和总结，为本研究后续构建并形成理论模型奠定基础。

3 理论模型构建与研究假设

本章在第二章国内外相关研究文献的综述以及相关理论的基础上构建研究的理论框架，对核心变量的关系进行梳理，给出待验证的实证模型，并提出研究的相关假设，最后对假设进行汇总。

3.1 概念模型的提出

本研究主要以自我决定、社会认知及社会认同理论作为整个模型的理论基础和变量之间关系假设的理论依据，构建了职场精神性与员工职业发展之间关系的理论模型。职业发展采用职业成功作为结果变量进行测量，前文也已做说明。

职场精神性指的是员工在职场中体验到的整体意义感（meaning & wholeness）和完整自我感（whole self），这种意义感和完整感让个体的内在精神生活得到充实。职场精神性体现了工作本身带来的意义，也体现了个体与职场中的他人、个体与组织之间的联系感（connectedness）。职场精神性使得员工在提升了职业生活的精神境界体验的同时，也提升了其职业追求的目标，由关注物质和金钱逐渐向关注职业生涯中的心理感受和工作意义及工作目的转变（Mitroff & Denton，1999；王明辉，2009）。国外学者虽然证实了职场精神性是员工工作态度、工作行为及组织绩效的重要影响因素（Milliman，等，2003；Chawla，2014），但相当少的学者在中国情境下对职场精神性进行过实证研究。因此，中国情境下的职场精神性的研究既是一个较新的课题，同时也具有较高的实践价值。一方面，它既符合目前企业员工由关注外在物质获得向关注内在心理感受转变的趋势，也与社会主义核心价值观等理念相符合。另一方面，国内外学者对于职场精神性的实证研究大多从组织的利益角度出发，探讨职场精神性对员工组织承诺及组织公民行为、绩效、离职等的影响，而较少从员工的利益角度出发探讨职场精神性对员工自身职业成长的影响，因此有必要从员工成长角度探讨职场精神性对于员工的作用。职业成功是个体在工作过程中积累的积极成果，是个体职业生涯发展成长的最直接表现之一（Ng & Feldman，2010）。因而本研究将职业成功作为职场精神性的结果变量，尝试探讨职场精神性对员工职业成长的影响，既继承了国外研究成果并在此基础上进行开拓性研究，也符合当前中国员工的职业追求。

进一步地，本研究致力于探讨职场精神性是借由何种途径及如何对个体职业成功产生影响的。本研究认为，职场精神性除了对个体职业成功产生直接影响外，还会通过中介变量对职业成功产生间接影响。基本心理需求理论被认为是自我决定理论的核心（张剑，张微，宋亚辉，2011）。该理论阐述了个体的内在心理需要是如何通过环境因素而对其行为及心理健康产生影响的作用机制。职场精神性不只是个体的精神性体验，也是组织环境中精神性氛围的体现，因此势必对员工内在心理产生作用。并且以往的很多研究也从内在激励、动机等角度解释了职场精神性的作用（Lee，2005），因此职场精神性对个体职业成功的影响机制可从自我决定理论下的基本心理需求理论加以解释。同时，Deci 和 Ryan（2000）发现不管是在集体主义文化中还是个人主义文化中，胜任需求、自主需求、关系需求三种心理需求是普适性和与生俱来的，并且每个个体都趋向于选择满足这些需要的信息性环境。而职场精神性正是个体感知到的一种信息性环境因素，它对个体的自我决定产生影响，促进个体内在的因果知觉与胜任感。这就说明了基本心理需求理论中三大基本心理需求的满足可能是解释职场精神性与个体职业成功的中介变量之一。

然而，仅仅以基本心理需求理论来解释职场精神性与个体职业成功的关系是不够的，因为从不同的理论视角可以更加清晰地解释变量与员工态度行为之间的复杂机制（Walumbwa，等，2011），如果能通过其他的理论视角来解释职场精神性与职业成功之间关系的复杂机制，这将是对职场精神性研究的重要理论贡献。因此，本研究尝试从社会认知和社会认同的理论视角对两者之间的关系加以探讨。首先，从社会认知理论视角来看，Bandura（1986）认为，在主观因素（如职场精神性）和行为绩效之间存在着多种自我调节机制，其中最主要的调节机制就是自我效能感。而职业自我效能感作为社会认知理论中的一个核心概念，是指“个体从事特定职业的能力的信念”（Hackett & Betz，1981），充分体现了个体对于自我能力的认知和评价（self-evaluation），反映了个体对其成功实施某个行动的信念。职业自我效能感与目标共同构成了成功行动的决定因素（Brown，等，2005）。其次，社会认同理论对职场精神性与个体职业成功的关系也具有解释力。社会认同也是自我建构的过程，自我建构（self-construal）是在自我认知评价上的进一步发展，它与自我认知都会对个体的行为产生重要影响（Walumbwa，等，2011），因此我们尝试着在自我认知理论的基础上再加入社会认同理论对职场精神性与个体职业成功的关系加以解释。多项研究证实了社会认同理论中的职业认同与自我效能感及心理需求满足之间具有直接或间接的关系，这些因素共同构成了对个体相关行为的复杂影响机制。比如 Krishnakumar 和 Neck（2002）通过回顾已有文献，发现精神性在职场领域受到重视是因为精神性对职场中个体的直觉和创造力、个体自我满足感以及承诺和忠诚的培养都有促进作用。Valcour 和 Ladge（2008）以 916 名母亲职员为被试，探讨了工作领域中的相关变量（如职业认同、自我效能感）对女性主客观职业成功的影响，发现女性的职业认同与其主观职业成功正相关，而自我效能感与女性的主客观职业成功均呈正相关。Ballout（2009）以黎巴嫩三座大城市的 180 名银行职员为被试，探讨了职业承诺对职业成功的影响，并探讨了自我效能感的调节作用。结果发现，当个体具有中度或高度的自我效能感时，职业认同能对主观职业成功和客观职业成功产生正面影响。Conklin，Dahling 和 Garcia（2013）以美国 200 名大学毕业生为研究对象。结果发现，个体的职业决策自我效能（CDSE）在其对专业的情感承诺和职业预期结果，尤其是职业表现和职业满意度之间起调节作用。

因此，通过研究对比我们可以发现，研究者们不仅对职场精神性与结果变量之间的中介机制研究较少，并且现有的一些中介机制探讨也只是从较单一的角度出发，如社会交换、资源保存等角度。这些现有的中介机制研究多数也比较简单、笼统，不能全面、合理地解释职场精神性对员工产生影响的内在心理机制。而基本心理需求、职业自我效能感及职业认同分别从自我决定、认知及认同的角度出发，从个体自我心理需求得到满足，到自我认知评价，再到自我身份构建的层层递进，可以更加全面清晰地解释职场精神性对员工影响的复杂中介机制。因此，本研究选取职业自我效能感、职业认同及基本心理需求三个构念作为中介变量，重点探讨这三个构念在职场精神性与员工职业成功之间的中介机制。中介机制的揭示，可以加深我们对职场精神性发挥效应的认识和理解，为今后的理论研究奠定基础。

此外，职场精神性在组织环境中对员工产生的作用可能还会受到其他情境因素的影响。从工作家庭界面来看，职业或工作与家庭并非各自独立，而是相互关联的。尽管个体存在于职场和家庭两个环境中，但它们的影响可以从一个领域溢出到另一个领域（Staines，1980；Ford，等，2007），越来越多的人被家庭与工作的相互关系所影响（Eby，等，2005）。众多理论和研究均表明了家庭因素（如家庭需求）是影响个体职业生活的一个重要情境因素：根据工作家庭边界理论中有关角色压力的相关研究，个体在家庭领域的高水平卷入会造成个体在工作领域的角色压力增大（Kahn，等，1964）；从资源保存理论上讲，个体总是努力获得和维持他们认为有价值的资源（Hobfoll，1989），当个体认为家庭投入比工作投入更有价值时，个体会优先满足家庭需求；当个体面临的家庭需求（如照顾小孩、承担家务）超越了他/她可以承担的程度时，个体便会调用工作领域的资源（如时间、精力等）来临时性地应对家庭需求，这就造成了家庭对工作的冲突（金家飞，徐姗，王艳霞，2014）。由此可见，家庭因素在员工职业生涯中发挥着重要作用。在探讨职场精神性对员工职业成功的影响的时候，我们有必要考虑家庭因素在这一过程中所发挥的边界作用。因此，本研究将家庭需求作为调节变量，来探讨职场精神性对员工发挥作用所受到的情境因素影响。

最后，根据上述的文献分析及理论分析，本研究提出以下概念模型（见图 3-1）：

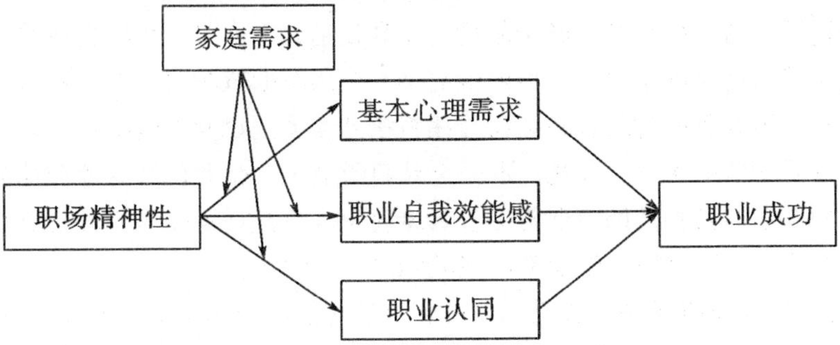

图 3-1　职场精神性对员工职业成功的影响机制模型

模型中变量界定：

职场精神性指的是个体在职场环境中感知到的整体意义感及完整的自我，这种意义感和完整感让个体的内在精神生活得到充实与超越。结构维度为：有意义的工作，团队归属感、与组织价值观的一致感。

职业成功指的是个体在职业发展进程中所获得的，与职业生涯发展相关的、积极的工作成果和心理成果，分为客观职业成功与主观职业成功。

基本心理需求指的是个体存在三种先天的心理需求，分别为自主需求、胜任需求和关系需求，其中自主需求指的是个体希望自己的行为能够遵循个人意愿和内在渴望，希望在行为中感受心理上的自由。胜任需求是指个体渴望自己能很好地担任某个职位或轻松地完成某项工作而不会感到紧张和有压力。关系需要则是指个体渴望与目标对象保持紧密联系和密切交往的需要，是一种能与他人建立互相尊重和依赖的感觉。

职业自我效能感指的是个体对自己完成与所从事职业相关的任务及要求的能力所持有的信念，是单维概念。

职业认同指的是员工对自己所从事的职业的认同状态，对职业产生的依附性和归属感。

家庭需求指的是当个体同时具有工作及家庭方面的角色时，个体在家庭领域感受到的一个全方位的责任感水平和强度。

3.2 研究假设

3.2.1 职场精神性对职业成功的主效应

Krishnakumar 和 Neck（2002）通过回顾已有文献发现，精神性在职场领域受到重视是因为精神性对职场个体的直觉和创造力、忠诚、个体自我满足感及承诺的培养都有促进作用，进而可能有助于个体职业成功的实现。然而，职场精神性对个体职业成功的这种正向作用机制是否成立以及为何成立，却鲜有学者对其进行细致的探讨。因此，本研究从自我决定、社会认知、社会认同三个理论视角及职场精神性的突出特征和各维度出发，探讨职场精神性与职业成功的关系及内在作用机制，以期对该问题做出较好的回答。

从自我决定理论来讲，作为自我决定理论核心内容的基本心理需求（Deci & Ryan, 2000）主要阐释了环境因素是如何通过内在心理需求而对个体的心理健康及行为产生影响的。即当个体在社会情境（如职场环境）中由于感受到高职场精神性因而在较大程度上满足了三种基本心理需求时，其动机调节的方式会更倾向于内在动机，个体便会更加长久地保持执行该项任务时所需的状态，进而产生更多正向的行为结果。对职场环境中的组织和个体而言，这种积极的行为结果便是更优的绩效产出和更高的职业满意度，最终推动工作个体走向职业成功。反之，无法达成心理需求满足的环境通常会降低个体的动机、绩效产出和幸福感（Reis, Sheldon, Gable, 等, 2000），并最终对个体的职业成功产生阻碍作用。

根据社会认知理论，自我效能感是众多调节环境因素（如职场精神性）

和行为绩效关系的机制中最为主要的调节机制，个体的自我效能感会受到社会、组织等环境的影响进而做出某些相应的行为。即员工个人对职场环境中精神性氛围（有意义的工作、工作中的人际关系融洽、个人与组织价值观趋同）的感知，会促进个体对自身完成与职业相关的任务及要求的能力的信念，即自我效能感的提高，进而会对个体的相关工作行为和态度产生积极的影响，如工作绩效、职业满意度等，并最终促进个体职业成功的实现（孟慧，等，2010；范金刚，门金泽，2011；Day & Allen，2004）。

根据社会认同理论，个体都试图通过自我归类保持一个积极的社会身份（Tajfel，1982），而职场精神性体验让员工感觉到与工作、同事及组织的联系感，感受到自己对工作、同事及组织的强烈认可，这种认可会使得个体倾向于将自身归类于自己所工作的组织和自己所从处的职业群体，即产生职业认同感并形成职业承诺（Khanifar & Jandaghi，2010）。同时，这种认同感和职业承诺会使得个体以主人翁地位和更积极的态度从事当前工作，进而促使个体有更大的工作产出和更多的积极心理反应，并最终实现职业成功（Geh & TAN，2009；安秋玲，2010）。

另外，从职场精神性的概念和特征来看，虽然学者们根据研究角度的不同而对职场精神性进行过不同的界定（Ashmos & Duchon，2000；Milliman，等，2003；Fry，2003；Liu & Robertson，2010），但其最突出的特征则是个体富有激情地在职场中追求一个完整的自我和一个超越的自我（Kinjerski & Skrypnek，2004；Ashforth & Pratt，2010；Giacolone & Jurkiewics，2010）。这种对激情和超越自我的渴望会激发个体加大时间和精力的投入以提高其职业产出。更深层次地，职场精神性会影响个体的工作导向，促使个体将职业视作使命和天职（Lips-Wiersma，2002），从而以更积极主动的态度将私人个体和职业个体融为一体，从而更加投入工作（Jurkiewicz & Giacalone，2004），帮助其职业晋升等，从而促进客观职业成功。同时，由于自我超越和自我实现是个体实现职业满足和获得幸福的主要元素（Pawar，2009），从而也会促进个体主观职业成功的实现。

进一步从职场精神性的各个维度来看，虽然职场精神性是一个多维的构念（Gupta，Kumar & Singh，2014），但多数学者都将其维度锁定在工作的意义及目的、团队归属感以及自身核心理念与组织价值观一致这三个方面（Milliman，等，2003；Gupta，Kumar & Singh，2014）。从职场精神性的各分维度出发，我们找到职场精神性与职业成功之间蛛丝马迹的关系。首先，有意义和具有挑战性的工作早已被学者（Hackman & Oldham，1976）证实了与个体的缺勤率和离职倾向负相关，但个体对于工作的要求不止限于有趣和具有挑战性，还追求工作给自我内在生活需求及奉献他人所带来的满足感（Ashmos & Duchon，2000；Milliman，等，2003）。而作为比有挑战性的工作更加深刻、更具本质意义和更具个体化倾向的"有意义的工作"则对个体的职业行为和职业态度产生更积极的影响（Milliman，等，2003）。一方面，作为职场精神性最基本的一个维度（Milliman，等，2003），有意义的工作能让个体感受到工作的乐趣，使其受到有意义工作的激励，从而让个体更加活跃和精力充沛，进而能更积极应对各种冲突和压力，从而带来更高的绩效产出（Golparvar & Abedini，2014；De Neve & Oswald，2012），最终有利于个体客观职业成功的达成。另一方面，有意义的工作更可能是一种"使命（calling）"，它会激发强烈的个体工作热情（Dobrow & Tosti-Kharas，2011），并且多个研究发现它对于主观职业成功的影响要高于对客观职业成功如经济收益、晋升等的影响（Duffy，等，2012）。而部分学者的研究也发现，使命取向（即有意义的工作）能正向影响个体的工作满意度（Duffy，Dik & Steger，2011）和职业满意度（胡湜，顾学英，2014）。有意义的工作会导致个体工作幸福感的产生，其原因在于追求有意义的工作是使得所有个体在这个世界生活得有意义的一个基本要求和重要组成部分（Seligman，2002）。当个体感受到自己所从事的工作是很有意义且是为自我生活的终极目的而服务的时候，个体就会感到内心的幸福与快乐，这就使得有意义的工作促进个体主观职业成功的达成。总之，个体的工作目的感及工作意义水平越高，那么他的效能感水平、绩效表现以及对于工作和生活各方面的满意度水平（Ayers，等，2008；Long，Mills，2010）、幸福感水平（Bakker，Schaufeli，2008）也将更高，因而最终有利于个体主客观职业成功的实现。

其次，从团队归属感维度来看，职场精神性与一般的精神性概念不同，它更强调与工作中的其他同事之间的普遍联系、磁性吸引力及患难与共，最终形成一个完全的整体（Harrington，2004）。团队归属感维度对个体职业成功的影响可从人际交往心理学和管理学两个方面进行推导。从人际交往心理学角度上讲，工作关系对于个体职业发展具有重要的价值，而同事关系在很大程度上可以影响个体的职业发展（周文霞，孙健敏，2010）。当个体感受到强烈的与同事及工作中他人的联系感时，他们之间就会相互信任、相互关心、相互尊重、相互支持并坦诚交流思想，共同解决工作中遇到的困难。而相关研究表明，如果个人在遇到困难的时候，有更大的支持网络和更多的资源，那么他们将更加能够战胜工作和职业发展中的困难，从而获得职业成功（McKee-Ryan，Song & Wanberg，2005）。从管理学角度上讲，当个体感受到与同事及工作中他人的强烈联系时，他就会愿意与团队成员分享自己掌握的权力和信息，更愿意以民主的方式共同商讨一致的决策或采取符合广大同事利益的方式以进行某项工作，这也就提高了行动的科学性、降低了工作推进的障碍难度，因而更容易取得高工作绩效和获得职业成功（Baum & Silverman，2004）。并且，与同事之间的关系对个体职业成功的积极影响也得到了众多中外研究者的支持（Gao & Wu，2014；Ucol－Ganiron Jr，2013；McCallum，2008；Bozionelos，2008）。如 Ucol－Ganiron Jr（2013）在对菲律宾国内工程师的研究中发现，工程师的关系网络及职业联系是其职位晋升及内在职业成功的有效预测变量。Gao 和 Wu（2014）通过对物流业 108 名女性员工进行研究发现，职场友谊对个体职业成功的三个指标均具有正向预测作用。Bozionelos（2008）研究发现，组织的内部网络资源对个体内在和外在的职业成功具有重要影响。McCallum（2008）探讨了个体的内外部关系网络行为对个体职业成功及工作态度的影响机制。结果发现，个体的内外部关系网络行为与其职业成功和工作态度均相关，并且内部关系网络行为正向影响职位晋升、职业满意度、工作满意度等。

再者，职场精神性中个体价值观与组织价值观契合维度对个体职业成功的影响可从人-组织匹配理论方面进行推导。根据人-组织匹配（P－O Fit）理论，人-组织匹配是指组织成员的个人特征与组织特征的相容性。虽然现有的研究并未对人-组织匹配的维度形成统一的界定，但在多个具有影响力的观点中，我们可以发现它们都包含了个体与组织价值观一致性这一维度（Verplanken，2004）。当个体感受到组织的价值观与自己所推崇的价值观契合时（即当人-组织匹配度很高时），个体的行为和态度会发生改变，具体表现为会更加认同组织、遵从组织、提高自己的组织承诺和工作投入等，进而提高个体的工作绩效和职业成功的可能性。Bretz 和 Judge（1994）认为，人-组织的匹配情况可作为职业成功的预测指标。这一关系也得到部分研究的支持。如 Lambert 等（2011）发现，当员工的价值和目标与组织的价值和目标相融合时，他们会比那些没有与组织的价值观和目标相匹配的员工具有更好的产出。Erdogan，Kraimer 和 Liden（2004）以土耳其 30 所高中的 520 名教师为被试对象，探讨了个体与组织的价值观契合对个体主观职业成功的影响机制。研究发现，当领导成员交换质量低或者个体感知到的组织支持程度较低时，个体与组织的价值观契合对个体的工作满意度和职业满意度都具有正向预测作用。总之，在精神性得到重视的工作场所，员工不仅满意度较高和更具承诺，而且也会有更低的缺勤率和更高的生产率（Chawla & Guda，2010；Komala & Ganesh，2007；Pawar，2009），这都有助于个体主客观职业成功的实现。由此可见，职场精神性的三维度均能影响职业成功。

最后，从实证研究来看，虽然目前国内外学者还没有直接对职场精神性与职业成功之间的直接关系进行研究，但我们发现有相当一部分学者认为，职场精神性与工作满意度、职业韧性、幸福感等存在相关性，这为职场精神性与职业成功之间的关系提供了很好的实证参考（Altaf & Awan, 2011; Bodia & Ali, 2012; Chawla & Guda, 2010; Usman, 2010; 邹文篪，等，2015）。其中需要特别指出的是，Ashar 和 Lane-Maher（2004）的关于精神性与成功的研究发现，参与者的成功感知和他们的工作经历、成就感及能在生活中找到“意义”及“目的”直接相关，这也为职场精神性与职业成功之间关系的假设提供了佐证。另外，学者关于职业呼唤的研究也发现，职业呼唤（意义、超越）能促进员工的职业成功（Hall, 2005）。

综上所述，本书提出假设：

假设 1：职场精神性对职业成功具有显著的正向影响。

3.2.2 职场精神性对基本心理需求的影响

自我决定理论（SDT）认为个体存在自主需求、关系需求和胜任需求这三种先天的心理需求。自主需求指的是个体希望自己的行为能够遵循个人意愿和内在渴望，希望在行为中感受心理上的自由（Deci & Ryan, 2000）。关系需求指的是个体渴望与目标对象保持紧密联系和密切交往的需要，是一种能与他人建立互相尊重和依赖的感觉，并希望在与周围人接触的过程中得到关爱和感到被接纳（Baumeister & Leary, 1995）。胜任需求指的是个体渴望自己能很好地担任某个职位或轻松地完成某项工作而不会感到紧张和有压力（White, 1959）。本部分将从自我决定理论、职场精神性的突出特征和分维度以及间接推导等几个方面对职场精神性与个体心理需求之间的关系进行探讨。

一方面，基于自我决定理论，Deci 和 Ryan（2000）发现胜任需求、自主需求、关系需求这三种基本心理需求具有普适性和先天性，每个人都在为满足这三种基本需求而努力，并且在对所处环境的选择上普遍趋向于选择信息性环境，因为这样的环境能更好地满足三种基本心理需求。作为积极心理变量的职场精神性可促进个体在职场中实现自我发展和超越以及对工作意义和职场中人际关系的重视，使之能够很好地满足个体对于自主的需要、胜任的需要和关系的需要，达到两者之间的一个良好整合。

另一方面，从职场精神性的突出特征方面来讲，职场精神性承认员工的内在心理生活，帮助员工在职场中找到意义感，实现完整的自我和超越的自我

(Ashforth & Pratt, 2010; Giacolone & Jurkiewics, 2010; Kinjerski & Skrypnek, 2004), 具体表现为个体感受到有意义的工作、团队感及与组织价值观一致感，它强调的是个体的内在精神需求及其满足。首先，当个体感受到自己所从事的工作是有意义的时候，通常会积极主动地去争取完成好该项工作，进而导致个体产生胜任需求及自主性需求并致力于实现其满足；反之，如果个体觉得自己目前从事的工作枯燥而无意义，则会消极怠工，产生惰性心理。其次，当个体感受到与工作中同事的紧密联系时，个体会增加自己对组织及同事的依赖，因此会促进关系需求的产生，并且随着个体对组织及同事依赖程度的提高，个体的归属感和关系需求亦更强烈并且在与组织和职业群体的密切交往中得到满足。最后，当个体的价值观与组织价值观契合时，个体认同该组织的可能性会很高，而此时个体产生对工作的胜任需求及对组织和同事的关系需求的可能性也会相应地提升，这就有利于个体的胜任需求满足及关系需求满足的实现。

除此之外，精神性（灵性）与心理需求的密切联系（常广财，2013），还可以从以下两个方面间接地加以证明：一方面，有些学者认为个体的某些需求本身就是灵性需求（张淑美，陈慧姿，2007；McSherry, 2010；Oldnall, 1996）。如 McSherry（2010）认为，人的灵性需求包括：追求有意义的人生目标的需求、被爱及联系的需求、被谅解和宽容的需求、希望的需求、寻求超越的需求。台湾学者张淑美和陈慧姿（2007）认为灵性需求可分为内在生命层面和与外在世界互动两个层次，并用意义、超越性、人际关系、宗教信仰、与环境的关系、与宇宙的联系六个层面作为灵性需求的评估项目。另一方面，基本心理需求满足是个体心理健康的必要条件（Edward, Deci & Ryan, 2008），未得到满足的心理需求通常会导致心理问题的产生或心理健康水平的下降（Baard, Deci & Ryan, 2004）。因此我们可以从精神性（灵性）体验与心理健康/心理疾病的关系来看精神性与心理需求满足之间的关系。目前，已有大量研究结果可以证明精神性体验能够对心理健康产生正向促进作用（Fitchett & Canada, 2010；Romero，等，2006；Baetz，等，2002；Shannon, 2002）。如 Baetz 和 Larson 等（2002）在对住院病人的一项研究中发现，精神性体验能降低他们的抑郁水平、减少他们滥用药物的程度，并最终提高他们的生活满意度。Shannon（2002）的研究表明，高灵性的个体其情绪健康水平也通常较高。Romero（2006）对以女性癌症患者为被试进行研究时发现，灵性与情绪失调负相关。这些研究间接地说明，正是由于精神性（灵性）体验能对心理需求满足产生影响，从而才会进一步地对个体的心理健康问题产生影响。

综上所述，本书提出假设：

假设 2：职场精神性对基本心理需求有显著的正向影响。

3.2.3 基本心理需求对职业成功的影响

从自我决定理论来看，STD 是一种动机认知理论，主要阐述了行为是通过自我决定和自我激励而产生的。它强调了个体的自我管理和自我调节等自主性特征，强调了个体具有自我决定的信念和个体对实现个人价值目标的努力，这就提高了个体客观职业成功的可能性。作为自我决定理论的核心内容（张剑，张微，宋亚辉，2011），基本心理需求的满足能降低或解除个体的焦虑、烦恼等负性情绪状态，并能增加舒适度及幸福感（霍宗红，莫玉梅，许邦文，2001），进而有利于个体主观职业成功的实现。

从心理需求各维度上看，心理需求满足对个体的职业成功也有重要的预测作用。首先，当自主需求得到满足时，个体能自由地遵循自我意愿处理工作任务，从而感受到心理上的自由（Deci & Ryan，2000；Broeck，2008）。个体能从容地协调好各项工作的先后顺序及工作进度，这种舒心的工作状态能提高个体的工作绩效以及主客观职业成功的可能性。其次，当个体的胜任需求得到满足时，个体能轻松地完成工作而不会感到紧张和压力，这不仅促进了其工作绩效的提高和客观方面职业成功（如加薪、升职等）的达成，更重要的是在主观方面收获了幸福（如工作满意度、职业满意度等），进而提高了其主观职业成功。最后，当个体的关系需求得到满足时，也会促使其职业成功的达成，这主要表现在两个方面：第一，个体的关系需求得到满足后，他会感觉自己是安全的、有依靠的，自己的存在对他人而言是有意义的，因此个体会更加积极主动地证明自己的存在价值以及在关系中对他人的意义，进而提高其在职场环境中成功的可能性。第二，个体的关系需求得到满足后，其所获得的关系资源通常会成为个体走向职业成功的助推器。众多研究也已证实职场环境下的这种社会支持（如同事支持、主管支持等）能促进个体主客观职业成功的达成（周文霞，孙健敏，2010；Baral & Bhargava，2010；Karatepe & Bekteshi，2008）。

就实证方面来看，我们发现已有部分学者对心理需求满足与主客观职业成功的关系进行了初步的探讨，并且已经证实了心理需求满足与工作投入（Gagne & Deci，2005；李敏，2014）、绩效产出（张剑，张微，Deci，2012；Greguras & Diefendorff，2009；Vansteenkiste，等，2007；Baard，等，2004；Deci，Ryan，Gagne，等，2001）、情感承诺（Greguras & Diefendorff，2009）、敬业度、工作满意度及工作幸福感（霍宗红，莫玉梅，许邦文，2001；Lynch，Plant & Ryan，2005；Sapmaz，等，2012；Vansteenkiste，等，2007；Deci & Ryan，2000）

等积极变量正相关。如 Deci 和 Ryan 等（2001）通过对某资料处理公司的职工进行研究，发现他们的基本心理需要三维度与其工作绩效和工作满意度呈正相关。李敏（2014）以云南腾冲县第一中学的教师为被试，探讨了教师的心理需求与工作投入之间的关系。研究发现，基本心理需求满足与工作投入呈中度正相关。Sapmaz 等（2012）以土耳其某大学的 192 名学生为被试进行研究发现，心理需求各维度均与幸福感呈正相关关系，并且在对幸福感的正向影响程度方面，最强的是能力需求维度，其次是自主需求和关系需求维度。Vansteenkiste 等（2007）研究发现，当个体的自主需求、关系需求及胜任需求被阻碍后，会影响员工的工作产出。

从上述分析可以看出，心理需求满足能促发员工内在的工作动机和自主工作动机，使员工更加投入工作和职业，在工作中充满活力，这种积极的工作态度和投入会正向影响员工的工作表现，提高工作绩效，从而影响客观职业成功。同时，上述研究也表明，心理需求满足能影响员工的幸福感和工作满意度，这与主观职业成功的内涵高度契合。

综上所述，本书提出假设：

假设 3：基本心理需求对职业成功有显著的正向影响。

3.2.4 基本心理需求在职场精神性与职业成功之间关系的中介作用

从假设 2、3 可以看出，职场精神性对基本心理需求可能有显著影响，而基本心理需求与职业成功之间可能存在直接关系，因此，我们可以进一步假定基本心理需求在职场精神性与职业成功之间起中介作用。

首先，从自我决定理论来看，基本心理需求理论作为自我决定理论的核心内容，主要阐述了基本心理需求的内在含义及环境因素如何通过内在心理需求对个体的心理健康与行为产生影响。Deci 等（1980）认为，“自我决定不仅是个体的一种能力，还是个体的一种需要。人们拥有一种基本的内在的自我决定的倾向性，这种倾向性引导人们从事感兴趣的、有益于能力发展的行为，以及形成与社会环境的灵活适应”。因而自我决定的核心内容——三大基本心理需求（自主需求、胜任需求、关系需求）也是个体与生俱来的，所有个体都为了满足它们而努力，具有普适性。并且，若个体在特定的社会情境下其三种基本心理需求满足程度较高，则他的动机调节方式便会倾向于内在动机，个体才会更加长久地坚持某项活动，保持积极的心理状态，产生更积极的行为结果。而阻碍三种需要满足的环境通常会降低个体的动机、成绩和幸福感（Reis，等，2000）。

其次，从概念内涵来看，职场精神性核心内涵的“完整的自我”与“超越的自我”（Ashforth & Pratt, 2010）符合个体对自我发展的一种心理追求，并且个体与生俱来的三大基本心理需求会促使个体与自我所处环境（如职场精神性氛围）的良好整合，以促进基本心理需求的满足。因此，当个体感受到高职场精神性时，个体内在的关系需求、自主需求等也会得到极大的满足，进而促使个体更倾向于内在动机来调节自己的心理状态及活动方式，进而产生更加积极的心理成果（如满意度、幸福感）（Deci & Ryan, 2000；Lynch, Plant & Ryan, 2005；Sapmaz，等，2012）和更加积极的行为结果（如工作投入度提高、工作绩效上升等）（Baard，等，2004；Gagne & Deci，2005；张剑，张微，Deci，2012），因而提高了个体职业成功的可能。精神性（灵性）与主观职业成功具有联系，可能是由于精神性满足了个体的某类或某些心理需求（如想要职业晋升、渴望对工作的自我掌控、期待良好的人际环境等），从而带给了个体较高的工作满意度、职业满意度（霍宗红，莫玉梅，许邦文，2001；Lynch, Plant & Ryan, 2005；Vansteenkiste，等，2007），进而促进个体的职业成功。

另外，从实证研究方面来看，Patrick 等（1999）的一项研究探讨了精神性对患者幸福感的影响。在研究中他们发现，当患者精神性体验较高时，其心里感到更加幸福和满足，从而病症也相应减少。这为我们构建心理需求满足在职场精神性与职业成功之间起着中介作用的假设提供了一定的参考。职场灵性的研究主要遵循“灵性—行为—绩效”这一研究范式（张志鹏，和萍，2012；王小霏，2013），而研究已证实心理需求满足会导致动机，进而产生某种行为（Hull, 1943），因此我们可以进一步推导出“灵性—心理需求满足—动机—行为—绩效”模式，即心理需求也是灵性与绩效之间中介变量的一部分，并且这里的绩效可以指组织的绩效也可以指个体的绩效；而当个体绩效提高时，其所获得的职业报酬、职位晋升也会得到相应提高，从而促进个体的职业成功。既然职场精神性与心理需求或个体的内在动机具有显著相关性，并且心理需求或内在动机与个体的主客观职业成功之间有着密切的联系，那么我们可以假设，基本心理需求在个体的职场精神性与其职业成功之间起着中介作用。

综上所述，本书提出假设：

假设 4：基本心理需求在职场精神性与职业成功之间具有中介作用。

3.2.5 职场精神性对职业自我效能感的影响

首先，根据社会认知的三元交叉理论，环境、认知、行为三者互为决定因素（Bandura, 1975），环境会在很大程度上影响个体的认知水平。职场精神性既是个体本身感知的精神性，也存在组织环境中精神性氛围的表现。当个体感知到高职场精神性时，他会对自己能在多大程度上完成某项工作进行一个较积极的预估计。具体而言，当个体体验到高职场精神性时，个体会认为自己所进行的工作是有意义、有价值的，进而会以更积极的态度来完成某项工作，即使在遇到挫折时也会持续不断地勇往直前（即具有较强的抗挫折能力），进而提高了其继续该项工作的持久性，也就是说，职场精神性能增强个体的自我效能感、希望、韧性等积极的心理状态（王小霏，2013）。同时，当个体感知到高职场精神性时，他会认为自己与工作中相关个体（同事或主管领导）的关系融洽，与组织的价值观一致，因而在进行某项工作时感觉自己容易得到他人及组织的支持，个体进而认为自己完成该项工作的可能性较高，从而形成较高的自我效能感。

其次，我们还可以从职场精神性的核心特征来认识职场精神性与个体自我效能感的关系。职业自我效能感是个体对自己能否胜任和职业有关的任务或活动所具有的信念（Patrick，1999），而职场精神性最突出的特征就是个体富有激情地在职场中追求一个完整的自我和一个超越的自我（Kinjerski & Skrypnek，2004；Ashforth & Pratt，2010；Giacolone & Jurkiewics，2010）。这种激情和对超越的渴望能增强个体在职业活动中的活力、信心和自尊，进而会增加个体对于职业的胜任感及完成职业任务的信念，让个体在从事某项工作或职业时能够更加持久有耐力，使个体具有百折不挠的精神和对目标的执着追求（Duffy，2005），最终形成并提高其职业自我效能感。由此可见，体验到高职场精神性的个体一般也具有较高的自我效能感。

最后，从实证研究方面来说，很多学者（Konopack，McAuley，2012；Duffy，2010；Duffy，Blustein，2005）都认为，精神性与一般自我效能是相互关联的，并且精神性能正向预测个体的自我效能感。如 Duffy 和 Blustein（2005）曾探讨过职场精神性与职业决策中的信心两者之间的关系。他们发现，具有宗教信念或者精神信念的大学毕业生在职业决策方面更加成熟，具有精神性联结的个人在职业决策方面更加自信，更加愿意探索多样性的职业机会。而且当学生感到职业是一种使命的时候，他们更易有积极情绪，更加自信，尤其在面对学习环境中的挑战时更是如此。也有研究表明，精神性能帮助非裔美国人实现人生的目标，当员工感受到工作中有精神性的联结时，他们更容易感觉得到宁静、内在力量、积极态度等（Duffy，2010）。

据此，本书提出假设：

假设 5：职场精神性与对职业自我效能感有显著的正向影响。

3.2.6 职业自我效能感对职业成功的影响

根据社会认知的三元交叉理论，环境、认知、行为三者互为决定因素，个体的认知活动和他们的行为之间存在一定的因果关系，认知活动与外部环境因素和内在的思维活动一起决定着个体的行为，而个体的行为不仅取决于外部条件，更取决于内部因素。因此，自我效能感作为个体的一种内在思想活动，它对个体的行为具有重要的前置性影响。即自我效能感影响着个体的动机及行为选择，以及在多大程度上付出自己的努力和在面对困难及挫折时坚持时间的长短（Bandura，1989），通过目标动机、掌控能力和自信以及面对困难时的持久性来影响自己的行为及其结果。

因此，从社会认知的理论角度出发，我们可以推出职业自我效能感能显著影响个体的职业成功。具体而言，一方面，职业自我效能感能影响个体在职业及工作中目标的设置。具有高自我效能感的个体认为自己有能力做好较困难的工作或处理好一些较高难度的事件，因而在行动之前会有意识地提高目标设置的难度。具有高自我效能感的个体通常坚信自己能够影响甚至控制其工作的环境或相关因素（Bandura，1989），从而取得较好的结果。比如Bandura，Cervone（1986）发现具有高自我效能感的人在设立目标之后会比具有低自我效能感的人付出更多的努力来实现目标，他们会利用自己的已有知识、经验和相关技能去应对所面临的环境、会运用某些控制措施来强化他们的自我管理行为，进而帮助达成自我期待的目标，最终实现目标（King，2004）。另一方面，职业自我效能感能提高工作个体的职业投入和职业韧性。具有高自我效能感的个体在面对困难和挫折时往往表现出更多的自信和坚韧的态度，坚信困难是暂时的并且是可以克服的，因而会持续地付出更多努力而不会立即放弃。具有高职业自我效能感的个体会设置更高的职业发展目标，在职业上投入更多的精力，并且在对待与职业成功相关联的工作任务时会表现出更持久的战斗力（Abele & Spurk，2009；Bandura，1997）。如职业效能感程度低的个体会在自己认为无法从事的职业面前产生逃避意向和行为，而高职业效能感者却更愿意为获取职业相关的信息而进行大胆的尝试并为之而努力。正如Bandura（1989）在其社会认知理论的相关阐释中指出的那样，自我效能感会影响个体的思维方式和情绪状态，并对解释和预测人的行为有重要作用。

另外，从自我效能感与职业成功的定义可知，职业自我效能感是个体对自己能否胜任与职业相关的任务或活动所持有的信念（Patrick，1999），而职业成功是个体在职业发展的过程中，在心理上和工作成果上的积极的积累

(Seibert，等，2001)。自我效能感也是一种积极的心理信念，能够促进个体对工作及职业抱有一种积极的态度，从而产生积极的结果。因此，自我效能感与职业成功之间存在一种天然的关联，职业自我效能感是个体在职业过程中对自己从事职业的能力的信念，是一种积极的职业心理，能够帮助个体明确职业发展文向，促进个体职业成功的实现。

最后，从实证研究来看，有研究者分别探讨了自我效能感对如工作满意度(Higgins，等，2008；Mcdonald，1992)、薪资水平（Day & Allen，2004；Valcour & Ladge，2008)、工作投入（Caesens & Stinglhamber，2014；Chaudhare，等，2012；高鑫，2011)、工作绩效（Stajkovic & Luthans，1998；Sdari & Rboertosn，1993）的影响，这些研究都可以作为个体的职业自我效能感能促进其职业成功的佐证。如高鑫（2011）以证券公司客户经理为研究对象，发现客户经理的自我效能感能正向预测其工作投入。Chaudhare 等（2012）以印度公共组织及私人部门中的 150 名高管为被试，研究发现高管的自我效能对其工作投入产生直接或间接的影响。Sdari 和 Rboertosn（1993）在对有关效能感和绩效关系的研究进行的元分析时发现，自我效能感与实际工作绩效正相关。其后，Satjkovi 和 Lhutnas（1998）也进行了相同的研究，结果发现自我效能感与工作绩效的相关系数为 0. 038。Spurk 和 Abele（2009）采用纵向研究的方法，实证研究了职业自我效能感和职业发展目标对个体主客观职业成功的影响机制。研究发现，职业自我效能感在三个研究阶段均正向影响个体的薪资水平和职业满意度。Spurk 和 Abele（2014）以时间维度为切入点，探讨了个体的职业自我效能感与主客观职场成功的关系。研究发现，职业自我效能感正向影响客观职业成功，客观职业成功进一步正向影响主观职业成功，最后主观职业成功又反过来正向影响职业自我效能感，形成一个正向影响循环，周而复始地运行。

综上可知，自我效能感和目标都是成功行动的决定因素（Brown，等，2005)。职业领域的自我效能感能带来很多积极的结果，帮助个体拥有更好的职业适应性，从而使个体更有信心去处理工作任务及职业中的挑战（Duffy，2005)，最终取得更大的职业成功。

由此，本书提出假设：

假设 6：职业自我效能感对职业成功有显著的正向影响。

3. 2. 7 职业自我效能感对职场精神性与职业成功之间关系的中介作用

从假设 5、6 可以看出，职场精神性对职业自我效能感可能有显著影响，而职业自我效能感与职业成功之间可能存在直接关系，因此，我们可以进一步假定职业自我效能感在职场精神性与职业成功之间起中介作用。

首先，根据社会认知理论，个体的自我效能感会受到社会、组织等环境的影响进而使个体做出某些相应的行为。更确切地说，职场中的个体会受到工作场所环境（如精神性职场氛围）的影响，形成自己对能否顺利开展和完成某些特定工作的认知，即所谓的职业自我效能感。这样的职业自我效能感又会进一步影响个体所做出的相应行为及其结果（如任务完成的质量）。具体而言，职场精神性反映了员工个人对于职场环境中工作意义、同事关系、组织价值观的感知，会影响个体自我效能感的程度，进而影响个体的行为和态度。因此我们可以推理，体验到高职场精神性的个体通常也会具有高职业自我效能感，并且这种高职业自我效能感会进一步促使职场中的个体走向职业成功。

其次，从以往的实证研究来看，自我效能感的中介作用已经得到了广泛的验证。如孟慧（2010）发现工作自我效能感在学习目标定向和主观幸福感之间起中介作用；范金刚（2011）以高中生为被试，发现自我效能在班级气氛与学生的学习投入之间起中介作用；顾远东等（2010）则在其实证研究中证明了自己所提出的“组织创新氛围—创新自我效能感—创新活动”的理论构想的正确性。文献回顾虽然并没有发现以自我效能感为中介变量来探讨职场精神性与职业成功之间关系的研究，但我们发现个别学者（Day & Allen，2004）进行了与这方面相关性最大的研究。Day 和 Allen（2004）以职业自我效能感和职业动机为中介变量，探讨了启导对职业成功的影响机制。研究发现，职业自我效能感在启导与职业成功的相应指标间发挥作用。此外，已有大多数研究都把自我效能感作为中间变量，研究某种因素对诸如工作绩效、创新行为及主观幸福感等与职业成功相关变量的影响。也有学者从效能感角度探讨其在精神性与其他变量之间关系中的中介作用，如效能感部分中介精神性与生活质量之间的关系（Konopack & McAuley，2012）等。这些研究都为我们认识个体职业效能感在职场精神性与职业成功之间的中介作用提供了借鉴。

综上所述，本书提出假设：

假设 7：职业自我效能感在职场精神性与职业成功之间具有中介作用。

3.2.8 职场精神性对职业认同的影响

首先，从社会认同角度来看，职业认同是个体对所从事职业的一种依附性和归属感，是个体对自我身份的一种群体分类。当感知到高职场精神性时，个体能够将自身与工作、同事及组织联系在一起（Milliman，2003），在职场中感到完整自我、超越自我的存在。这种“完整的我”让自我与工作及职业融为一体，找到一种归属感及同一感，从而将自己归类到某一职业群体，完成职场中的身份构建及职业认同。

其次，从职场精神性内涵来看，职场精神性最突出的特征是个体渴望在职场中追求意义感和一个完整的自我（Ashforth & Pratt，2010；Giacolone & Jurkiewics，2010）。这一突出特征使得个体在寻找特定岗位的工作时必然朝着这一目标来进行工作岗位的筛选，或者当个体已经从事某一类职业后必然要求目前的岗位能够满足他的这种高层次需求。因此，对于目前既定的职业而言，具有高职场精神性的个体通常也会具有较高的职业认同。

再次，从职场精神性的维度出发，当个体感受到目前所从事的工作是有意义和有价值的时候（Ashmos & Duchon，2000；Kinjerski & Skrypnek，2004）（即高职场精神性），个体会接受并认可这份工作给他带来的积极体验并会对该项或该类似工作产生眷念而不会产生寻求其他职业的意向，即该个体对目前所从事的职业产生认同感甚至忠诚。同时，根据社会认同理论，个体都试图通过自我归类保持一个积极的社会身份（Tajfel，1982），因此，当个体感受到与团队的紧密联系时，个体愿意将自己归于这个工作团队和这类工作群体。在组织情境下，具有高职场精神性的个体会感受到与工作中同事或主管的紧密联系感和亲密感，并进而对该职业群体形成一种归属感和依赖感，最终提高其职业认同。总之，随着对所从事职业的嵌入，个体会愈加明显地感受到职业和工作带给自己的意义感，以及在与其他同事相处中感受到的归属感，这种感情会加深员工对自身从事职业的责任感，以及非理性的归属和依赖感（姚春序，刘艳林，2013），从而提升员工的职业认同感。

最后，从实证方面来看，目前对于精神性与认同的实证研究还比较缺乏（Gebelt & Leak，2009）。不过研究者们（Kiesling & Sorell，2009；Beaumont & Scammell，2012；F. W. de Klerk，2005）已经承认了精神性对认同发展的重要作用。如 F. W. de Klerk（2005）在一项职场灵性实践与人力资源管理的研究中提出了包括“人生意义与职业贡献的三个方面（即职业认同、职业弹性、职业计划）均正相关”“人生意义与积极的工作取向、态度、行为正相关”等在内的一系列假设，这一研究有力地证实了职场精神性能正向影响职业认同。最近又有学者（Bickerton，等，2015）研究发现，精神性资源能正向预测个体未来的工作卷入度，并且对职业持久性具有重要影响。除此之外，国内学者发现与职场精神性相关的变量，如职业价值（封子奇，姜宇等，2010）、人际关系满意度（安秋玲，2010；赵伟，2013）、积极组织氛围（张宁俊，朱伏平，张斌，2010）等对职业认同具有正向预测作用。同时，职场精神性对与职业认同相关的变量如敬业度、组织认同（Geh & TAN，2009）等也具有正向关系。这些研究都为我们探讨职场精神性与职业认同之间的关系奠定了基础，并提供了间接的实证支持。

据此，本书提出假设：

假设 8：职场精神性与对职业认同有显著的正向影响。

3.2.9 职业认同对职业成功的影响

社会认同也是一种自我构建（self-construal）的过程，会对个体的行为产生重要影响（Walumbwa，等，2011）。根据社会认同理论，社会认同“是个体自我概念的一部分，它源于个体对某个社会群体中成员关系的了解并且与从属于该群体关系的个体的价值观和情感意义相联系”（Tajfel，1981）。建立在社会认同理论基础上的职业认同则是指“员工对自己所从事职业的认同状态，对自身职业产生的依附性和归属感”（Hekman，2009）。因此，当个体具有高度的职业认同感时，他会将该职业生活作为自己生命的一部分，将职业作为“完整的我”的重要构成，进而会以主人翁的立场和态度来面对自己所从事的职业，更加尽心尽力地做好工作上的每一件事，并以更积极的态度处理该职业发展道路上遇到的挫折，最终促进个体职业成功的实现。同时，当个体具有高度的职业认同感时，个体即认定了自己目前所从事职业的高价值性和意义感（即对职业工作的认同），因此更愿意投入自己的时间和精力在该职业上，而个体增加的职业投入通常会帮助其提高职业成功的可能性。另外，当具有高度的职业认同感时，个体会不自觉地将自己纳入目前这个职业群体中（即对职业群体的认同），以更积极的态度接纳这个职业群体，并做出符合该职业群体利益的相关行为。作为回报，个体也会得到来自该职业群体或群体中个体的支持（如同事支持、主管支持）或其他群体内资源的提供，进而提高个体职业成功的可能性。总之，无论是从对职业工作的认同还是从对职业群体的认同而言，高职业认同感的个体往往能表现出对该职业的忠诚度而不愿意更换目前的职业。也就是说，具有职业认同感的员工对于职业的承诺更高，而很多学者的研究证明职业承诺能预测职业成功（Poon，2004；June & Bangi，2004）。June 和 Bangi（2004）指出，拥有高职业承诺的员工更可能实现其职业成功。因此，我们推理，职业认同能提高职业承诺，并进一步影响职业成功。

同时，在实证研究方面，职业认同与职业成功之间的正向关系也得到了较多的验证。如 Meijers，Kuijpers 和 Gundy（2013）以荷兰三千多名学生和近两百名教师为被试，发现职业认同正向影响职业产出。McArdle 等（2007）在澳大利亚文化情境下进行研究时发现，高职业认同者在失业期间会有更多的求职行为，从而有更大可能重新就业。Gushue 等（2006）发现了职业认同水平越高的个体感知到的职业障碍越少，他们更倾向于主动采取有效率的行动，增加了他们获得工作机会的可能。Gümüs 等（2012）以土耳其公立学校 238 名教师为被试，探讨了组织认同、职业认同与组织满意度、职业满意度以及提前退休意向之间的关系，结果发现两类认同都与工作满意度呈正相关而与个体的提前退休意向呈负相关。Loi，Yue 和 Foley（2004）以香港 309 名律师为被试，探讨了职业认同与工作满意度、职业满意度及组织承诺的关系，结果发现职业认同对工作满意度和组织承诺均有正向预测作用。而国内学者刘彩霞和文若兰等（2014）也研究发现，职业认同与主观幸福感呈正相关。从已有实证研究可以看到，个体的职业认同能促使个体有效地把握工作机遇（McArdle，Waters，Briscoe，等，2007）、应对职业障碍、适应环境的变化、提高绩效产出（Hall & Chandler，2005）以及提高个体的内在心理感受如工作满意度和主观幸福感（Gümüs，Hamarat，Colak & Duran，2012；Loi，Yue & Foley，2004；刘彩霞，文若兰等，2014）等。另外，也有较多的实证研究表明，职业认同与工作压力、离职意愿、职业倦怠呈负相关（Gaziel，1995；Moore & Hofman，1998；张敏，2006），而这些研究从反面证实了职业认同能正向促进个体职业成功的实现。

综上所述，本书提出假设：

假设 9：职业认同对职业成功有显著的正向影响。

3.2.10 职业认同在职场精神性与职业成功之间关系的中介作用

由前文可知，职场精神性对个体的职业认同有直接影响，并且职业认同与职业成功之间又有着紧密的联系，因此我们假设，职业认同在职场精神性与职业成功之间起中介作用。

首先，根据社会认同理论，个体都试图通过自我归类保持一个积极的社会身份（Tajfel，1982），而职场精神性体验让员工感觉到与工作、同事及组织的联系感，感到对职业工作和职业群体的正向评价和认可，即更自觉地将自己归属于这个职业群体和这个职业领域，从而产生职业认同感。而基于认知失调理论（Festinger，1957），当个体对目前职业产生认同感时，往往会表现出与这种认可态度相一致的行为，以达到态度和行为的一致，减少因态度和行为不一致所产生的紧张感。因此，高职业认同的个体必然会以更积极的态度和行为来对待工作，这就使得个体会在组织和职场环境中有更大的职业发展，并最终实现职业成功。更确切地说，当个体具有较高的职场精神性体验时，他自然地与自己共事的工作群体（同业者）保持良好的关系，这种关系有时会超越目前短暂的工作而发展成长久的为特定职业目标奋斗的战友关系，这种对与之共事者的认同也会得到工作中其他人员的积极回应（如同事支持、主管支持），成为一种有利于个体职业发展的社会资源，并最终利于个体职业成功的达成（Gao & Wu，2014；Bozionelos，2008）。个体也会因感受到这份工作的意义而愿意与这个职业群体以及将这个职业作为自己今后的职业选择，而不会再有选择其他工作或其他职业的意愿，即产生职业认同和职业承诺。于是个体会以更积极的态度和行为处理本职工作，并且在面对职业发展道路上的困难时不再刻意逃避而是积极设法应对，即有助于自己客观职业成功的达成。另外，当个体的价值观与组织价值观契合时，个体会对目前从事职业给予更多的肯定性评价（李永鑫，周海龙，田艳辉，2014），进而更可能自觉性地将自己归于这个职业群体并且投身这个职业，由此更可能产生较高的职业认同，进而采取与该种态度相一致的行为并最终有助于自己主观职业成功的达成。

其次，就实证研究方面来看，虽然目前缺乏将职业认同作为中介变量来探讨职场精神性与职业成功之间关系的研究，但已有个别学者（安秋玲，2010）在这方面做了类似的探讨。如安秋玲（2010）通过访谈与问卷调查发现，与职场精神性相关的因素如人际关系满意度和家人支持等因素对社会工作者的职业认同有正向促进作用，而职业认同又进一步影响社会工作者的工作投入、专业成就感及焦虑感等。而国外关于职场精神性的研究中，有学者探讨了基于组织的自尊（从认同角度）在职场精神性与组织公民行为之间关系的中介作用（Geh & TAN，2009）。这些研究为我们从社会认同角度探讨职场精神性与职业成功的中介机制提供了实证参考。

综上所述，本书提出假设：

假设 10：职业认同在职场精神性与职业成功之间具有中介作用。

3.2.11 家庭需求的调节作用

根据工作家庭边界理论、资源保存理论等理论，家庭因素会对工作个体的相关职场态度和行为形成积极或消极的影响（Duxbury & Higgins，1991；Frone，等，1992；Nichols & Schwartz，1998）。从工作家庭界面（work-family interface）来看，职业或工作与家庭并非各自独立，而是相互关联的。尽管个体存在于职场和家庭两个环境中，但它们的影响可以从一个领域溢出到另一个领域（Staines，1980；Ford，等，2007），越来越多的人被家庭与工作的相互关系所影响（Eby，等，2005）。众多理论和研究均表明了家庭因素（如家庭需求）是影响个体职业生活的一个重要情境因素：根据工作家庭边界理论中有关角色压力的相关研究，个体在家庭领域的高水平卷入会造成个体在工作领域的角色压力增大（Kahn，等，1964）；从资源保存理论上讲，个体总是努力获得和维持他们认为有价值的资源（Hobfoll，1989），当个体认为家庭投入比工作投入更有价值时，个体会优先满足家庭需求。因此基于工作家庭边界理论及资源保存理论，当个体面临的家庭需求（如照顾小孩、承担家务）超越了他/她可以承担的程度时，个体便会调用工作领域的资源（如时间、精力等）来临时性的应对家庭需求，这就造成了家庭与工作的冲突（金家飞，等，2014）。由此可见，家庭因素在员工职业生涯中发挥着重要作用，在探讨职场精神性对员工行为态度等的影响时，有必要考虑家庭因素在这一过程中所发挥的边界作用。因此本研究认为，家庭需求有可能在职场精神性与职业自我效能感、职业认同感和基本心理需求之间起到负向调节作用。

1. 家庭需求在职场精神性与基本心理需求之间的调节作用

自我决定理论（SDT）认为，个体存在自主需求、胜任需求和关系需求三种先天的心理需求。本研究在回顾相关文献时发现，直接探讨关于职场精神性与基本心理需求之间关系的实证研究几乎没有，但是已有研究表明职场精神性对个体内在动机、内在满意度等有积极影响，对个体心理健康也有积极影响（Shannon，2002；Baetz，Larson，等，2002；Romero，2006）。这些研究都表明，精神性（灵性）与心理需求是有密切联系的（常广财，2013）。同时，通过上文的理论推导我们也认为，职场精神性对基本心理需求有显著的正向预测作用，当个体感知到高职场精神性时，其基本心理需求更易得到满足。

但是，家庭需求作为家庭领域的一个重要变量，同样也会对职场精神性与个体心理需求之间的关系产生重要影响。根据工作家庭边界理论中有关角色压力和角色冲突的内容，角色冲突是角色压力的一种来源（Kahn，等，1964），当强烈地感受到来自家庭的需求时，个体会将有限的时间和精力分配一部分到家庭领域中，以承担家庭相关角色对他的责任要求，因此必然导致个体与同事的交往程度、亲密程度的降低，这种工作领域的关系的疏远倾向会使个体逐渐感受到不被关爱、不被需要，尤其是逐渐被工作领域中的非正式组织团体所疏远和排斥，最终产生关系需求的不满足。同时，从资源保存理论来看，当个体感受到来自家庭方面的需求增加时，个体会因疲于应对来自工作和家庭方面的需求（Byron，2005）而无法最大限度地将时间和精力全身心投入到现在的工作当中，进而会有较差的工作绩效产出，并对自我是否胜任目前工作抱有怀疑的态度，而不会有“运筹帷幄”“决胜千里”的英雄豪气，最终导致对工作胜任需求的不满足。另外，面临高家庭需求的个体往往在追求完整的自我和超越的自我过程中，往往力有不逮。这具体表现在家庭需求对个体工作及职业的牵制性影响上。个体为了满足来自家庭方面的种种责任和需求，会做出基于整个家庭而非单独个体自身的相关行为（Leong，1993），使个体难以更自由、更自主地按照自我意愿处理工作上的事宜，最终导致其对自主需求的不满足。由此可见，面临高家庭需求的个体，即使感知到职场中的高精神性，这种高精神性发挥作用也被高家庭需求所削弱。高职场精神性与高家庭需求的交互作用，减弱了职场精神性对员工基本心理需求的作用。

综上所述，本书提出假设：

假设 11：家庭需求在职场精神性与基本心理需求之间起负向调节作用。

2. 家庭需求在职场精神性与自我效能感之间的调节作用

社会认知的三元交叉理论认为，环境、认知、行为三者互为决定因素（Bandura，1989），环境在很大程度上影响个体的认知水平。从更为宽泛的意义上讲，工作中的个体不只是身处工作场所这个环境之中，同时也身处家庭环境之中，工作环境与家庭环境之间的交互作用共同构成一个影响个体认知水平的大环境。前文通过理论推导和实证举例已经提出了假设，即职场精神性与自我效能感具有相关性，职场精神性对职业自我效能感有显著的正向影响。并且该假设得到了以往众多学者研究结论的支持（Konopack & McAuley，2012；Duffy，2010；Duffy & Blustein，2005）。但是，这一假设是在个体只受工作环境的影响假定下做出的。当考虑到家庭因素（家庭需求）对个体的影响时，情况又当如何？为此，我们进行如下的推导与假设。

根据本研究对职场精神性概念内涵的界定，职场精神性指的是个体在职场环境中感知到的整体意义感及完整的自我，这种意义感和完整感让个体的内在精神生活得到充实与超越。职场精神性最突出的特征在于个体渴望在职场中追求一个完整和超越的自我（Ashforth & Pratt，2010；Giacolone & Jurkiewics，2010）。根据工作家庭边界理论中有关角色冲突的内容（Kahn，等，1964；Duxberys & Higgins，1991），当强烈地感受到来自家庭的需求时，个体会将有限的时间和精力分配一部分到家庭领域中，以承担家庭相关角色对他的责任要求，因此必然导致个体与工作中同事的交往程度、亲密程度的降低，进而会得到更少的来自同事、主管领导等相关工作个体的支持，最终降低个体对于完成工作任务的自信，从而降低其职业自我效能感。另外，当个体感受到来自家庭方面的需求增加时，个体会因疲于处理来自工作和家庭方面的需求（Byron，2005）而对现有工作的意义性和目的性抱有怀疑的态度，进而不会以更积极的态度来完成某项工作，其对工作的抗挫折能力和持久性也会降低，进而导致低职业自我效能感的产生。同时，面临高家庭需求的个体在追求完整的自我和超越的自我过程中，无论在情绪上还是在时间精力上，都会感到疲于应对，因此来自家庭的需求对于个体职业发展渴望的这种牵制性因素也会降低其职业自我效能感。

从实证方面来看，虽然并没有以家庭需求为调节变量来讨论职场精神性与职业自我效能感之间关系的研究，但是已有研究证实了家庭需求负向影响个体的自我效能感，而家庭需求的反面即家庭支持则正向影响个体的自我效能感（Whiston，1996；Hall，2003；Lent，Brown，Nota & Soresi，2003；Nota，等，2007；张宁俊，等，2015）。如张宁俊等（2015）在其构建的工作家庭间角色资源跨界增益模型中指出，工作家庭资源（包括工具性资源和情感性资源）会增强个体心理资源（如自我效能、自信等积极心理特征和积极情绪）。Hall（2003）认为，个体的家人对其进行态度或行为上的支持或反支持都会影响个体的职业自我效能感。因此从实证研究可以看出，当个体在家庭领域获得支持时，其对职业的信念更强；反之，当个体在家庭领域面临种种责任和需求时，其常常感到精力疲惫，难以应对工作的需求。并且可能由于需要处理家庭方面的事情而耽误工作和职业的晋升，从而降低对职业的信念。

综上所述，本书提出假设：

假设 12：家庭需求在职场精神性与职业自我效能感之间起负向调节作用。

3. 家庭需求在职场精神性与职业认同感之间的调节作用

根据社会认同理论，社会认同是指“个体知道自己归属于特定的社会群体，而且自己所获得的群体资格会带给其某种价值意义或情感，是个体自我概念的一部分”（Tajfel，1981）。而职业认同是指个体对自己的职业兴趣、天赋和目标等方面认识的清晰程度和稳定程度（Holland，Johnston，Asama，1993）。前文通过理论推导和实证列举已经提出了假设，即职场精神性与职业认同感具有相关性，职场精神性与对职业认同感有显著的正向影响。并且该假设得到了以往众多学者研究结论的支持（Kiesling & Sorell，2009；Beaumont & Scammell，2012；F. W. de Klerk，2005）。

但是，家庭需求作为家庭领域的一个变量，也会对职场精神性与个体的职业认同关系产生重要影响。具体而言，当个体感受到高家庭需求时，由于要疲于处理随之而来的家庭工作冲突（Voydanoff，2005；Boyar，等，2008），并要面对巨大的压力（Frone，Russell & Cooper，1992；Williams & Alliger，1994；Nordenmark，2004；Choi，等，2006；Lu，等，2008），个体会对目前所从事工作乃至所从事职业的意义性和价值性产生质疑并对自己在该职业中的发展前景产生非清晰性、非稳定性的认识，因而会降低其对该职业的兴趣、认可度和忠诚度，并产生调换工作或进入其他职业领域的意愿以应对来自家庭的需求。同时，根据工作家庭边界理论中的角色冲突的相关内容，我们知道，当强烈地感受到来自家庭的需求时，个体会分配部分时间和精力到家庭领域，以承担家庭相关角色对他的责任要求，因此必然导致个体与同事的交往程度以及亲密程度的降低，而这种关系疏远倾向会降低个体对于自己是否属于某个组织或职业群体的认知，进而导致职业认同感的降低。另外，根据资源保存理论，当个体的精力或时间资源无法满足家庭角色需求时，个体就会出现紧张、焦虑等，进而他会从其他领域（如工作领域）调用资源，以此来降低由于家庭领域的资源不足所带来的压力感（Freund & Riediger，2001；Westman，等，2005）。最终，工作领域相关资源（如时间、精力、关系等资源）的降低又会导致个体因工作领域资源的不足而产生焦虑、紧张等负向情绪状态，从而影响个体在工作中的表现，并最终造成职业认同感的降低。

从实证研究来看，以往学者的研究虽然并没有以家庭需求为调节变量来讨论职场精神性与职业认同感之间的关系，但是已有研究证实了家庭需求会提升个体工作倦怠感（Voydanoff，1988）、提高缺勤率（Erickson，Nichols，Ritter，2000）以及降低工作承诺（Campbell & Campbell，1994），进而导致个体职业认同感的降低。从有关的实证研究来看，家庭方面的因素能阻碍或者帮助组织方面的因素对员工发挥作用，从而起到情境因素的作用。并且已有很多研究证明与家庭需求相关的一些变量，如家庭支持（李永鑫，赵娜，2009）、配偶支持、工作家庭冲突等（Matsui，Ohsawa，等，1999），能影响组织环境因素对员工发挥作用，在组织相关变量与员工工作行为、态度之间起调节作用。这些实证研究得到的结论都为本研究的家庭需求作为边界条件的推导论证提供了有力的佐证。

综上所述，本书提出假设：

假设 13：家庭需求在职场精神性与职业认同感之间起负向调节作用。

3.2.12 研究假设汇总

如表 3-1 所示，经过上述的论证分析，得出本研究 13 个待验证的研究假设：

表 3-1 研究假设汇总

假设编号	假设内容	假设类型
H1	职场精神性对职业成功具有显著的正向影响	开拓性
H2	职场精神性对基本心理需求有显著的正向影响	开拓性
H3	基本心理需求对职业成功有显著的正向影响	验证性
H4	基本心理需求在职场精神性与职业成功关系之间起中介作用	开拓性
H5	职场精神性对职业自我效能感有显著的正向影响	开拓性
H6	职业自我效能感对职业成功有显著的正向影响	验证性
H7	职业自我效能感在职场精神性与职业成功关系之间起中介作用	开拓性
H8	职场精神性对职业认同有显著的正向影响	开拓性
H9	职业认同对职业成功有显著的正向影响	验证性
H10	职业认同在职场精神性与职业成功关系之间起中介作用	开拓性
H11	家庭需求对职场精神性与职业自我效能感之间关系具有负向调节作用	开拓性
H12	家庭需求对职场精神性与职业认同之间关系具有负向调节作用	开拓性
H13	家庭需求对职场精神性与心理需求之间关系具有负向调节作用	开拓性

3.3 本章小结

本章首先基于文献综述和相关理论回顾，并结合本书的主要研究问题，通过初步访谈征求组织内员工的相关意见，确定了适用于本研究的职场精神性的概念内涵、结构维度及测量量表。其次，在文献回顾和总结推理的基础上，确定了职场精神性到职业成功路径的中介变量和调节变量，其中中介变量为基本心理需求、职业自我效能感及职业认同，调节变量为家庭需求。最后，本章在理论归纳及文献综述的基础上提出了本书的理论框架和研究假设。本研究的假设包括职场精神性对职业成功影响的主效应，基本心理需求、职业自我效能感及职业认同在职场精神性与职业成功之间关系的中介效应，家庭需求对职场精神性与基本心理需求之间关系、对职场精神性与职业认同之间关系及职场精神性与职业自我效能感之间关系的调节效应。

4　研究设计

为了更好地研究职场精神性对组织内员工职业发展的影响，本章在前文提出的理论模型的基础上，首先对核心变量进行了具体清晰的操作化定义。其次，选取与研究领域相关的被广泛采用的信度和效度较高的变量量表，并对原始问卷为英文的量表进行前期的翻译和回译工作，最后确定用于问卷调研的问卷设计方案，并采纳相关专家学者和企业内员工的建议对初始问卷的题项和内容布局进行筛选、补充、修正，最终形成正式调查问卷。其三，为了进行有效的问卷调研，本研究以实地调研的方式开展，依托博士期间科研团队的人员支持，并获得企业人力资源主管及部门主管的协助，在企事业单位开展实地调查研究。另外，我们使用 SPSS16.0 和 AMOS17.0 等分析软件对量表的信度效度进行检验，此阶段使用 Cronbach's α 系数来衡量构念的信度，使用验证性因子分析技术对构念进行收敛效度检验，并得到相应的结论。

4.1　构念操作性定义

根据本研究构建的理论模型，在兼顾验证构念本身的结构维度并确保测量有效性的前提下，本研究倾向选择较为简短的量表，以避免过于繁杂的调查问卷给被试对象造成厌烦的心理，从而保证数据质量和研究的有效性。因量表的原始语言为英文，按照惯例，我们采用直接翻译结合回译的方式来保证翻译质量。在量表的翻译过程中，我们根据中文的语言习惯并结合研究对量表进行了整理和细化的翻译工作，并与行业专家、实践管理中团队领导或成员进行充分的沟通交流和反复阅读，反复对问卷中有歧义、用词不当、意思模棱两可的条目进行修正，最终将研究模型中的变量测量条目纳入正式的调研问卷中。

4.1.1 职场精神性

本研究采用存在主义观点并结合 Mitroff 和 Denton（1999）、Ashmos 等（2000）及 Milliman 等（2003）对于职场精神性的定义，认为职场精神性指的是个体在职场环境中感知到的整体意义感及完整的自我，这种意义感和完整感让个体的内在精神生活得到充实与超越。具体表现为个体感受到的与工作、团队中他人及与组织的联系感，即感受到工作的意义及目的、感受到与同事及工作中的他人的联系感以及自身核心理念与组织的价值观的一致性，包括“有意义的工作”“团队归属感”“与组织价值观的一致感”这三个维度。其中“有意义的工作”包括工作本身带给个体的意义感和目的感，这种意义感和自身认为人生中重要的东西相关，能实现个人意义，对社会有贡献等。“团队归属感”涉及与团队中成员真诚以待、彼此关心、服务他人等，这一维度能解释个体在团队中感受到的个人意义和归属感等。“与组织价值观的一致感”首先强调个体感知组织价值是积极向上的，组织关心员工及社会，个体的价值观和组织的价值观一致等。三个维度虽然侧重点不一样，但是都是强调个体内在感受到的意义、联系感、超越自我感。在测量方面，本研究以 Milliman 等（2003）开发的职场精神性的量表为基础，通过专家回译等方式最终得到职场精神性量表，共 21 个题项。

4.1.2 职业成功

职业成功指的是员工在职业生涯发展过程中所获得的“积极的心理和工作产出的积累”（Seibert & Kraimer，2001），本研究采用主观职业成功和客观职业成功两个维度。其中客观职业成功参考（Tharenou，1999）的测量标准，使用收入水平、加薪次数、加薪幅度、晋升次数和晋升速度五个指标。由于中国情境的需要，我们采用薪酬标准和晋升次数为客观职业成功。薪酬标准采用月薪而非年薪，更加符合中国员工的实际情况。晋升次数的含义是职务上的各种提升或工作责任重要性的提高或工作范围的拓宽等。本研究将薪酬划为五个不同的等级，被试者根据自身情况进行选择。晋升次数包括在目前公司的晋升次数及工作以来的晋升次数。主观职业成功表现为一种心理感受，使用 Greenhaus（1990）开发的五个题项的职业满意度问卷，题项如“您是否对自身职业所取得的成功感到满意”“您对薪酬是否感到满意”等。主客观职业成功量表题项共 8 项。

4.1.3 基本心理需求

自我决定理论（SDT）认为，个体存在三种先天的基本心理需求，分别为自主需求、胜任需求和关系需求。自主需求是指个体希望自己的行为能够遵循个人意愿和内在渴望，希望在行为中感受到心理上的自由（Deci & Ryan, 2000; Broeck, 2008）。胜任需求是指个体渴望自己能很好地担任某个职位或轻松地完成某项工作而不会感到紧张和有压力。关系需求是指个体具有内生的希望与他人建立联系、成为组织中一员的意愿，在与周围人接触的过程中感受到关爱的需求。本书采用 Deci 等（2000）提出的三个维度概念，认为基本心理需求满足指的是人先天的三种需求即自主需求、胜任需求和关系需求得到满足，并结合 Deci 和 Ryan（2001）及 Ilardi 和 Kasser（1993）的测量标准确定了心理需求的测量量表，包括“我感觉自己能够决定如何开展自己的工作”“工作中和我亲近的人很少”等 13 个题项。

4.1.4 职业自我效能感

职业自我效能感（occupational self-efficacy）指的是个体对于自己成功完成职业相关任务及要求的能力的信念（Spurk & Abele, 2014），个体从事特定职业的能力的信念（Hackett & Betz, 1981），个体对实施与职业相关的行为、教育和职业的选择，以及对其坚持性的信念（Hackett & Betz, 1997）。本研究的目的是探讨职场中员工对于所从事的职业所具有能力的信心，不特指某种具体职业，比“任务自我效能感”（task-specific self-efficacy）要更宽泛，但比“职业生涯自我效能感”（career self-efficacy）要更具体。因此结合 Hackett 和 Betz（1981）、Abele 和 Spurk（2009）、Rigotti, Schyns, Mohr（2008）等的定义，即职业自我效能感是“个体对目前从事职业的能力所持有的信念”，并采用 Rigotti, Schyns, Mohr（2008）修订的职业自我效能感的测量量表，包括“我认为自己能应对工作或职业中的大部分挑战”“工作或职业中遇到困难时，我能保持冷静，因为我相信自己的能力”等 6 个题项构成。

4.1.5 职业认同

职业认同，又称为职业同一性，被学者们定义为“个体在多大程度上认为自己的职业角色是重要的、有吸引力的、与其他角色是融合的”（Moore & Hofman, 1998）。职业认同是一种过程，是个体自我从自己的经历中逐渐发展并确认自己的职业角色的过程（魏淑华，2005）；同时也是一种状态，是员工感到自己与职业“同一”的状态，并对职业产生依附感（Hekman，2009）。本研究结合 Hekman（2009）及魏淑华（2005）的定义，将职业认同界定为“个体对自己所从事的职业的认同状态，对自身职业产生的依附性和归属感”，并采用 Hekman（2009）单维测量量表，由“当别人称赞我的职业时，我感觉自己也受到了称赞”“当别人批评我的职业时，我感觉自己也受到了屈辱”等 5 个项构成。

4.1.6 家庭需求

Yang 等（2000）认为，家庭需求代表的是个体对于充分履行家庭角色相关责任的承诺和压力，比如精力和时间的花费和对于履行家庭责任的努力。Boyar 等（2007；2008）将家庭需求定义为“（个体）在家庭领域感受到的一个全方位的责任感水平和强度”，其强调了三点：首先，需求要从全方位去衡量，而非单指某一种需求或某一类需求；其次，需求是有强度的，不同强度的需求对个体的影响是不同的；最后，需求必须要被感受到。

本研究采用的家庭需求定义主要参考以上所列研究者的研究，认为家庭需求指的是当个体同时具有工作及家庭方面的角色时，个体在家庭领域感受到的一个全方位的责任感水平和强度。测量方法采用 Boyar 等（2007）开发的四题项量表。

4.2 问卷设计

4.2.1 问卷调查法

1. 问卷设计原则

为确保问卷调查过程的严谨性，调查问卷的设计须基于理论假设，同时也要基于被访者的知识背景，并保证问题的完备性、互斥性及能够被正确理解。问卷设计需要考虑的因素有很多，不同的研究其问卷设计可能有所不同，然而科学的研究都有一定的规律可循，杨国枢和文崇（2006）认为在问卷设计过程中，需遵循以下几条原则：一是问卷词句表达要明确清晰，避免含混不清的题项，含混不清容易造成理解的偏差，并且答题者如果无法理解所提的问题时，往往会选择中立态度的答案。二是用词尽量中性以免诱导填答者，不能带有倾向性，避免答卷者为满足社会期望值而非真实答题。三是题项是否符合研究假设的需要。这意味着问卷中的问题应是研究假设或研究目的所必需的，所用题项不能随意设置。四是避免不完整的非完备问题。五是问题是否具有暗示作用。这就要求问题的用词尽量用中性的词，避免对答题者有任何的引导，从而保证答题的客观性。六是在指导语部分，向被访者说明研究目的并做出保密承诺，包括研究人员对答卷者的承诺（如结果与答卷者分享并对调研数据保密）及研究的联系方式以及对答卷者的感激等。若量表是对国外研究量表的翻译，应该保证翻译质量，确保量表的实用性和可行性。因此，应采取简明扼要、通俗易懂的表述方式设置问题。上述这些原则为我们如何设计问卷提供了一种参考的框架，研究者在具体研究时还应该具体问题具体分析。总之，问卷设计是一门严谨的学问，它关系到变量最终的信度和效度，需要仔细对待。

2. 问卷设计过程

本研究将基于上述原则设计相关调查问卷，具体步骤如下：

首先，根据本书的研究目的对研究涉及的核心变量进行回顾和整理，由此基于本书的研究需要对变量进行操作性定义并建立变量之间的逻辑关系。在梳理相关核心变量文献过程中，收集和整理那些已经被验证具有较高信度和效度的成熟国外量表（谢家琳，2008）。

其次，通过英汉对译，产生中文版本的测量条款。不同的文化、语言背景可能导致测量量表存在跨文化差异，为避免不恰当翻译导致对原量表的曲解和歪曲，在研究过程中，可以采用回译的方式还原测量题项在不同情境下的真实表达。在本研究中，为确保严谨性，职场精神性、职业成功、职业自我效能感、职业认同、基本心理需求及家庭需求六个量表均是采用国外学者开发的成熟量表。具体的方式如下：首先请工商管理专业及组织行为学专业的博士对国外的英文量表进行翻译，并对翻译后的中文量表进行讨论、分析及整理，争取做到准确、简洁、易懂及符合中国人的思维习惯和表达习惯。其次，再请两名有英语专业背景的博士对问卷进行回译，与原版进行对比，对那些差异较大的题项进行重新修改。

再次，通过讨论及初步访谈优化初始问卷。在对量表进行有效翻译的基础上通过对企业内部人员及专家的讨论和访谈优化初始问卷。具体步骤如下：首先，就调查问卷中的问卷布局、开篇导语、题项内容、问卷结构等相关问题举行小规模的科研团队讨论会，与相关专家及本专业博士研究生进行讨论分析。其次，对问卷题项的措施、题项的情景和研究对象（在职工商管理硕士学员、组织内管理人员和一般员工）进行小规模的初步访谈，对问卷的合理性进行深入分析。最后，在讨论和初步访谈结果的基础上，结合专家、企业管理者及员工的意见，对问卷进行进一步分补充和完善，最终形成研究调研问卷。

最后，通过小样本测试检验、修正、完善初始调查问卷。马庆国（2003）及荣泰生（2005）均认为小样本测试可以筛选和净化题项，达到检验问卷信度和效度的目的。因此本研究的初始调查问卷还需要进行小样本的检验，在小样本测试结果的基础上，再与相关专家讨论，进一步修正和完善初始问卷，以形成最终的大样本调查问卷。

3. 社会赞许性偏差处理

社会赞许性偏差即个体为维护自己良好的形象而出于印象管理的动机或免于批评、责罚或尴尬而表现的积极自我评价或自我描述，这种迎合社会期许及他人期望的回答往往会对数据的准确性造成消极的影响（Ganster，Heimessey & Luthans，1983）。这种问题在自我报告的调研中经常出现。为了尽量防止社会赞许性偏差对本研究造成的干扰，本研究通过以下三种方式来尽量降低社会程序性偏差问题带来的研究障碍，具体如下：一是问卷的表达上尽量采用客观、中性的表达方式；二是问卷发放过程中强调问卷的匿名性和学术性，做好问卷的保密回收工作，降低被试者的戒备心理；三是在答题过程中，问卷发放者会不时地提醒答题的客观性，不要在题项上停留太久，尽量凭自身的实际情况和第一感觉答题，从而确保在一定程度上降低了社会称许性问题的出现。

4. 共同方法偏差处理

在实际研究中，若测量环境及语境相同、数据来源一致，将很容易导致测量变量与效标变量的人为共变，这种人为导致的共变被称作共同方法偏差（Cornmon method biases），它作为一种系统性误差会对研究结果产生混淆及误导（Podsakoff，等，2003）。对于共同方法偏差对本研究造成的消极影响，本研究基于周浩和龙立荣（2004）的方法，对共同方法偏差进行了程序控制和统计控制。其中，在程序控制方面：一是在基于严谨理论构思及对国外成熟量表借鉴的基础上，尽量客观阐述问卷语言，避免主观态度倾向流露。二是设置反向问题，即通过设置两个含义相反，分布距离较远的反向题来推测数据的真实性，从而在一定程度上降低共同方法偏差问题。三是测量过程中，通过告诉被试本研究属于匿名调查，会对个人的隐私进行全程保密，并且所有答案仅用于学术研究之用，不会有其他用途，消除被试者的戒备心理，从而赢得被试者对研究的理解和支持。

4.2.2 样本来源

1. 抽样方法

抽样的方法一般来说分为随机抽样和非随机抽样。随机抽样是根据随机原理进行抽样，这种方法抽样的代表性较高，可以反映所研究样本的总体性，避免了抽样过程中人为因素的干扰。但是由于随机抽样过程要求较为苛刻，研究者们往往基于便利原则更多采用非随机抽样。非随机抽样是根据调查者主观的标准来抽样。便利抽样是非随机抽样方法的一种，这种方法对调查条件的要求较低，容易操作，也容易控制调查的进度，时间及金钱成本较低，并且比较适合进行探索性研究，因而这种抽样方法应用较为普遍。除了便利抽样，非随机抽样还包括滚雪球抽样。本研究以组织内员工为研究对象，由于研究人员及时间的限制，加上考虑到调研的困难程度、经济成本和人力成本，因此选择这两种非随机抽样的方式来获得研究样本。便利抽样主要是利用西南财经大学工商管理硕士学员和中国银行、莫仕成都公司的在职员工来收集问卷。滚雪球抽样主要是通过同学、朋友请他们在自己的朋友圈或同事当中通过纸质或电子版的形式发放和回收问卷。

2. 样本收集方式及样本分布

本研究主要采用问卷调查法进行数据收集，包括纸质问卷和电子问卷两种方式。为了收集符合要求的足够数量的样本，本研究人员求助大学同学、同事、家人及学生等，与不同组织单位的员工建立联系，采取滚雪球抽样的方式，与人力资源部经理、银行主管、部门经理等建立联系，请他们帮忙收集数据。采用纸质版的方式所获得的数据信度和效度相对较高，因此本研究在发放问卷上以纸质版为主，以电子版为辅。纸质版问卷的发放又以实地发放和邮寄发放相结合的方式。其中，西南财经大学工商管理硕士在职班和中国银行、民生银行、莫仕成都公司、四川工人日报社的调研完全采用实地发放纸质问卷的方式收集数据，其他地方由于地理位置偏远、调研对象过于分散等原因，主要采用电子版问卷来收集数据。对于本地的实地调研，我们尽量亲自发放并收回问卷。在问卷发放过程中，我们告诉被试人员每个人的问卷都是匿名填写，这样可以尽可能地打消被试人员的顾虑，并且我们承诺此次调研是完全保密的，所收集的数据只进行整体性的分析，不会显示个体信息。对于邮寄的问卷和电子版的问卷，主要通过调研的熟人或者学生家长来获得所需样本。

所获得样本来自成都、重庆、杭州、深圳、北京、东莞等地，从样本的地区分布来看，基本覆盖了中国的中、东、西部地区，分布相对均衡。从样本的性别来看，男女比例大体相当。从样本的教育水平来看，本科以上居多，学历水平较高。从样本的年龄上来看，35 岁以下被试较多，呈现出年轻化的特点。从样本的职业结构来看，以商业及服务型单位的基层员工为主。

4.3 相关变量的测量

在前文论述的基础上，本小节将界定职场精神性、职业成功、基本心理需求、职业自我效能感、职业认同以及家庭需求六个变量的具体测量量表，搜集了国内外相关成熟量表来设计变量的测量问卷。并采用 Likert 5 级计分法对变量进行测量，其中，1 代表“完全不同意”、2 代表“不同意”、3 代表“不清楚”、4 代表“同意”、5 代表“非常同意”。

4.3.1 职场精神性测量量表

本研究采用 Milliman 等（2003）对职场精神性构念所修订的 3 维度量表（该量表由 Milliam 根据 Ashmos 和 Duchon（2000）的量表修订而成），来衡量员工感知到的职场精神性程度。该量表体现了普适性特征，不含宗教性条目，因此目前在学术研究领域使用较为广泛，也较符合中国员工的普遍情况。该量表共 21 个题目，其中：有意义的工作维度包含 6 项、团队归属感维度包含 7 项、与组织价值一致感维度包含 8 项。在 Ashmos 和 Duchon（2000）的研究中，分量表信度系数 α 分别为 0.88、0.91、0.94。职场精神性测量量表如表 4-1 所示。

表 4-1　职场精神性测量量表

测量维度	编号	题项
有意义的工作	A11	在工作中我能体会到快乐
	A12	在工作中，我感到精神充实
	A13	工作和我认为的生命中重要的东西相关
	A14	我每天期待着去上班
	A15	我觉得自己的工作对整个社会有所贡献
	A16	我看到了工作带给我的个人意义
团队归属感	A21	同事之间的相互合作是有价值的
	A22	我觉得自己是团队/集体中的一员
	A23	我相信团队/集体中的成员都相互支持
	A24	在团队/集体中我们可以自由表达意见
	A25	我相信团队/集体中的成员都真诚关心彼此
	A26	在团队中，我有一种家的归属感
	A27	我认为有一个更大的共同目标联系着团队/集体中的每个人

表4-1(续)

测量维度	编号	题项
与组织价值一致	A31	我感觉我们公司/单位的价值观是积极的
	A32	我们公司/单位能够关心穷人
	A33	我们公司关心所有员工
	A34	我们公司/单位是有道德善心的
	A35	我觉得自己和公司/单位的目标息息相关
	A36	我们公司/单位关心员工的健康
	A37	我觉得自己和公司/单位的最高使命有关系
	A38	公司/单位关心我的内在精神世界是否充实

4.3.2 职业成功测量量表

本研究采用客观职业成功与主观职业成功两个分维度对职业成功进行测量。其中客观职业成功的测量参考 Tharenou（1999）的职业提升量表（Career Advancement scale）的测量标准，并根据研究的需要和中国员工的具体情况，采用月薪（单位：人民币）和晋升次数来测量。其中月薪的范围包含基本工资、奖金、津贴等货币性收入，划分为五个不同等级：3 000 元及以下，3 000~5 000 元，5 000~7 000 元，7 000~9 000 元及 9 000 元以上；晋升次数包括职务提升、工作责任提高及范围扩大等，包括现公司晋升次数及在不同公司所获得的晋升次数，划分为五个不同等级：0 次，1~2 次，3~4 次，5~6 次，更多。

主观职业成功主要测量员工对于职业的主观心理感受，本研究采用 Greenhaus 等（1990）开发的职业满意度（career satisfaction scale）问卷，本量表是单维量表，包括 5 个题项。

职业成功测量量表如表 4-2 所示。

表 4-2　职业成功测量量表

测量维度	编号	题项
客观职业成功	M11	我的薪酬水平
	M12	我参加工作以来晋升的总次数
	M13	我在现单位晋升的次数

表4-2(续)

测量维度	编号	题项
主观职业成功	B11	我对自己的职业所取得的成功感到满意
	B12	我对自己职业中取得的进步感到满意
	B13	我对自己职业取得的薪酬感到满意
	B14	我对自己的晋升速度感到满意
	B15	我对自己职业中不断获得的新技能而感到满意

4.3.3 基本心理需求测量量表

本研究用于测量基本心理需求的量表以 Deci 和 Ryan 等（2001）的量表为基础，并结合 Ilardi 和 Kasser 等（1993）的测量标准，修订后该量表共有 13 个题项。典型题项如“我感觉能够决定自己的工作如何开展”“我真的很喜欢与自己一起工作的人”“我有机会在工作中学习有趣的新技能”等。Ryan 的原始量表的 Cronbach's α 系数为 0.83～0.89（比利时样本和美国样本有细微差异）。基本心理需求量表如 4-3 所示。

表 4-3　　基本心理需求测量量表

测量维度	编号	题项
自主需求	K11	我感觉能够决定自己的工作如何开展
	K12	我感觉在工作中受到了强制
	K13	我感觉在工作中能自由发挥自己的想法和见解
	K14	在工作中我需要按照别人所吩咐的去做
	K15	我没有机会决定如何开展自己的工作
关系需求	K21	我真的很喜欢与自己一起工作的人
	K22	我和工作中的同事相处融洽
	K23	我将一起工作的人视为朋友
	K24	工作中和我亲近的人很少
胜任需求	K31	我有机会学习工作中有趣的新技能
	K32	我常常能从工作中感到成就感
	K33	我享受工作中的挑战
	K34	我没有机会在工作中展示自己的能力

4.3.4 职业自我效能感测量量表

本研究中对于职业自我效能感的研究主要考察的是员工对目前所从事的职业的整体效能感，因此选取 Rigotti 和 Schyns 等（2008）编制的职业自我效能感表，该量表为单位量表，共有 6 个题项。Rigotti 和 Schyn 等（2008）关于员工职业自我效能感的研究中，使用了该量表，他们采集的三个国家的不同样本显示的信度系数在 0.85~0.9；CFI 在 0.92~0.98。另外在 Hirschi 等（2015）对该量表的使用中，信度系数 α 为 0.83。职业自我效能感测量量表如表 4-4 所示。

表 4-4　　　　职业自我效能感测量量表

编号	题项
D11	工作或职业中遇到困难时，我能保持冷静，因为我相信自己的能力
D12	工作或职业中出现问题的时候，我通常能找到多种解决办法
D13	无论工作或职业中遇到什么问题，我一般都能处理
D14	我觉得自己的工作经验有助于将来的职业发展
D15	我认为自己能实现自己设定的工作或职业目标
D16	我认为自己能应对工作或职业中的大部分挑战

4.3.5 职业认同测量量表

本研究根据研究的目的及对职业认同的界定，选取 Hekman（2009）编制的职业认同测量量表，这一量表为单位量表，主要测量员工对目前从事职业的整体认同感。该量表包含 5 个题项。在 Hekman（2009）对该量表的使用中，α 系数为 0.8，在 Trybou 等（2014）对该量表的使用中，信度系数 α 为 0.82，可见该量表的信度较高。职业认同测量量表如表 4-5 所示。

表 4-5　　　　职业认同测量量表

编号	题项
C11	当别人称赞我的职业时，我感觉自己也受到了称赞
C12	当别人批评我的职业时，我感觉自己也受到了屈辱
C13	当谈到我的职业同行时，我一般用“我们”而不是“他们”来称呼
C14	我从事的这个职业本身的成功，也代表着我个人的成功
C15	当媒体批评我从事的职业时，我会感到很尴尬

4.3.6 家庭需求测量量表

本研究测量家庭需求时采用 Boyar 等（2007）开发的感知的家庭需求测量量表。该量表共有 4 个题项，典型题项如“我要费力处理与家庭相关的各种事情”“我的家庭需要我所有的关注和照料”等。量表的 Cronbach's α 系数为 0.74。家庭需求测量量表如 4-6 所示。

表 4-6 家庭需求测量量表

编号	题项
F11	我要费力处理与家庭相关的各种事情
F12	我的家庭需要我所有的关注和照料
F13	我感觉自己面临很多的家庭需求
F14	我在家庭需要承担很多的责任

4.3.7 控制变量

本研究将调查中员工的年龄、性别、受教育程度、组织性质、工作年限及职位等人口统计学变量作为控制变量。其中，性别分为男性与女性；婚姻状况为已婚和未婚；年龄按实际岁数分为六个阶段：25 岁及以下、26~30 岁、31~35 岁、36~40 岁、41~45 岁及 46 岁以上；教育程度分为五个等级：高中及以下、大专、本科、硕士及博士；工作年限包括参加工作年限和在本单位的工作按年份分为五个等级：3 年以下、3~5 年、5~10 年、10~15 年及 15 年以上；职位级别分为：一般员工、基层管理者、中层管理者及高层管理者；单位性质分为五种类型，具体包括政府/事业单位、国有企业、民营/私营企业、外资企业及其他。

4.4 小样本测试

本研究通过小样本预调研对问卷题项进行分析和修订以确保后续大样本调研中的信度和效度，保证研究的严谨性。

4.4.1 小样本测试过程

为了检验西方情境下开发的量表在中国情境的可靠性与准确性，在进行正式的大样本调查之前，本研究进行了小样本测试，通过对量表进行信度和效度分析从而达到对量表的题项进行分析和修正的目的，进而为大样本的调查做准备。本研究的小样本测试的样本收集采用两种方法：一是在西南财经大学工商管理硕士在职班的课堂发放，现场填写并回收，发放 70 份，回收 50 份；二是请在各个组织中工作的朋友或同学填写，得到 160 份问卷。两种方法一共获取 210 份问卷。在获取问卷后，对题项答案呈“Z”字形排序、空白过多、不确定性过多或所有题项都选择一个答案的给予删除，剔除无效问卷 30 份，最终得到有效问卷 180 份，有效率为 85.71%。

4.4.2 小样本情况描述

我们从性别、年龄、受教育程度、工作年限、职位以及所属职能部门等方面对被试者进行描述，如表 4-7 所示。

表 4-7　预试样本个人信息统计分布表（$N=180$）

变量	分类	频率	百分比(%)	累积百分比(%)
性别	男性	87	48.3	48.3
	女性	93	51.7	100
婚姻	未婚	54	30.0	30.0
	已婚	126	70.0	100
学历	高中/中专以下	3	1.7	1.7
	大专	29	16.1	17.8
	本科	108	60.0	77.8
	硕士研究生	25	13.9	91.7
	博士研究生	15	8.3	100
年龄	25 岁以下	18	10	10
	26~30 岁	74	41.1	51.1
	31~35 岁	60	33.3	84.4
	36~40 岁	15	8.3	92.8
	41~45 岁	6	3.3	96.1
	46 岁及以上	7	3.9	100

表4-7(续)

变量	分类	频率	百分比(%)	累积百分比(%)
工作年限	3 年以下	17	9.4	9.4
	3~5 年	40	22.2	31.7
	6~10 年	80	44.4	76.1
	11~15 年	26	14.4	90.6
	15 年以上	17	9.4	100
职位级别	普通员工	93	51.7	51.7
	基层管理者	47	26.1	77.8
	中层管理者	34	18.9	96.7
	高层管理者	6	3.3	100
单位性质	政府/事业单位	49	27.2	27.2
	国有企业	47	26.1	53.3
	民营/私营企业	58	32.2	85.6
	外资单位	14	7.8	93.3
	其他	12	6.7	100

由表 4-7 可知，小样本测试中的男性有 87 位，占 48.3%。女性有 93 位，占 51.7%。被试中已婚的占 70.0%，未婚占 30.0%。被试者年龄集中在 26~30 岁，占 41.1%，31~35 岁，占 33.3%，其他年龄段占比较少。被试者的学历中，高中/中专以下占 1.7%。大专学历占 16.1%；本科学历最多，占 60.0%，硕士研究生及以上学历占 22.2%。被试者的职位中，普通员工最多，为 93 名，占 51.7%，基层管理者占 26.1%，中层管理者占 18.9%，高层管理者占 3.3%；被试者来自的单位性质中，政府/事业单位占 27.2%，国有企业员工占 26.1%、民营/私营企业占 32.2%、外资企业占 7.8%，其他占比 6.7%。

4.4.3 小样本分析方法

1. 信度分析

信度（reliability），又称可靠性，美国心理学会（APA）将其界定为测量结果免受误差影响的程度，可以认为是采用相同方法对相同变量进行重复测量所得结果一致的程度。对信度的评价主要采用内部一致性（Internal Consistency）方法，常用的有折半信度（Split-half Reliability）和 Cronbach's α 系数，Cronbach's α 系数主要测量 Likert 式量表的信度，本研究主要采用 CITC 分析及 Cronbach's α 系数进行评价，对于评价标准，一般 Cronbach's α 系数大于等于 0.7 是可以接受的，CITC（Corrected Item Total Correlation）值即修正条款的总相关系数，一般当 CITC 值小于 0.5 时，该题项属于垃圾条款，可以删除（吴明隆，2003），但有些学者（卢纹岱，2002）认为 0.3 也是标准的范围。

2. 效度分析

构念效度是用来评价量表多大程度上测量了想要测量的构念，特指构念的定义与测量之间的一致性程度，本研究重点对结构效度（Structure validity）和内容效度（Content validity）进行了检验。

（1）内容效度

内容效度主要是量表在内容上是否包含要测量的东西，Haynes 等（1995）认为遗漏测量指标或指标与构念内容无关都会对测验分数产生影响。本研究选取成熟量表并通过回译的方式确定量表内容，在一定程度上有效保障了内容效度。

（2）结构效度

结构效度主要是检验量表的内部结构，Bagozzi，Yi 和 Phillips（1991）认为结构效度代表了理论与量表之间的契合度，即测量的相关条款是否能够形成一个整体而指向某一具体维度。结构效度包含区别效度和聚合效度，其中，区别效度代表了相同变量测量之间的差异化程度，而聚合效度代表着同一概念的不同条款之间的一致性。对于结构效度的检验，可以通过探索性因子分析的方式进行因子分析，并通过 KMO（Kaiser-Meyer-Olykin Measure of sampling Adequaey）值和 Bartlett 球体检验进行判别。具体的方式如下：首先，Bartlett 球体检验统计值的显著性概率需小于等于显著性且 KMO 值大于 0.7。其次，在通过最大方差法进行特征值大于 1 的因子旋转分析时，若出现以下三种情况则要删除该测量条款：一个测量条款形成唯一因子、某测量条款因子荷载小于 0.5、测量条款所有因子都小于 0.5 及在多个因子上载荷都大于 0.5（Lederer & Sethi，1991）。筛选后，若剩余因子载荷都在 0.5 以上，且累计解释方差大于 50%，则能够体现量表良好的结构效度，实现科学的需要（杨志蓉，2006）。

4.4.4 小样本分析结果

1. 职场精神性量表信度与效度分析

根据前文提到的方法对职场精神性的信度进行分析，量表的 Cronbach's α 值及分析结果如表 4-8 所示，职场精神性量表 Cronbach's α 系数为 0.922，分量表的信度分别为 0.994、0.901、0.853，均达到可接受程度。另外，根据

CITC 的判别标准，本研究选择 0.3 作为净化测量条款的下限，并且删除题项后 α 系数均有所上升才考虑删除。职场精神性量表的题项均达到标准，所有题项予以保留。

如表 4-8 所示，本研究进一步通过对职场精神性测量量表进行探索性因子分析，帮助确定职场精神性的因子结构及其结构效度，从表 4-9 可以得出，职场精神性的主成分分析中，KMO 值为 0.780，大于 0.7，且 Bartlett 球体检验的显著性概率为 0.00，说明该样本适合进行因子分析，对样本数据进行主成分分析后，数据显示所有测量条款聚合为 3 个因子，所有题项因子载荷均大于 0.5，3 个因子累计解释方差达 69.856%。说明量表的结构效度较好。

表 4-8　　职场精神性量表信度分析结果

量表维度	题项	CITC 值	删除该条款后的 Cronbach's α 值	分量表 α 值	量表 α 值
有意义的工作	A11	0.973	0.994	0.994	0.922
	A12	0.974	0.994		
	A13	0.982	0.993		
	A14	0.989	0.992		
	A15	0.989	0.992		
	A16	0.973	0.994		
团体感	A21	0.870	0.868	0.901	
	A22	0.862	0.869		
	A23	0.591	0.900		
	A24	0.616	0.898		
	A25	0.553	0.904		
	A26	0.870	0.868		
	A27	0.628	0.896		
与组织价值观一致	A31	0.650	0.829	0.853	
	A32	0.537	0.842		
	A33	0.562	0.839		
	A34	0.599	0.837		
	A35	0.595	0.835		
	A36	0.580	0.837		
	A37	0.630	0.831		
	A38	0.624	0.832		

表 4-9 职场精神性探索性因素分析结果

	有意义的工作	团体感	与组织价值观一致
A11	0.959		
A12	0.956		
A13	0.966		
A14	0.970		
A15	0.970		
A16	0.959		
A21		0.949	
A22		0.940	
A23		0.624	
A24		0.626	
A25		0.518	
A26		0.949	
A27		0.611	
A31			0.715
A32			0.641
A33			0.658
A34			0.699
A35			0.600
A36			0.607
A37			0.649
A38			0.577

注：抽取方法为主成分法，旋转法为正交方差最大化旋转，KMO 值为 0.780，Bartlett 检验卡方为 307.090，显著性概率为 0.00，解释方差（%）为 69.856。

2. 职业成功量表信度与效度分析

职业成功量表的 Cronbach's α 值及分析结果如表 4-10 所示，职业成功量表 Cronbach's α 系数为 0.809，分量表的信度分别为 0.873、0.913，均达到可接受程度。另外，根据 CITC 的判别标准，本研究选择 0.3 作为净化测量条款的下限，并且删除题项后 α 系数均有所上升才考虑删除。职业成功量表的题项均达到标准，所有题项予以保留。

我们进而对职业成功量表进行探索性因素分析以确定主动行为的因子结构

并评价其结构效度，从表4-11可以得出，职业成功的主成分分析中，KMO值为0.746，大于0.7的标准，Bartlett球体检验的显著性概率为0.00，说明该样本适合进行因子分析，通过主成分分析后，数据显示测量条款显著聚合为2个因子，因子载荷均大于0.5，2个因子累计解释方差达75.979%，说明量表的结构效度较好。

表4-10　　职业成功量表信度分析结果

量表维度	题项	CITC值	删除该条款后的Cronbach's α值	分量表α值	量表α值
主观职业成功	B11	0.571	0.887	0.873	0.809
	B12	0.882	0.804		
	B13	0.844	0.815		
	B14	0.827	0.817		
	B15	0.469	0.900		
客观职业成功	M11	0.827	0.874	0.913	
	M12	0.759	0.938		
	M13	0.902	0.815		

表4-11　　职业成功量表探索性因素分析结果

	主观职业成功	客观职业成功
B11	0.648	
B12	0.961	
B13	0.937	
B14	0.933	
B15	0.586	
M11		0.925
M12		0.885
M13		0.959

注：抽取方法为主成分法，旋转法为正交方差最大化旋转，KMO值为0.746，Bartlett检验卡方为1 318.355，显著性概率为0.00，解释方差（%）为75.979。

3. 基本心理需求信度与效度分析

基本心理需求量表的Cronbach's α值及分析结果如表4-12所示，心理需求量表Cronbach's α系数为0.850，分量表的信度分别为0.988、0.777和0.846，均达到可接受程度。此外，根据CITC的判别标准，本研究选择0.3作为净化心理需求量表测量条款的下限，并且在删除题项后 α 系数均有所上升才予以考虑删除该题项。因此，心理需求量表的所有题项予以保留。

我们进而对心理需求量表进行探索性因子分析，从表 4-13 可以得出，心理需求的主成分分析中，KMO 值为 0.781，大于 0.7，Bartlett 球体检验的显著性概率为 0.00，说明该样本适合进行探索性因子分析，通过主成分分析后，数据显示所有题项聚合为 3 个因子，3 个因子累计解释方差达 77.509%，其中，除了 K11 和 K12 因子载荷略小于 0.5 之外，其他因子载荷均大于 0.5。整体来看，量表的结构效度符合要求。

表 4-12　　基本心理需求量表信度分析结果

<table>
<tr><th>量表维度</th><th>题项</th><th>CITC 值</th><th>删除该条款后的 Cronbach's α 值</th><th>分量表 α 值</th><th>量表 α 值</th></tr>
<tr><td rowspan="5">自主需求</td><td>K11</td><td>0.977</td><td>0.983</td><td rowspan="5">0.988</td><td rowspan="13">0.850</td></tr>
<tr><td>K12</td><td>0.955</td><td>0.986</td></tr>
<tr><td>K13</td><td>0.983</td><td>0.982</td></tr>
<tr><td>K14</td><td>0.942</td><td>0.988</td></tr>
<tr><td>K15</td><td>0.964</td><td>0.985</td></tr>
<tr><td rowspan="4">关系需求</td><td>K21</td><td>0.431</td><td>0.808</td><td rowspan="4">0.777</td></tr>
<tr><td>K22</td><td>0.449</td><td>0.785</td></tr>
<tr><td>K23</td><td>0.782</td><td>0.606</td></tr>
<tr><td>K24</td><td>0.712</td><td>0.649</td></tr>
<tr><td rowspan="4">胜任需求</td><td>K31</td><td>0.512</td><td>0.874</td><td rowspan="4">0.846</td></tr>
<tr><td>K32</td><td>0.829</td><td>0.736</td></tr>
<tr><td>K33</td><td>0.596</td><td>0.840</td></tr>
<tr><td>K34</td><td>0.818</td><td>0.742</td></tr>
</table>

表 4-13　　基本心理需求量表探索性因素分析结果

	自主需求	关系需求	胜任需求
K11	0.983		
K12	0.972		
K13	0.988		
K14	0.957		
K15	0.973		
K21		0.561	

表4-13(续)

	自主需求	关系需求	胜任需求
K22		0. 552	
K23		0. 947	
K24		0. 918	
K31			0. 642
K32			0. 906
K33			0. 761
K34			0. 903

注：抽取方法为主成分法，旋转法为正交方差最大化旋转，KMO 值为 0. 781，Bartlett 检验卡方为 3 198. 062，显著性概率为 0. 00，解释方差（%）为 77. 509。

4. 职业自我效能感信度与效度分析

职业自我效能感量表的 Cronbach's α 值及分析结果如表 4-14 所示，职业自我效能感量表 Cronbach's α 系数为 0. 840，达到可接受程度。另外，根据 CITC 的判别标准，本研究选择 0. 3 作为净化测量条款的下限，并且删除题项后 α 系数均有所上升才考虑删除。职业自我效能感量表的题项均达到标准，所有题项予以保留。

我们进而对职业自我效能感量表进行探索性因子分析，从表 4-15 可以得出，职业自我效能感的主成分分析中，KMO 值为 0. 853，大于 0. 7，Bartlett 球体检验的显著性概率为 0. 00，说明该样本适合进行探索性因子分析，通过主成分分析后，数据显示所有条款聚合为 1 个因子，1 个因子累计解释方差达 55. 660%，所有因子的载荷均大于 0. 5，这表明量表的结构效度符合要求。

表 4-14　　职业自我效能感量表信度分析结果

量表维度	题项	CITC 值	删除该条款后的 Cronbach's α 值	量表 α 值
职业自我效能感	D11	0. 624	0. 812	0. 840
	D12	0. 646	0. 808	
	D13	0. 616	0. 814	
	D14	0. 574	0. 822	
	D15	0. 607	0. 816	
	D16	0. 636	0. 810	

表 4-15　　　　职业自我效能感量表探索性因素分析结果

	职业自我效能感
D11	0.753
D12	0.770
D13	0.746
D14	0.707
D15	0.736
D16	0.762

注：抽取方法为主成分法，旋转法为正交方差最大化旋转，KMO 值为 0.853，Bartlett 检验卡方为 367.417，显著性概率为 0.00，解释方差（%）为 55.660。

5. 职业认同信度与效度分析

职业认同量表的 Cronbach's α 值及分析结果如表 4-16 所示，职业认同量表 Cronbach's α 系数为 0.697，接近 0.7，基本达到可接受程度。另外，根据 CITC 的判别标准，本研究选择 0.3 作为净化测量条款的下限，并且删除题项后 α 系数均有所上升才考虑删除。因此，职业认同量表的所有题项予以保留。

进而对职业认同量表进行探索性因子分析，从表 4-17 可以得出，职业认同的主成分分析中，KMO 值为 0.711，大于 0.7，Bartlett 球体检验的显著性概率为 0.00，说明该样本适合进行探索性因子分析，通过主成分分析后，数据显示所有条款聚合为 1 个因子，1 个因子累计解释方差达 45.411%，所以因子的载荷均大于 0.5，这意味着量表的结构效度符合要求。

表 4-16　　　　职业认同量表信度分析结果

量表维度	题项	CITC 值	删除该条款后的 Cronbach's α 值	量表 α 值
职业认同	C11	0.421	0.660	0.697
	C12	0.569	0.593	
	C13	0.399	0.670	
	C14	0.402	0.669	
	C15	0.482	0.635	

表 4-17　　职业认同量表探索性因素分析结果

	职业认同
C11	0.638
C12	0.778
C13	0.612
C14	0.624
C15	0.703

注：抽取方法为主成分法，旋转法为正交方差最大化旋转，KMO 值为 0.711，Bartlett 检验卡方为 151.090，显著性概率为 0.00，解释方差（%）为 45.411。

6. 家庭需求信度与效度分析

家庭需求量表 Cronbach's α 值及分析结果如表 4-18 所示，量表 Cronbach's α 系数为 0.780，CITC 值大于 0.3，均符合判别标准，该量表的所有题项予以保留。结构效度分析结果表 4-19 所示，KMO 值为 0.774，大于 0.7 的标准，Bartlett 球体检验的显著性概率为 0.00，说明该样本适合进行因子分析，通过主成分分析后，数据显示家庭需求量表所有题项聚合为 1 个因子，因子载荷均大于 0.5，1 个因子累计解释方差达 60.267%。

表 4-18　　家庭需求量表信度分析结果

量表维度	题项	CITC 值	删除该条款后的 Cronbach's α 值	量表 α 值
家庭需求	F11	0.506	0.765	0.780
	F12	0.583	0.728	
	F13	0.606	0.715	
	F14	0.650	0.691	

表 4-19　　家庭需求探索性因素分析结果

	家庭需求
TRA1	0.708
TRA2	0.775
TRA3	0.793
TRA4	0.825

注：抽取方法为主成分法，旋转法为正交方差最大化旋转，KMO 值为 0.774，Bartlett 检验卡方为 189.681，显著性概率为 0.00，解释方差（%）为 60.267。

4.5 共同方法偏差检验

检验共同方法偏差的方法较为多样，较为简单的一种方法是 Harman 单因素检验。该方法的做法是将所研究的全部变量放在一起进行探索性因子分析，通过提取未经旋转特征值大于 1 的因子。检验提取后的第一个公共因子，如果该因子方差解释率在 50%以内，则可以认为共同方法偏差问题并不严重。

本研究中，将测量量表的 57 个题全部放在一起进行探索性因子分析，运用主成分分析法，提取未经旋转特征值大于 1 的因子共 12 个，其中第一主成分解释了 26. 333%的变异量，未超过变异量的 50%，这意味着本研究的共同方法偏差问题并不严重，不会对研究结论产生太多的影响。具体分析结果如表 4-20 所示。

表 4-20　全部测量题项的探索性因子分析

成分	初始特征值			提取平方和载入		
	合计	方差的百分比(%)	累积百分比(%)	合计	方差的百分比(%)	累积百分比(%)
1	14. 220	26. 333	26. 333	14. 220	26. 333	26. 333
2	5. 445	10. 083	36. 416	5. 445	10. 083	36. 416
3	4. 166	7. 715	44. 130	4. 166	7. 715	44. 130
4	3. 015	5. 584	49. 715	3. 015	5. 584	49. 715
5	2. 670	4. 944	54. 659	2. 670	4. 944	54. 659
6	2. 092	3. 874	58. 533	2. 092	3. 874	58. 533
7	1. 813	3. 358	61. 891	1. 813	3. 358	61. 891
8	1. 792	3. 319	65. 209	1. 792	3. 319	65. 209
9	1. 608	2. 978	68. 187	1. 608	2. 978	68. 187
10	1. 334	2. 470	70. 658	1. 334	2. 470	70. 658
11	1. 056	1. 955	72. 613	1. 056	1. 955	72. 613
12	1. 037	1. 921	74. 533	1. 037	1. 921	74. 533

注：提取方法为主成分分析。

4.6 本章小结

本章的研究重点是完善模型中相关变量的调研问卷的设计，是实证研究非常重要的环节。一是对相关构念进行操作性定义；二是阐明问卷设计的原则、问卷调查方法，提出对社会称许性偏差问题及共同方法偏差的预防和处理方案，进而说明本研究样本来源等；三是对相关核心变量测量工具的介绍；四是基于小样本数据对测量问卷的信度、效度、共同方法偏差等进行检验，对问卷进行适当修正，为后续的大样本实证检验做好铺垫。

5 数据分析与假设检验

本章重点通过大样本的调研分析，对模型提出的相关研究假设进行检验，主要采用 OFFICE EXCEL、AMOS 17.0 及 SPSS19.0 等相关统计软件，重点对大样本数据进行描述性统计分析、T 检验、方差分析、相关性分析、结构方程分析及回归分析等。

5.1 数据收集方式与结果

5.1.1 数据收集方式

由于本研究中的数据无法在公开统计数据中直接获取，只能通过问卷调查的方法获取，本研究中的相关核心变量均都无法直接观测。因此，本研究采用相关变量的成熟量表并对其进行了预调研及专家访谈以保证问卷的信度和效度。

本研究探讨的是组织情境下职场精神性对员工职业成功的影响机制。我们对研究样本做了以下几种界定：

一是确定研究对象。本研究主要探究在组织环境中的个体员工的职场体验对其自身职业成功的影响，因此研究对象是组织内的员工个体。由于职业成功需要一定的时间验证，因此选取的员工较大比例是有三年以上工作经验的。

二是确定研究对象的区域。我们将成都、重庆、杭州、深圳、北京、东莞等区域作为获取数据的重点区域。较大的区域跨度可以消除地域差异对结果的影响以提高内部效度。

三是确定调查方法。本研究在预调研分析结果以及专家访谈的基础之上对调查问卷的项目进行修改，最终形成正式调查问卷并进行大规模的问卷调查。我们主要采用以下几种形式：第一种方式是研究者本人前往企业或委托在企业担任部门主管或人力资源部主管的朋友在其所在企业发放纸质问卷，填好后回收，再由指定负责人通过快递的方式邮寄给研究者。为防止可能出现的社会赞许性偏差，纸质问卷填写好后我们都会要求放入信封内并封好。二是通过问卷星、E-mail、QQ、微信等通信方式，发放网络问卷或电子问卷，针对这种方式回收率较低的缺陷，本研究人员嘱托被委托人在问卷发出两周内完成问卷的填写，以保证问卷的有效回收。

四是确定样本的容量。结构方程模型（SEM）以及回归分析等均需要较大的样本，但在现有的研究中，对于具体的样本规模，学者们对此的意见仍未统一。对于结构方程模型的样本容量，Anderson 和 Gerbing（1988）认为 100 至 150 是样本容量的底线，有些研究者认为结构方程模型的样本数至少要大于 50 个（Bagozzi，Yi，1988），Hair 等（1995）却认为样本数至少要大于 100。目前比较认可的是样本量是测量题项数的 5~10 倍。据此，本研究的题项数是 57 项，因此有效样本需达到 285 以上。

五是确定问卷筛选原则。为保证研究结果的严谨与准确，本研究在问卷筛选中遵循以下四点原则：①企业所有者填写的问卷直接删除；②问卷呈规律性的回答也直接删除，例如所有题项均选同一选项或答案呈 S 形排列；③回收问卷答案存在雷同也直接删除；④问卷中出现多处数据缺失的也予以删除。

5.1.2 数据收集结果

本研究的主要研究对象为高校、商业银行、外资企业、公务员、民营企业等组织的员工，数据收集时间为两个月。我们通过纸质版和电子版两种数据收集方式，总共发放问卷 500 份，剔除回答呈明显规律性的以及答题遗漏过多、反向题前后矛盾的问卷 87 份，最终得到有效问卷 413 份，有效回收率为 82.6%。

5.2 样本描述

对大样本的数据进行整理，如表 5-1 所示。具体来说，大样本的基本情况如下：

第一，从性别上看，男性 209 位，女性 204 位，分别占总人数的 50.6%和 49.4%，样本的性别比例较为均衡。

表 5-1　　大样本基本信息统计表（N=413）

变量	分类	频率	百分比(%)	累积百分比(%)
性别	男性	209	50.6	50.6
	女性	204	49.4	100
婚姻	未婚	136	32.9	32.9
	已婚	277	67.1	100
学历	高中/中专以下	21	5.1	5.1
	大专	57	13.8	18.9
	本科	236	57.1	76.0
	硕士研究生	49	11.9	87.9
	博士研究生	50	12.1	100
年龄	25 岁以下	39	9.4	9.4
	26~30 岁	133	32.2	41.6
	31~35 岁	124	30.0	71.7
	36~40 岁	42	10.1	81.8
	41~45 岁	50	12.1	93.9
	46 岁及以上	25	6.1	100
工作年限	3 年以下	46	11.1	11.1
	3~5 年	76	18.4	29.5
	6~10 年	137	33.2	62.7
	11~15 年	55	13.3	76.0
	15 年以上	99	24.0	100
职位级别	普通员工	185	44.8	44.8
	基层管理者	108	26.2	70.9
	中层管理者	76	18.4	89.3
	高层管理者	44	10.7	100
单位性质	政府/事业单位	181	43.8	43.8
	国有企业	113	27.4	71.2
	民营/私营企业	58	14.0	85.2
	外资单位	35	8.5	93.7
	其他	26	6.3	100

第二，从婚姻情况来看，已婚人数为 277 位，未婚人数为 136 位，已婚人数多于未婚人数。

第三，从学历上看，样本中本科学历最多，为 236 位，占总人数的 57.1%，大专、硕士研究生和博士研究生样本人数大体相当，人数最少的为高中及以下，占比 5.1%。

第四，从年龄上看，样本中年龄在 26~30 岁的人数最多，为 133 人，占比 32.2%；其次，是 31~35 岁，为 124 人，占比 30.0%，其他年龄段的相对较少。

第五，从工作年限来看，工作 6~10 年的人数为 137 位，占比 33.2%，占比较高，其次为工作 15 年以上的，有 99 位，占比 24.4%，接着是工作 3~5 年的，有 76 位，占比 18.4%，而 11~15 年和 3 年以下的人数大体相当，前者略高于后者。

第六，从职位级别来看，普通员工有 185 位，其次为基层管理者，有 108 位，紧接着是中层管理者 76 位，最后高层管理者有 44 位。

第七，从单位性质上来看，以政府/事业单位和国有企业员工居多，分别为 181 位和 113 位，其次是民营或私营企业员工，为 58 位，外资企业有 35 位，其他类型的企业员工有 26 位。

5.3 数据分析

5.3.1 各变量的描述性统计分析

对本研究的 6 个主要变量的均值、标准差、方差、偏度和峰度进行统计分析，结果如表 5-2 所示。所测变量评分值的偏度绝对值均小于 3，而且峰度绝对值均小于 10，表明样本基本服从正态分布的数据要求（黄芳铭，2005），可以进行后续的统计分析。

表 5-2　　各变量的描述统计

	N	均值	标准差	方差	偏度		峰度	
	统计量	统计量	统计量		统计量	标准误	统计量	标准误
职场精神性	413	3.586 7	0.578 82	0.335	-0.072	0.120	0.159	0.240
基本心理需求	413	3.485 8	0.546 07	0.298	-0.127	0.120	-0.074	0.240
职业效能感	413	3.851 5	0.539 69	0.291	-0.468	0.120	1.296	0.240
职业认同	413	3.885 2	0.505 79	0.256	-0.423	0.120	0.476	0.240
家庭需求	413	2.912 8	0.713 07	0.508	0.156	0.120	-0.288	0.240
职业成功	413	3.539 5	0.557 79	0.311	-0.113	0.120	0.305	0.240

5.3.2 量表的信度分析

对本研究所涉及的6个主要变量进行信度分析，结果如表5-3所示。信度系数通常用Cronbach's α系数来表示，一般而言信度系数在0.6~0.7表示还可以接受，信度在0.7以上表示比较好。本研究中职业认同和家庭需求的信度系数在0.6以上，可以接受，其他几个变量的信度系数均在0.78以上，表示信度较好。

表5-3　　　　　　　　　**量表的信度分析结果**

变量	题项数	Cronbach's α系数
职场精神性	21	0.919
基本心理需求	13	0.890
职业自我效能感	6	0.832
职业认同	5	0.662
职业成功	8	0.780
家庭需求	4	0.623

5.3.3 量表的效度分析

1. 聚合效度和区分效度

效度主要是指测量的正确性，从内容上将其可以划分为内容效度、结构效度和校标关联效度。由于本研究中的变量测量采用的都是国内外成熟量表，并且采用回译法对量表的题项进行进一步确定，从而尽可能地保证了量表的内容效度。另外，校标关联效度主要测多个潜变量之间的关系。根据本研究的需要，我们主要对变量的结构效度进行检验。结构效度包含聚合效度和区分效度，聚合效度指的是相同潜在特质的题项在测量时会落在同一个因素构面上，并且各题项间所测得的测量值之间具有高度的相关，区分效度是构面所代表的潜在特质与其他构面所代表的潜在特质间低度相关或有显著的差异存在（吴明隆，2010）。对于聚合效度，本研究通过平均方差抽取量（Average Variance Extracted，AVE）来衡量，根据Bagozzi和Yi（1988）及Fornell和Larcker（1981）的研究，认为当*AVE*值大于0.3时，表明潜变量的聚合效度较好，*AVE*的值最好在0.5以上。*AVE*的计算公式为：$AVE=(\sum 标准化因素负荷量^2)/[(\sum 标准化因素负荷量^2)+\sum(\theta)]$。对于区分效度，根据Fornell和Larcker（1981）的建议，可以通过潜变量之间的*AVE*平方根和相关系数进行比较，如果两个潜变量之间的*AVE*平方根大于两个潜变量的相关系数，或*AVE*大于两个潜变量的相关系数的平方，则表明变量之间具有较高的区分效度。

2. 模型适配性检验指标

虽然潜变量无法直接进行观测，而且指标测量中存在一定的误差，但是结构方程模型能够将潜变量、观测变量和误差同时纳入模型进行验证性因子分析，通常选择χ^2/df、*GFI*、*AGFI*、*NFI*、*CFI*、*RMSEA* 等指标来对模型的拟合情况进行评价。参考 Hu 和 Bentler（1995）及邱皓政和林碧芳（2009）对模型适配指标的建议值，我们甄别模型优劣的标准为：χ^2/df 应大于 0，小于 5，最好在 3 以下；*GFI*、*AGFI*、*NFI*、*CFI* 四个指标均应大于 0.85，最好在 0.9 以上；*RMSEA* 应小于 0.1，最好在 0.08 以下。

（1）职场精神性

本研究对职场精神性进行验证性因子分析，得到的模型和分析结果分别如图 5-1 和表 5-4 所示。由表 5-4 可以看出，职场精神性的验证性因子分析所

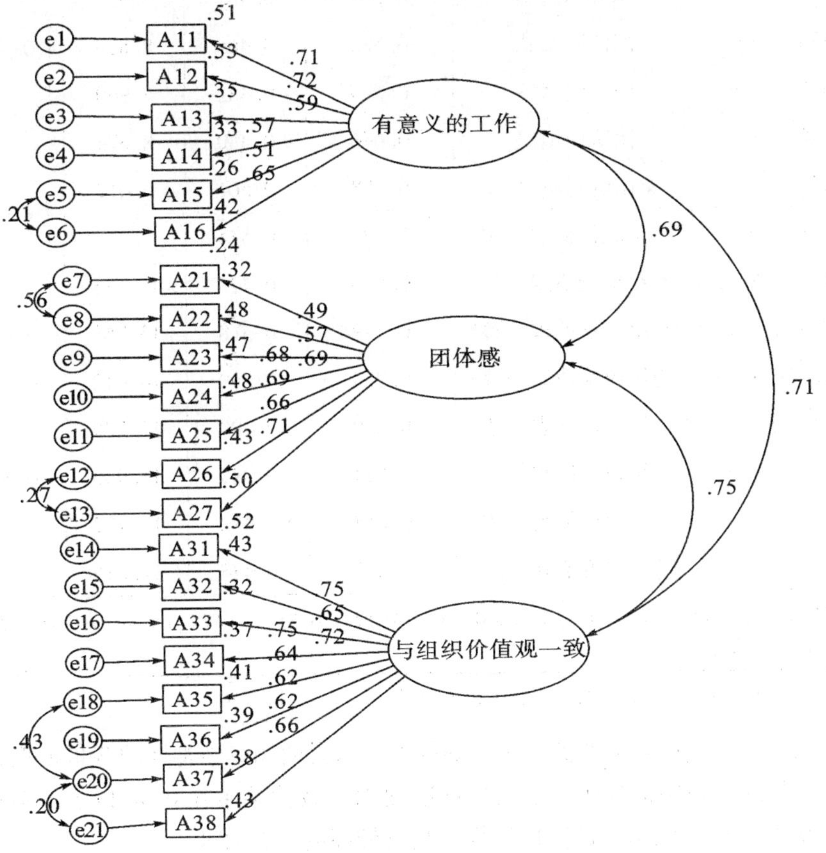

图 5-1　职场精神性的验证性分析模型

表 5-4　　　　　　职场精神性的验证性因子分析结果

测量题项			标准化因子载荷	R^2	*C.R.*值	*AVE* 值
A11	⟵	有意义的工作	0.713	0.509	—	0.40
A12	⟵	有意义的工作	0.725	0.525	12.840	
A13	⟵	有意义的工作	0.594	0.353	10.739	
A14	⟵	有意义的工作	0.571	0.327	10.356	
A15	⟵	有意义的工作	0.511	0.261	9.214	
A16	⟵	有意义的工作	0.647	0.418	11.571	
A21	⟵	团队归属感	0.491	0.241	—	0.418
A22	⟵	团队归属感	0.568	0.323	12.051	
A23	⟵	团队归属感	0.693	0.481	8.957	
A24	⟵	团队归属感	0.682	0.465	8.889	
A25	⟵	团队归属感	0.694	0.482	8.960	
A26	⟵	团队归属感	0.656	0.430	8.674	
A27	⟵	团队归属感	0.708	0.501	9.012	
A31	⟵	与组织价值观一致	0.724	0.524	—	0.456
A32	⟵	与组织价值观一致	0.654	0.428	12.518	
A33	⟵	与组织价值观一致	0.719	0.518	13.763	
A34	⟵	与组织价值观一致	0.754	0.569	14.412	
A35	⟵	与组织价值观一致	0.639	0.409	12.229	
A36	⟵	与组织价值观一致	0.624	0.389	11.939	
A37	⟵	与组织价值观一致	0.618	0.382	11.782	
A38	⟵	与组织价值观一致	0.659	0.435	12.615	
模型拟合值：χ^2/df = 3.000，*GFI* = 0.883，*AGFI* = 0.851，*NFI* = 0.864，*CFI* = 0.904，*RMSEA* = 0.070						

注：*AVE* 值汇报时采取四舍五入法（以下均同）。

得出的拟合度指标基本达到了参考的标准，这说明职场精神性的测量模型是有效的。另外，职场精神性各题项的标准化因子载荷基本在 0.50 以上，*AVE* 值大于 0.30，说明职场精神性这一变量具有较高的聚合效度。

本书进一步对三个维度之间的区分效度进行检验，有意义的工作和团体感及与组织价值观一致的相关系数分别为0.573、0.616，团队归属感和与组织价值观一致的相关系数为0.646，对三个维度的*AVE*值进行开方，求得*AVE*的平方根，有意义的工作和团体归属感及与组织价值观一致的*AVE*平方根分别为0.632、0.647和0.675，均大于三个变量之间的相关系数，这表明三个维度之间具有较高的区分效度。

（2）基本心理需求

本书对基本心理需求进行验证性因子分析，得到的模型和分析结果分别如图5-2和表5-5所示。由表5-5可以看出，心理需求验证性因子分析所得出的拟合度指标均达到了参考的标准，这说明心理需求的测量模型是有效的。另外，心理需求除了K24的标准化因子载荷略低于0.50之外，其他各题项的标准化因子载荷均在0.50以上，并且*AVE*值大于0.30，整体来看心理需求这一变量具有较高的聚合效度。

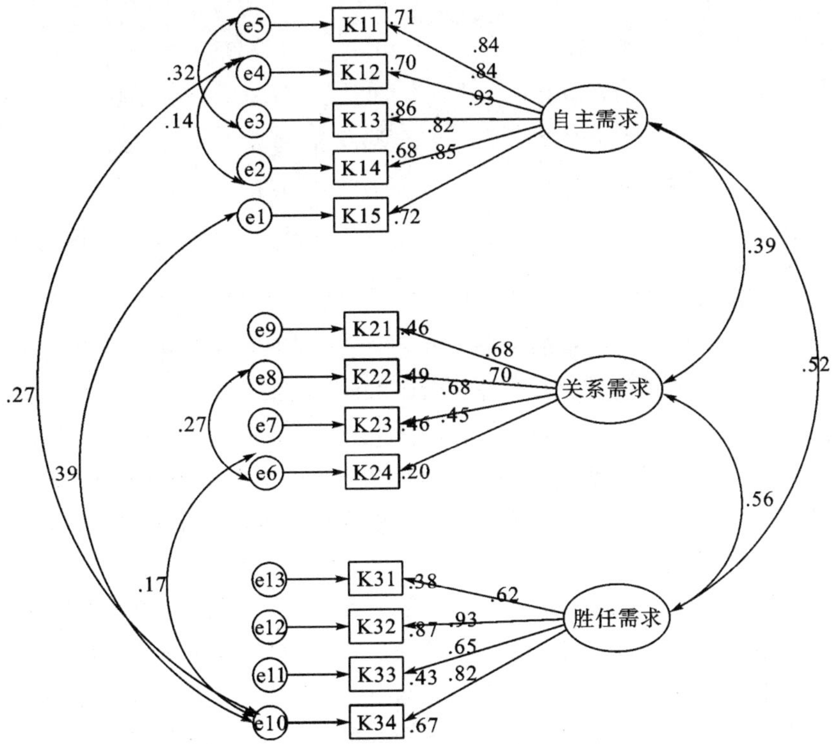

图5-2　基本心理需求的验证性分析模型

表 5-5　　　　基本心理需求的验证性因子分析结果

测量题项			标准化因子载荷	R^2	*C.R.*值	*AVE* 值
K11	⟵	自主需求	0.840	0.706	—	0.734
K12	⟵	自主需求	0.839	0.704	20.191	
K13	⟵	自主需求	0.927	0.860	29.770	
K14	⟵	自主需求	0.822	0.676	19.567	
K15	⟵	自主需求	0.851	0.724	21.101	
K21	⟵	关系需求	0.676	0.457	—	0.405
K22	⟵	关系需求	0.701	0.491	10.252	
K23	⟵	关系需求	0.682	0.465	10.206	
K24	⟵	关系需求	0.453	0.205	7.169	
K31	⟵	胜任需求	0.618	0.382	—	0.587
K32	⟵	胜任需求	0.932	0.868	14.007	
K33	⟵	胜任需求	0.652	0.426	11.208	
K34	⟵	胜任需求	0.821	0.675	13.424	
模型拟合值：χ^2/df = 3.414，*GFI* = 0.933，*AGFI* = 0.891，*NFI* = 0.943，*CFI* = 0.959，*RMSEA* = 0.077						

本书进一步对心理需求的三个维度之间的区分效度进行检验，自主需求和关系需求及胜任需求的相关系数分别为 0.326、0.532，关系需求和胜任需求的相关系数为 0.472，对三个维度的 *AVE* 值进行开方，求得 *AVE* 的平方根，自主需求、关系需求和胜任需求的 *AVE* 平方根分别为 0.857、0.636 和 0.766，均大于三个变量之间的相关系数，这表明三个维度之间具有较高的区分效度。

（3）职业自我效能感

本书对职业自我效能感进行验证性因子分析，得到的模型和分析结果分别如图 5-3 和表 5-6 所示。由表 5-6 可以看出，职业自我效能感验证性因子分析所得出的拟合度指标均达到了参考的标准，这说明职业自我效能感的测量模型是有效的。另外，职业自我效能感各题项的标准化因子载荷基本在 0.50 以上，*AVE* 值大于 0.30，说明职业自我效能感这一变量具有较高的聚合效度。

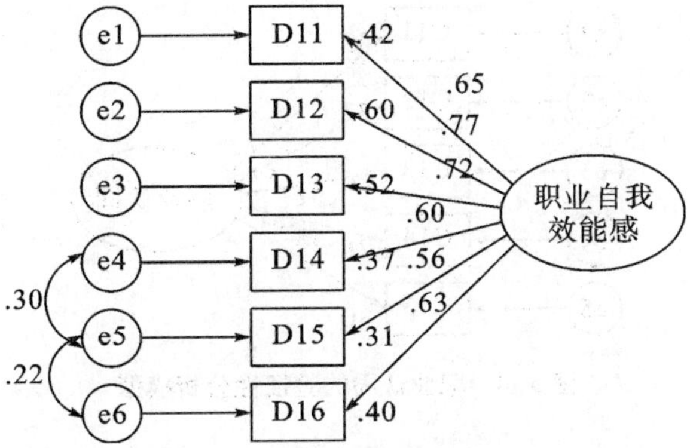

图 5-3　职业自我效能感的验证性分析模型

表 5-6　　　　职业自我效能感的验证性因子分析结果

测量题项			标准化 因子载荷	R^2	*C.R.*值	*AVE* 值
D11	⟵	职业自我效能感	0. 649	0. 421	—	0. 439
D12	⟵	职业自我效能感	0. 774	0. 599	12. 012	
D13	⟵	职业自我效能感	0. 724	0. 524	11. 552	
D14	⟵	职业自我效能感	0. 605	0. 366	10. 080	
D15	⟵	职业自我效能感	0. 556	0. 309	9. 288	
D16	⟵	职业自我效能感	0. 634	0. 402	10. 470	
模型拟合值：χ^2/df = 2. 759，*GFI* = 0. 985，*AGFI* = 0. 955，*NFI* = 0. 977，*CFI* = 0. 985，*RMSEA* = 0. 065						

（4）职业认同

本书对职业认同进行验证性因子分析，得到的模型和分析结果分别如图 5-4 和表 5-7 所示。由表 5-7 可以看出，职业认同验证性因子分析所得出的拟合度指标均达到了参考的标准，这说明职业认同的测量模型是有效的。另外，职业认同各题项的标准化因子载荷基本在 0. 50 以上，且 *AVE* 值大于 0. 30，说明职业认同这一变量具有较高的聚合效度。

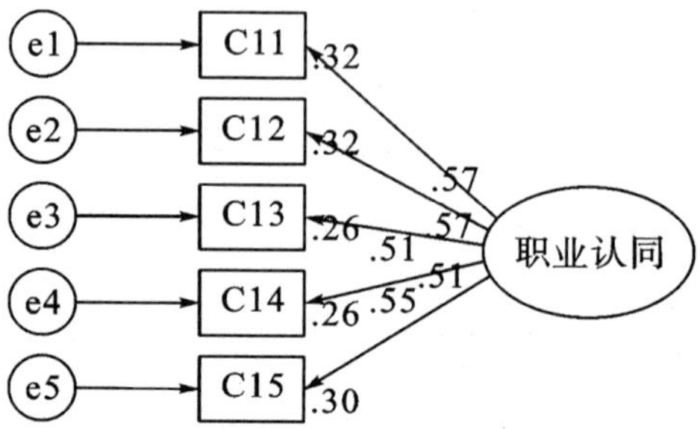

图 5-4　职业认同的验证性分析模型

表 5-7　　职业认同的验证性因子分析结果

测量题项			标准化因子载荷	R^2	C.R.值	AVE 值
C11	⟵	职业认同	0. 569	0. 324	—	0. 30
C12	⟵	职业认同	0. 565	0. 320	7. 079	
C13	⟵	职业认同	0. 506	0. 256	6. 785	
C14	⟵	职业认同	0. 513	0. 263	6. 840	
C15	⟵	职业认同	0. 546	0. 298	7. 079	
模型拟合值：χ^2/df = 2. 187，*GFI* = 0. 989，*AGFI* = 0. 967，*NFI* = 0. 958，*CFI* = 0. 976，*RMSEA* = 0. 054						

（5）职业成功

本书对职业成功进行验证性因子分析，得到的模型和分析结果分别如图 5-5 和表 5-8 所示。由表 5-8 可以看出，职业成功验证性因子分析得出的拟合度指标均达到了参考的标准，这说明职业成功的测量模型是有效的。另外，职业成功除 B1 的标准化因子载荷略低于 0. 50 之外，其他各题项的标准化因子载荷均在 0. 50 以上，*AVE* 值大于 0. 30，整体而言，职业成功这一变量具有较高的聚合效度。

我们进一步对职业成功的两个维度之间的区分效度进行检验，主观职业成功和客观职业成功之间的相关系数为 0. 390，前者的 *AVE* 平方根为 0. 624，后者的平方根为 0. 686，均大于两者之间的相关系数，这表明，主观职业成功和客观职业成功之间具有较好的区分效度。

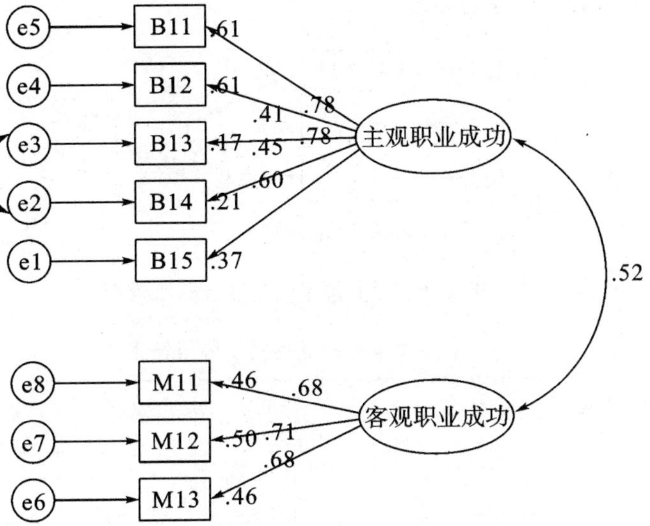

图 5-5　职业成功的验证性分析模型

表 5-8　　　　　　　　职业成功的验证性因子分析结果

测量题项			标准化因子载荷	R^2	*C.R.*值	*AVE* 值
B11	⟵	主观职业成功	0.778	0.605	—	0.39
B12	⟵	主观职业成功	0.778	0.605	12.987	
B13	⟵	主观职业成功	0.410	0.168	7.453	
B14	⟵	主观职业成功	0.453	0.205	8.236	
B15	⟵	主观职业成功	0.605	0.366	10.928	
M11	⟵	客观职业成功	0.676	0.457	—	0.471
M12	⟵	客观职业成功	0.706	0.498	9.945	
M13	⟵	客观职业成功	0.676	0.457	9.837	
模型拟合值：χ^2/df = 2.099，*GFI* = 0.977，*AGFI* = 0.955，*NFI* = 0.958，*CFI* = 0.977，*RMSEA* = 0.052						

（6）家庭需求

本书对家庭需求进行验证性因子分析，得到的模型和分析结果分别如图 5-6 和表 5-9 所示。由表 5-9 可以看出，家庭需求验证性因子分析所得出的拟合度指标均达到了参考的标准，这说明家庭需求的测量模型是有效的。另外，家庭需求除了 F13 和 F14 的标准化因子载荷略低于 0.50 之外，其他各题项的标准化因子载荷均在 0.50 以上，*AVE* 值大于 0.30，整体而言，家庭需求这一变量具有较高的聚合效度。

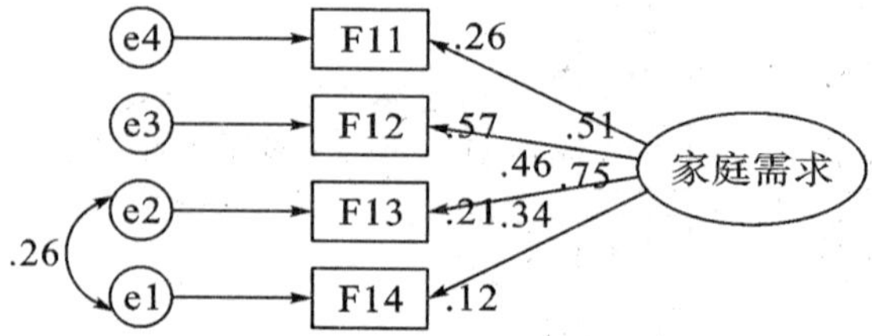

图 5-6　家庭需求的验证性分析模型

表 5-9　　家庭需求的验证性因子分析结果

测量题项			标准化因子载荷	R^2	*C.R.*值	*AVE* 值
F11	←	家庭需求	0. 507	0. 257	—	0. 30
F12	←	家庭需求	0. 752	0. 565	5. 232	
F13	←	家庭需求	0. 459	0. 210	5. 947	
F14	←	家庭需求	0. 340	0. 116	4. 801	
模型拟合值：χ^2/df = 0. 084，*GFI* = 0. 999，*AGFI* = 0. 990，*NFI* = 0. 996，*CFI* = 1. 000，*RMSEA* = 0. 000						

5. 3. 4　人口统计变量的方差分析

1. 性别的方差分析

独立样本 T 检验要求两个样本总体为独立样本，本研究中不同性别的抽样数据是相互独立的，即抽取的男性样本对抽取的女性样本没有任何影响，符合独立样本 T 检验的检验要求。检验的结果如表 5-10 所示。

表 5-10　　性别的独立样本 T 检验

		Levene 检验		均值方程的 *t* 检验						
		F	*Sig.*	*t*	*df*	*Sig.*（双侧）	均值差值	标准误差值	差分的 95% 置信区间	
									下限	上限
职场精神性	假设方差相等	3. 577	0. 059	1. 339	411	0. 181	0. 076 18	0. 056 91	−0. 035 69	0. 188 06
	假设方差不相等			1. 341	403. 308	0. 181	0. 076 18	0. 056 80	−0. 035 48	0. 187 85
职业自我效能感	假设方差相等	0. 442	0. 506	1. 437	411	0. 151	0. 076 25	0. 053 05	−0. 028 03	0. 180 53
	假设方差不相等			1. 439	409. 940	0. 151	0. 076 25	0. 053 00	−0. 027 94	0. 180 43
基本心理需求	假设方差相等	1. 889	0. 170	1. 828	411	0. 068	0. 097 95	0. 053 59	−0. 007 40	0. 203 30
	假设方差不相等			1. 831	405. 684	0. 068	0. 097 95	0. 053 50	−0. 007 22	0. 203 13

表5-10（续）

		Levene 检验		均值方程的 *t* 检验						
		F	*Sig.*	*t*	*df*	*Sig.*（双侧）	均值差值	标准误差值	差分的 95% 置信区间	
									下限	上限
职业认同	假设方差相等	2. 991	0. 084	0. 659	411	0. 511	0. 032 81	0. 049 81	-0. 065 12	0. 130 73
	假设方差不相等			0. 660	398. 248	0. 509	0. 032 81	0. 049 69	-0. 064 88	0. 130 50
家庭需求	假设方差相等	1. 336	0. 248	-1. 213	411	0. 226	-0. 085 07	0. 070 14	-0. 222 95	0. 052 81
	假设方差不相等			-1. 213	410. 889	0. 226	-0. 085 07	0. 070 11	-0. 222 88	0. 052 74
职业成功	假设方差相等	2. 075	0. 150	0. 817	411	0. 414	0. 044 89	0. 054 92	-0. 063 07	0. 152 85
	假设方差不相等			0. 819	407. 783	0. 414	0. 044 89	0. 054 85	-0. 062 92	0. 152 71

从表 5-10 可以看出，性别在六个主要的研究变量之间的差异不显著，这表明无论性别是男还是女，他们在职场精神性、职业自我效能感、基本心理需求、职业认同、家庭需求及职业成功上的感知没有显著的差异。

2. 婚姻的方差分析

婚姻状况分为已婚和未婚，两种婚姻状况的抽样之间不会产生影响，因此，符合独立样本 T 检验的条件。经过检验，检验结果如表 5-11 所示。结果显示，无论已婚还是未婚的被试，在职场精神性等六个方面的感知没有显著差异。

表 5-11　　婚姻的独立样本 T 检验

		Levene 检验		均值方程的 *t* 检验						
		F	*Sig.*	*t*	*df*	*Sig.*（双侧）	均值差值	标准误差值	差分的 95% 置信区间	
									下限	上限
职场精神性	假设方差相等	0. 130	0. 718	-0. 678	411	0. 498	-0. 041 10	0. 060 64	-0. 160 31	0. 078 11
	假设方差不相等			-0. 667	257. 191	0. 506	-0. 041 10	0. 061 65	-0. 162 51	0. 080 31
职业自我效能感	假设方差相等	3. 456	0. 064	-0. 059	411	0. 953	-0. 003 32	0. 056 58	-0. 114 54	0. 107 89
	假设方差不相等			-0. 063	318. 729	0. 950	-0. 003 32	0. 053 02	-0. 107 63	0. 100 99
基本心理需求	假设方差相等	0. 411	0. 522	-0. 250	411	0. 803	-0. 014 31	0. 057 24	-0. 126 84	0. 098 21
	假设方差不相等			-0. 253	277. 445	0. 800	-0. 014 31	0. 056 53	-0. 125 59	0. 096 96
职业认同	假设方差相等	0. 375	0. 541	-0. 250	411	0. 803	-0. 014 31	0. 057 24	-0. 126 84	0. 098 21
	假设方差不相等			-0. 253	277. 445	0. 800	-0. 014 31	0. 056 53	-0. 125 59	0. 096 96
家庭需求	假设方差相等	0. 126	0. 723	0. 052	411	0. 959	0. 003 89	0. 074 75	-0. 143 05	0. 150 83
	假设方差不相等			0. 051	253. 836	0. 959	0. 003 89	0. 076 39	-0. 146 54	0. 154 32
职业成功	假设方差相等	0. 231	0. 631	-0. 452	411	0. 651	-0. 026 44	0. 058 46	-0. 141 36	0. 088 48
	假设方差不相等			-0. 456	274. 601	0. 649	-0. 026 44	0. 057 96	-0. 140 54	0. 087 66

3. 年龄的方差分析

本研究将年龄分为六个不同的年龄段，对其进行方差分析，需要采用单因素方差分析（ANOVA），分析结果如表5-12所示。结果显示，P值均大于0.05的水平，这表明不同年龄之间，在职场精神性等六个方面的感知没有显著差异。

表5-12　　　　年龄的单因素方程分析

		平方和	df	均方	F	显著性
职场精神性	组间	1.572	5	0.314	0.937	0.456
	组内	136.460	407	0.335		
	总数	138.031	412			
职业效能感	组间	0.517	5	0.103	0.353	0.881
	组内	119.485	407	0.294		
	总数	120.003	412			
基本心理需求	组间	2.336	5	0.467	1.578	0.165
	组内	120.519	407	0.296		
	总数	122.855	412			
职业认同	组间	0.969	5	0.194	0.755	0.583
	组内	104.431	407	0.257		
	总数	105.400	412			
家庭需求	组间	1.384	5	0.277	0.541	0.745
	组内	208.103	407	0.511		
	总数	209.487	412			
职业成功	组间	0.996	5	0.199	0.638	0.671
	组内	127.191	407	0.313		
	总数	128.187	412			

4. 学历

本研究将学历分为包括高中及以下、大专、本科、硕士研究生、博士研究生在内的五个不同的类型，对其进行方差分析，需要采用单因素方差分析（ANOVA），分析结果如表5-13所示。结果显示，P值均大于0.05的水平，这表明不同学历之间，在职场精神性等六个方面的感知没有显著差异。

表 5-13 **学历的单因素方程分析**

		平方和	*df*	均方	*F*	显著性
职场精神性	组间	2.080	4	0.520	1.561	0.184
	组内	135.951	408	0.333		
	总数	138.031	412			
职业效能感	组间	1.668	4	0.417	1.437	0.221
	组内	118.335	408	0.290		
	总数	120.003	412			
基本心理需求	组间	1.953	4	0.488	1.647	0.161
	组内	120.902	408	0.296		
	总数	122.855	412			
职业认同	组间	1.819	4	0.455	1.791	0.130
	组内	103.581	408	0.254		
	总数	105.400	412			
家庭需求	组间	0.166	4	0.042	0.081	0.988
	组内	209.321	408	0.513		
	总数	209.487	412			
职业成功	组间	0.701	4	0.175	0.561	0.691
	组内	127.487	408	0.312		
	总数	128.187	412			

5. 工作年限

本研究将工作年限分为五个不同的时间段，对工作年限进行方差分析，需要采用单因素方程分析，分析结果如表 5-14 所示。分析结果表明，不同工作年限在职场精神性等六个方面的感知没有显著差异。

表 5-14 **工作年限的单因素方程分析**

		平方和	*df*	均方	*F*	显著性
职场精神性	组间	0.985	4	0.246	0.733	0.570
	组内	137.047	408	0.336		
	总数	138.031	412			
职业效能感	组间	1.093	4	0.273	0.938	0.442
	组内	118.909	408	0.291		
	总数	120.003	412			

表5-14（续）

		平方和	*df*	均方	*F*	显著性
基本心理需求	组间	2. 188	4	0. 547	1. 849	0. 119
	组内	120. 667	408	0. 296		
	总数	122. 855	412			
职业认同	组间	0. 799	4	0. 200	0. 779	0. 539
	组内	104. 601	408	0. 256		
	总数	105. 400	412			
家庭需求	组间	0. 261	4	0. 065	0. 127	0. 972
	组内	209. 226	408	0. 513		
	总数	209. 487	412			
职业成功	组间	1. 151	4	0. 288	0. 924	0. 450
	组内	127. 036	408	0. 311		
	总数	128. 187	412			

6. 职位级别

本研究将职位级别分为一般员工、基层管理者、中层管理者和高层管理者四个不同的类型，对其进行方差分析，需要采用单因素方程分析。经过分析，结果如表 5-15 所示。结果显示，职位级别不同的员工在心理需求满足上有显著的差异（$sig=0.045$）。为了进一步区分不同职位级别的员工在基本心理需求的具体差异，我们又通过 LSD 法对两两类型之间的差异进行检验，分析结果如表 5-16 所示。结果显示，基本心理需求的情况为（按从高到低来排列）：高层管理者>中层管理者>基层管理者>一般员工。其中，高层管理者和一般员工的心理需求满足差异较为显著，其他员工之间的差异不显著。这种情况出现的原因可能在于，高层管理者具有较高的权力，能够通过权力获得资源、自由等，因而表现出较高的心理需求满足，而一般员工没有什么权力，无法获得较多的资源，因此，相对于其他层级的员工而言，其基本心理需求满足程度较低。

表 5-15　　　　职位级别的单因素方程分析

		平方和	*df*	均方	*F*	显著性
职场精神性	组间	1. 743	3	0. 581	1. 743	0. 157
	组内	136. 288	409	0. 333		
	总数	138. 031	412			

表5-15(续)

		平方和	*df*	均方	*F*	显著性
职业效能感	组间	1. 972	3	0. 657	2. 278	0. 079
	组内	118. 031	409	0. 289		
	总数	120. 003	412			
基本心理需求	组间	2. 393	3	0. 798	2. 708	0. 045
	组内	120. 462	409	0. 295		
	总数	122. 855	412			
职业认同	组间	1. 481	3	0. 494	1. 943	0. 122
	组内	103. 919	409	0. 254		
	总数	105. 400	412			
家庭需求	组间	0. 673	3	0. 224	0. 439	0. 725
	组内	208. 814	409	0. 511		
	总数	209. 487	412			
职业成功	组间	0. 166	3	0. 055	0. 177	0. 912
	组内	128. 021	409	0. 313		
	总数	128. 187	412			

表 5-16　　　　LSD 法多重比较

(I) 职位级别	(J) 职位级别	均值差 (I-J)	标准误	显著性	95% 置信区间	
					下限	上限
一般员工	基层管理者	-0. 043 77	0. 065 72	0. 506	-0. 173 0	0. 085 4
	中层管理者	-0. 140 25	0. 073 94	0. 059	-0. 285 6	0. 005 1
	高层管理者	-0. 225 82*	0. 091 03	0. 014	-0. 404 8	-0. 046 9
基层管理者	一般员工	0. 043 77	0. 065 72	0. 506	-0. 085 4	0. 173 0
	中层管理者	-0. 096 47	0. 081 26	0. 236	-0. 256 2	0. 063 3
	高层管理者	-0. 182 04	0. 097 06	0. 061	-0. 372 8	0. 008 8
中层管理者	一般员工	0. 140 25	0. 073 94	0. 059	-0. 005 1	0. 285 6
	基层管理者	0. 096 47	0. 081 26	0. 236	-0. 063 3	0. 256 2
	高层管理者	-0. 085 57	0. 102 81	0. 406	-0. 287 7	0. 116 5
高层管理者	一般员工	0. 225 82*	0. 091 03	0. 014	0. 046 9	0. 404 8
	基层管理者	0. 182 04	0. 097 06	0. 061	-0. 008 8	0. 372 8
	中层管理者	0. 085 57	0. 102 81	0. 406	-0. 116 5	0. 287 7

注：* 表示均值差的显著性水平为 0. 05。

7. 单位性质

本研究将单位性质分为五个不同的类型，对不同单位性质进行方差分析，需要采用单因素方程分析。经过分析，结果如表 5-17 所示。结果显示，来自不同单位性质的员工在职业认同和职业成功两个方面具有显著的差异。为了进一步区分不同单位性质的员工在职业认同和职业成功上的具体差异，我们又通过 LSD 法对每两个类型之间的差异进行检验，分析结果如表 5-18 所示。

表 5-17　　单位性质的单因素方程分析

		平方和	*df*	均方	*F*	显著性
职场精神性	组间	2.364	4	0.591	1.777	0.133
	组内	135.668	408	0.333		
	总数	138.031	412			
职业效能感	组间	2.744	4	0.686	2.387	0.051
	组内	117.258	408	0.287		
	总数	120.003	412			
基本心理需求	组间	2.628	4	0.657	2.230	0.065
	组内	120.227	408	0.295		
	总数	122.855	412			
职业认同	组间	2.701	4	0.675	2.682	0.031
	组内	102.699	408	0.252		
	总数	105.400	412			
家庭需求	组间	0.497	4	0.124	0.243	0.914
	组内	208.990	408	0.512		
	总数	209.487	412			
职业成功	组间	3.451	4	0.863	2.822	0.025
	组内	124.736	408	0.306		
	总数	128.187	412			

表 5-18　　　　LSD 法多重比较

因变量	(I) 单位性质	(J) 单位性质	均值差 (I-J)	标准误	显著性	95% 置信区间 下限	上限
职业认同	政府/事业单位	国有企业	-0.002 25	0.060 15	0.970	-0.120 5	0.116 0
		民营/私营企业	-0.170 30*	0.075 70	0.025	-0.319 1	-0.021 5
		外资企业	-0.172 57	0.092 64	0.063	-0.354 7	0.009 5
		其他	-0.205 31	0.105 22	0.052	-0.412 2	0.001 5
	国有企业	政府/事业单位	0.002 25	0.060 15	0.970	-0.116 0	0.120 5
		民营/私营企业	-0.168 05*	0.081 04	0.039	-0.327 4	-0.008 7
		外资企业	-0.170 32	0.097 05	0.080	-0.361 1	0.020 5
		其他	-0.203 06	0.109 13	0.063	-0.417 6	0.011 5
	民营/私营企业	政府/事业单位	0.170 30*	0.075 70	0.025	0.021 5	0.319 1
		国有企业	0.168 05*	0.081 04	0.039	0.008 7	0.327 4
		外资企业	-0.002 27	0.107 39	0.983	-0.213 4	0.208 8
		其他	-0.035 01	0.118 41	0.768	-0.267 8	0.197 8
	外资企业	政府/事业单位	0.172 57	0.092 64	0.063	-0.009 5	0.354 7
		国有企业	0.170 32	0.097 05	0.080	-0.020 5	0.361 1
		民营/私营企业	0.002 27	0.107 39	0.983	-0.208 8	0.213 4
		其他	-0.032 75	0.129 90	0.801	-0.288 1	0.222 6
	其他	政府/事业单位	0.205 31	0.105 22	0.052	-0.001 5	0.412 2
		国有企业	0.203 06	0.109 13	0.063	-0.011 5	0.417 6
		民营/私营企业	0.035 01	0.118 41	0.768	-0.197 8	0.267 8
		外资企业	0.032 75	0.129 90	0.801	-0.222 6	0.288 1
职业成功	政府/事业单位	国有企业	-0.003 28	0.066 29	0.961	-0.133 6	0.127 0
		民营/私营企业	-0.193 52*	0.083 43	0.021	-0.357 5	-0.029 5
		外资企业	0.026 61	0.102 10	0.795	-0.174 1	0.227 3
		其他	-0.279 51*	0.115 96	0.016	-0.507 5	-0.051 5
	国有企业	政府/事业单位	0.003 28	0.066 29	0.961	-0.127 0	0.133 6
		民营/私营企业	-0.190 25*	0.089 31	0.034	-0.365 8	-0.014 7
		外资企业	0.029 89	0.106 96	0.780	-0.180 4	0.240 1
		其他	-0.276 23*	0.120 27	0.022	-0.512 7	-0.039 8
	民营/私营企业	政府/事业单位	0.193 52*	0.083 43	0.021	0.029 5	0.357 5
		国有企业	0.190 25*	0.089 31	0.034	0.014 7	0.365 8
		外资企业	0.220 13	0.118 35	0.064	-0.012 5	0.452 8
		其他	-0.085 99	0.130 50	0.510	-0.342 5	0.170 5

表5-18(续)

因变量	(I) 单位性质	(J) 单位性质	均值差 (I-J)	标准误	显著性	95% 置信区间	
						下限	上限
职业成功	外资企业	政府/事业单位	-0.026 61	0.102 10	0.795	-0.227 3	0.174 1
		国有企业	-0.029 89	0.106 96	0.780	-0.240 1	0.180 4
		民营/私营企业	-0.220 13	0.118 35	0.064	-0.452 8	0.012 5
		其他	-0.306 12*	0.143 16	0.033	-0.587 5	-0.024 7
	其他	政府/事业单位	0.279 51*	0.115 96	0.016	0.051 5	0.507 5
		国有企业	0.276 23*	0.120 27	0.022	0.039 8	0.512 7
		民营/私营企业	0.085 99	0.130 50	0.510	-0.170 5	0.342 5
		外资企业	0.306 12*	0.143 16	0.033	0.024 7	0.587 5

注：* 表示均值差的显著性水平为 0.05。

从表 5-18 的检验结果显示，职业认同的情况（按从高到低来排列）为其他>外企企业>民营/私营企业>国有企业>政府/事业单位。其中，民营/私营企业与国有企业和政府/事业单位的差异性较为显著，其他类型的单位的员工在职业认同上的差异并不显著。这可能是由于民营/私营企业更具活力，员工没有受到体制的束缚，更能发挥自身的价值，能够从职业中获得较好的成长和发展。相对而言，民营或私营企业的员工更加认同自身的职业。另外，职业成功的情况（按从高到低来排列）为其他>民营/私营企业>国有企业>政府/事业单位>外企企业。其中，其他单位性质的员工与国有企业、政府/事业单位、外企企业的员工在职业成功方面表现出显著的差异，民营/私营企业与国有企业、政府/事业单位在职业成功方面也具有较为明显的差异。其他单位类型的员工感知到的职业成功度最高，这可能是由于这一单位类型的员工不是传统单位性质的员工，他们的成长和发展受到较少的体制束缚，择业较为灵活，可以选择自己擅长和感兴趣的职业，因此，对职业的满意度较高，并且自己擅长做的工作可以做得更好，收入也颇丰。

5.3.5 相关性分析

我们对本研究所涉及的六个主要变量进行相关性检验，采用 SPSS 进行分析，结果如表 5-19 所示。从表 5-19 可以看出，虽然个别变量之间的相关系数大于 0.7，但整体来看，变量之间的相关系数均低于 0.75 这个存在多重共线性的警戒值（Tsui，等，1995）。

表 5-19　　　　　　　　**变量间的相关性统计分析**

	1	2	3	4	5	6
1. 职场精神性	(0.919)				*	
2. 职业自我效能感	0.523**	(0.832)				
3. 职业认同	0.717**	0.679**	(0.662)		*	
4. 基本心理需求	0.663**	0.596**	0.731**	(0.89)	*	
5. 职业成功	0.733**	0.590**	0.661**	0.746**	(0.78)	
6. 家庭需求	0.006	-0.006	-0.02	-0.077**	0.04	(0.623)

注：** 表示在 0.01 水平（双侧）上显著相关，括号内为 Cronbach's α系数。

5.3.6　假设检验

1. 职场精神性对职业成功影响的假设检验

本书首先对假设 H1：职场精神性对职业成功的影响进行检验。我们采用 SPSS 软件，通过多元层次回归分析对变量之间的因果关系进行检验，结果如表 5-20 所示。具体来说，检验的步骤分为两步：第一步，以职业成功为因变量，将性别等 7 个人口统计变量放入回归方程的第一层，回归得到表 5-20 中的模型 1，结果显示单位性质对职业成功具有显著的影响；第二步，将自变量职场精神性放入回归方程的第二层，回归得到表 5-20 中的模型 2。结果表明，职场精神性对职业成功具有显著的正向影响（$\beta=0.738$，$P<0.001$），因此，假设 H1 得到验证。

表 5-20　　　　　　　**职场精神性对职业成功的回归结果**

变量	因变量：职业成功	
	模型 1	模型 2
性别	-0.028	0.020
年龄	-0.019	0.014
学历	0.017	-0.046
婚姻	0.009	-0.104
工作年限	0.062	0.052
职位级别	-0.024	-0.075
单位性质	0.103*	0.047
职场精神性		0.738***

表5-20(续)

变量	因变量：职业成功	
	模型 1	模型 2
R^2	0.015	0.545
$\triangle R^2$	0.015	0.530
$\triangle F$	0.878	469.902***

注：* 表示 $P<0.05$，** 表示 $P<0.01$，*** 表示 $P<0.001$。

2. 职场精神性对基本心理需求影响的假设检验

本书对假设 H2：职场精神性对基本心理需求的影响进行检验，采用 SPSS 软件，通过层次回归分析，结果如表 5-21 所示。具体来说，检验的步骤分为两步：第一步，以基本心理需求为因变量，将性别等 7 个人口统计变量放入回归方程的第一层，回归得到表 5-21 中的模型 1，结果显示单位性质对职业自我效能感的影响显著；第二步，将自变量职场精神性放入回归方程的第二层，回归得到表 5-21 中的模型 2。结果表明，职场精神性对基本心理需求具有显著的正向影响（$\beta=0.651$，$P<0.001$），因此，假设 H2 得到验证。

表 5-21　　职场精神性对基本心理需求的回归结果

变量	因变量：基本心理需求	
	模型 1	模型 2
性别	-0.076	-0.034
年龄	0.004	0.033
学历	0.008	-0.047
婚姻	-0.010	-0.030
工作年限	0.033	0.024
职位级别	0.098	0.053
单位性质	0.114*	0.065
职场精神性		0.651***
R^2	0.040	0.452
$\triangle R^2$	0.040	0.412
$\triangle F$	2.442*	303.943***

注：* 表示 $P<0.05$，** 表示 $P<0.01$，*** 表示 $P<0.001$。

3. 基本心理需求对职业成功影响的假设检验

接着，本书对假设 H3：基本心理需求对职业成功的影响进行检验，通过多元线性层次回归分析，分析结果如表 5-22 所示。具体而言，检验的步骤分为两步：第一步，以职业成功为因变量，将性别等 7 个人口统计变量放入回归方程的第一层，回归得到表 5-22 中的模型 1，结果显示单位性质对职业成功具有显著的正向影响；第二步，将自变量基本心理需求放入回归方程的第二层，回归得到表 5-22 中的模型 2。结果表明，基本心理需求对职业成功具有显著的正向影响（$\beta=0.757$，$P<0.001$），因此，假设 H3 得到验证。

表 5-22　　　　　　基本心理需求对职业成功的回归结果

变量	因变量：职业成功	
	模型 1	模型 2
性别	-0.028	0.029
年龄	-0.019	-0.022
学历	0.017	0.010
婚姻	0.009	0.017
工作年限	0.062	0.037
职位级别	-0.024	-0.098
单位性质	0.103*	0.017
基本心理需求		0.757***
R^2	0.015	0.564
$\triangle R^2$	0.015	0.549
$\triangle F$	0.878	509.353***

注：* 表示 $P<0.05$，** 表示 $P<0.01$，*** 表示 $P<0.001$。

4. 基本心理需求在职场精神性和职业成功间的中介作用检验

我们对假设 H4：基本心理需求在职场精神性和职业成功之间的中介作用进行检验，同样采用温忠麟等（2004）推荐的程序分四步进行检验。具体而言，第一步，检验职场精神性（自变量）对职业成功（因变量）的整体效应（c），这一步已被假设 H1 所证实；第二步，检验职场精神性（自变量）对基本心理需求（中介变量）的影响（a），这一步已被假设 H4 所证实；第三步，检验基本心理需求（中介变量）对职业成功（因变量）的影响（b），这一步已被假设 H9 所证实；第四步，检验职场精神性（自变量）对职业成功（因变量）的直接效应（c'）。针对第四步的检验，我们同样通过构建回归方程进行分析，结果如表 5-23 所示。具体来说，以职业成功为因变量，首先将性别等 7 个人口统计变量放入回归方程第一层，形成表 5-23 中的模型 1；其次，将自变量职场精神性放入回归方程第二层，形成表 5-23 中的模型 2；最后，将中介变量基本心理需求放入回归方程第三层，形成表 5-23 中的模型 3。结果显示，职场精神性对职业成功的直接影响显著（β=0.430，P<0.001），即 c' 显著，这表明基本心理需求在职场精神性和职业成功之间起部分中介作用。因此，假设 H4 得到验证。

表 5-23　　　　　　基本心理需求的中介作用检验结果

变量	因变量：职业成功		
	模模型 1	模型 2	模型 3
性别	-0.028	0.020	0.036
年龄	-0.019	0.014	-0.002
学历	0.017	-0.046	-0.024
婚姻	0.009	-0.014	0.001
工作年限	0.062	0.052	0.041
职位级别	-0.024	-0.075	-0.100
单位性质	0.103*	0.047	0.017
职场精神性		0.738***	0.430***
基本心理需求			0.473***
R^2	0.015	0.545	0.667
$\triangle R^2$	0.015	0.530	0.122
$\triangle F$	0.878	469.902***	148.158***

注：* 表示 P<0.05，** 表示 P<0.01，*** 表示 P<0.001。

5. 职场精神性对职业自我效能感影响的假设检验

本书对假设 H5：职场精神性对职业自我效能感的影响进行检验，采用 SPSS 软件，通过层次回归分析，结果如表 5-24 所示。具体来说，检验的步骤分为两步：第一步，以职业自我效能感为因变量，将性别等 7 个人口统计变量放入回归方程的第一层，回归得到表 5-24 中的模型 1，结果显示 7 个人口统计变量对职业自我效能感的影响不显著；第二步，将自变量职场精神性放入回归方程的第二层，回归得到表 5-24 中的模型 2。结果表明，职场精神性对职业自我效能感具有显著的正向影响（β=0.513，P<0.001），因此，假设 H5 得到验证。

表 5-24　　职场精神性对职业自我效能感的回归结果

变量	因变量：职业自我效能感	
	模型 1	模型 2
性别	-0.079	-0.046
年龄	-0.168	-0.145
学历	0.095	0.052
婚姻	-0.011	-0.027
工作年限	0.135	0.128
职位级别	0.097	0.061
单位性质	0.007	-0.032
职场精神性		0.513***
R^2	0.031	0.287
$\triangle R^2$	0.031	0.256
$\triangle F$	1.822	145.020***

注：* 表示 $P<0.05$，** 表示 $P<0.01$，*** 表示 $P<0.001$。

6. 职业自我效能感对职业成功影响的假设检验

接着，本书对假设 H6：职业自我效能感对职业成功的影响进行检验，通过多元线性层次回归分析，分析结果如表 5-25 所示。具体而言，检验的步骤分为两步：第一步，以职业成功为因变量，将性别等 7 个人口统计变量放入回归方程的第一层，回归得到表 5-25 中的模型 1，结果显示单位性质对职业成功具有显著的正向影响；然后，第二步，将自变量职业自我效能感放入回归方程的第二层，回归得到表 5-25 中的模型 2。结果表明，职业自我效能感对职业成功具有显著的正向影响（$\beta=0.599$，$P<0.001$），因此，假设 H6 得到验证。

表 5-25　　职业自我效能感对职业成功的回归结果

变量	因变量：职业成功	
	模型 1	模型 2
性别	-0.028	0.019
年龄	-0.019	0.081
学历	0.017	-0.040
婚姻	0.009	0.016
工作年限	0.062	-0.019

表5-25(续)

变量	因变量：职业成功	
	模型 1	模型 2
职位级别	-0.024	-0.082
单位性质	0.103*	0.099
职业自我效能感		0.599***
R^2	0.015	0.362
$\triangle R^2$	0.015	0.347
$\triangle F$	0.878	220.015***

注：* 表示 $P<0.05$，** 表示 $P<0.01$，*** 表示 $P<0.001$。

7. 职业自我效能感在职场精神性和职业成功间的中介作用检验

中介效应的方法有多种，常用的方法是 Baron & Kenny（1986）提出的逐步检验法，具体分为三步：首先，中介变量（M）对自变量（X）的回归分析，回归系数应显著；其次，因变量（Y）对自变量（X）回归，回归系数也应显著；最后，因变量（Y）同时对自变量（X）和中介变量（M）的回归，中介变量的回归系数应显著，自变量的回归系数减小。由于逐步检验法的检验效力在各种方法中是最低的，因此近年来这一检验法也受到了许多的批评和质疑（温忠麟，叶宝娟，2014）。

温忠麟等提出了一个检验中介效应的程序，并认为这种程序犯第一类和第二类错误率之和通常比单一检验方法要小（温忠麟，侯杰泰，张雷，2004）。中介效应的具体的检验程序为：首先，检验系数 c，看 c 是否显著，如果不显著，说明 X 和 Y 相关性不显著，应停止中介效应分析，如果 c 显著，进入下一步。接着，依次检验系数 a、b，如果 a、b 都显著，则检验系数 c'，如果 c' 显著则表明中介效应为部分中介，如果 c' 不显著则表明中介效应为完全中介；如果 a、b 至少有一个不显著，则采用 sobel 检验，如果计算的 sobel 检验统计量显著，则表明中介效应显著，否则中介效应不显著。其中，c 是指自变量 X 对因变量 Y 的总体回归系数，b 是指自变量 X 对中介变量 M 的回归系数，c 是指中介变量 M 对因变量 Y 的回归系数，c' 是指自变量 X 对因变量 Y 的直接回归系数。

本研究采用温忠麟等（2004）推荐的检验中介效应的程序，对假设 H7：职业自我效能感在职场精神性和职业成功之间的中介作用进行检验。具体分为四步：第一步，检验职场精神性（自变量）对职业成功（因变量）的整体效应（c），这一步已被假设 H1 所证实；第二步，检验职场精神性（自变量）对职业自我效能感（中介变量）的影响（a），这一步已被假设 H5 所证实；第三步，检验职业自我效能感（中介变量）对职业成功（因变量）的影响（b），这一步已被假设 H6 所证实；第四步，检验职场精神性（自变量）对职业成功（因变量）的直接效应（c'）。针对第四步的检验，我们通过构建回归方程进行分析，结果如表 5-23 所示。具体来说，首先以职业成功为因变量，将性别等 7 个人口统计变量放入回归方程第一层，形成表 5-26 中的模型 1；其次，将自变量职场精神性放入回归方程第二层，形成表 5-26 中的模型 2；最后，将中介变量职业自我效能感放入回归方程第三层，形成表 5-26 中的模型 3。结果显示，职场精神性对职业成功的直接影响显著（$\beta=0.586$，$P<0.001$），即 c' 显著，这表明职业自我效能感在职场精神性和职业成功之间起部分中介作用。因此，假设 H7 得到验证。

表 5-26　　职业自我效能感的中介作用检验结果

变量	因变量：职业成功		
	模模型 1	模型 2	模型 3
性别	-0.028	0.020	0.003
年龄	-0.019	0.014	0.057
学历	0.017	-0.046	-0.061
婚姻	0.009	-0.104	-0.006
工作年限	0.062	0.052	0.014
职位级别	-0.024	-0.075	-0.093*
单位性质	0.103*	0.047	0.057
职场精神性		0.738***	0.586***
职业自我效能感			0.297***
R^2	0.015	0.545	0.608***
$\triangle R^2$	0.015	0.530	0.063
$\triangle F$	0.878	469.902***	64.687***

注：* 表示 $P<0.05$，** 表示 $P<0.01$，*** 表示 $P<0.001$。

8. 职场精神性对职业认同影响的假设检验

本书对假设 H8：职场精神性对职业认同的影响进行检验，采用 SPSS 软件，通过层次回归分析，结果如表 5-27 所示。具体来说，检验的步骤分为两步：第一步，以职业认同为因变量，将性别等 7 个人口统计变量放入回归方程的第一层，回归得到表 5-27 中的模型 1，结果显示单位性质对职业认同的影响显著；接着，第二步，将自变量职场精神性放入回归方程的第二层，回归得到表 5-27 中的模型 2。结果表明，职场精神性对职业认同具有显著的正向影响（$\beta=0.709$，$P<0.001$），因此，假设 H8 得到验证。

表 5-27　　职场精神性对职业认同的回归结果

变量	因变量：职业认同	
	模型 1	模型 2
性别	-0.030	0.016
年龄	-0.126	-0.095
学历	0.066	0.006
婚姻	-0.031	-0.053
工作年限	0.074	0.064
职位级别	0.101	0.051
单位性质	0.121*	0.067
职场精神性		0.709***
R^2	0.037	0.526
$\triangle R^2$	0.037	0.489
$\triangle F$	2.233*	417.002***

注：* 表示 $P<0.05$，** 表示 $P<0.01$，*** 表示 $P<0.001$。

9. 职业认同对职业成功影响的假设检验

接着，本书对假设 H9：职业认同对职业成功的影响进行检验，通过多元线性层次回归分析，分析结果如表 5-28 所示。具体而言，检验的步骤分为两步：第一步，以职业成功为因变量，将性别等 7 个人口统计变量放入回归方程的第一层，回归得到表 5-28 中的模型 1，结果显示单位性质对职业成功具有显著的正向影响；然后，第二步，将自变量职业认同放入回归方程的第二层，回归得到表 5-28 中的模型 2。结果表明，职业认同对职业成功具有显著的正向影响（$\beta=0.669$，$P<0.001$），因此，假设 H9 得到验证。

表 5-28　　职业认同对职业成功的回归结果

变量	因变量：职业成功	
	模型 1	模型 2
性别	-0.028	-0.008
年龄	-0.019	0.065
学历	0.017	-0.027
婚姻	0.009	0.030

表5-28(续)

变量	因变量：职业成功	
	模型 1	模型 2
工作年限	0.062	0.012
职位级别	-0.024	-0.091
单位性质	0.103*	0.023
职业认同		0.669***
R^2	0.015	0.445
$\triangle R^2$	0.015	0.430
$\triangle F$	0.878	313.430***

注：* 表示 $P<0.05$，** 表示 $P<0.01$，*** 表示 $P<0.001$。

10. 职业认同在职场精神性和职业成功间的中介作用检验

我们对假设 H10：职业认同在职场精神性和职业成功之间的中介作用进行检验，同样采用温忠麟等（2004）推荐的程序分四步进行检验。具体来说，第一步，检验职场精神性（自变量）对职业成功（因变量）的整体效应（c），这一步已被假设 H1 所证实；第二步，检验职场精神性（自变量）对职业认同（中介变量）的影响（a），这一步已被假设 H8 所证实；第三步，检验职业认同（中介变量）对职业成功（因变量）的影响（b），这一步已被假设 H9 所证实；第四步，检验职场精神性（自变量）对职业成功（因变量）的直接效应（c'）。针对第四步的检验，我们同样通过构建回归方程进行分析，结果如表 5-29 所示。具体来说，首先，以职业成功为因变量，将性别等 7 个人口统计变量放入回归方程第一层，形成表 5-29 中的模型 1；其次，将自变量职场精神性放入回归方程第二层，形成表 5-29 中的模型 2；最后，将中介变量职业认同放入回归方程第三层，形成表 5-29 中的模型 3。结果显示，职场精神性对职业成功的直接影响显著（$\beta=0.536$，$P<0.001$），即 c' 显著，这表明职业认同在职场精神性和职业成功之间起到部分中介作用。因此，假设 H10 得到验证。

表 5-29　　　　职业认同的中介作用检验结果

变量	因变量：职业成功		
	模模型 1	模型 2	模型 3
性别	-0.028	0.020	0.015
年龄	-0.019	0.014	0.041

表5-29(续)

变量	因变量：职业成功		
	模模型 1	模型 2	模型 3
学历	0. 017	--. 046	-0. 047
婚姻	0. 009	-0. 014	0. 001
工作年限	0. 062	0. 052	0. 033
职位级别	-0. 024	-0. 075	-0. 090
单位性质	0. 103 *	0. 047	0. 028
职场精神性		0. 738 ***	0. 536 ***
职业认同			0. 284 ***
R^2	0. 015	0. 545	0. 574
$\triangle R^2$	0. 015	0. 530	0. 029
$\triangle F$	0. 878	469. 902 ***	37. 034 ***

注：* 表示 $P<0.05$，** 表示 $P<0.01$，*** 表示 $P<0.001$。

11. 家庭需求在职场精神性和基本心理需求之间的调节作用检验

对假设 H11：家庭需求在职场精神性和基本心理需求之间的调节作用进行检验，我们同样采用乘积法，由于调节变量家庭需求是连续变量，本书直接将自变量和调节变量分别标准化后相乘，形成两个变量的交互项。通过层次回归分析，对家庭需求在职场精神性和基本心理需求之间的调节作用进行检验，具体来说，以基本心理需求为因变量，第一步，将控制变量放入回归方程的第一层，形成表 5-30 中的模型 1；第二步，将自变量和调节变量放入回归方程的第二层，形成表 5-30 中的模型 2；第三步，将自变量和调节变量分别标准化后的乘积项放入回归方程的第三层，形成表 5-30 中的模型 3。结果显示，职场精神性和家庭需求的交互项系数显著，且为负数，这表明家庭需求在职场精神性和基本心理需求之间起负向调节作用。为了进一步明晰家庭需求在职场精神性和基本心理需求之间的调节作用，本书绘出了家庭需求的调节效应图，见图 5-7 所示。由图 5-7 可以看出，低家庭需求的斜率比高家庭需求的斜率更陡，这说明家庭需求在职场精神性和基本心理需求之间起负向调节作用。因此，假设 H11 得到验证。

表 5-30　家庭需求在职场精神性和基本心理需求之间的调节作用检验

变量	因变量：基本心理需求		
	模模型 1	模型 2	模型 3
性别	-0.076	-0.029	-0.032
年龄	0.004	0.029	0.022
学历	0.008	-0.047	-0.051
婚姻	-0.010	-0.031	-0.028
工作年限	0.033	0.030	0.031
职位级别	0.098	0.051	0.059
单位性质	0.114*	0.065	0.059
职场精神性		0.652***	0.646***
家庭需求		-0.078*	-0.068
职场精神性 * 家庭需求			-0.088*
R^2	0.040	0.459	0.466
$\triangle R^2$	0.040	0.418	0.007
$\triangle F$	2.442*	155.569***	5.631*

注：* 表示 $P<0.05$，** 表示 $P<0.01$，*** 表示 $P<0.001$。

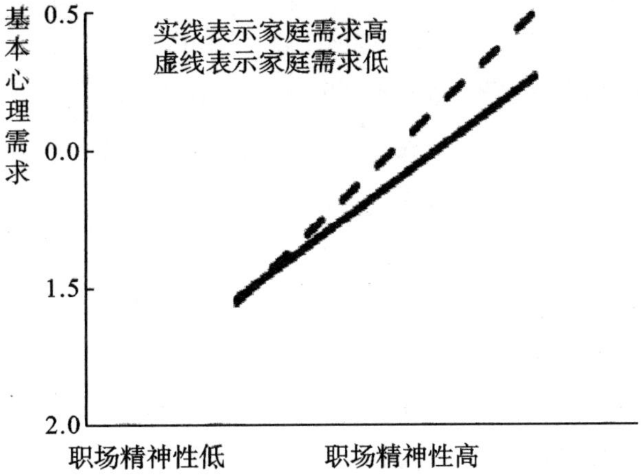

图 5-7　家庭需求在职场精神性和基本心理需求之间的调节效应图

12. 家庭需求在职场精神性和职业自我效能感之间的调节作用检验

对假设 H12：家庭需求在职场精神性和职业自我效能感之间的调节作用进行检验，我们采用较为常用的乘积法，由于调节变量家庭需求是连续变量，因此，不需要对其进行转换，直接将自变量和调节变量分别标准化后相乘，形成两个变量的交互项。通过层次回归分析，对家庭需求在职场精神性和职业自我效能感之间的调节作用进行检验，具体来说，以职业自我效能感为因变量，第一步，将控制变量放入回归方程的第一层，形成表 5-31 中的模型 1；第二步，将自变量和调节变量放入回归方程的第二层，形成表 5-31 中的模型 2；第三步，将自变量和调节变量分别标准化后的乘积项放入回归方程的第三层，形成表 5-31 中的模型 3。结果显示，职场精神性和家庭需求的交互项系数显著，且为负数，这表明家庭需求在职场精神性和职业自我效能感之间起负向调节作用。为了进一步明晰家庭需求在职场精神性和职业自我效能感之间的调节作用，本书绘出了家庭需求的调节效应图，见图 5-8 所示。由图 5-8 可以看出，低家庭需求的斜率比高家庭需求的斜率更陡，这说明家庭需求在职场精神性和职业自我效能感之间起负向调节作用。综上，假设 H12 得到验证。

表 5-31　家庭需求在职场精神性和职业自我效能感之间的调节作用检验

变量	因变量：职业自我效能感		
	模模型 1	模型 2	模型 3
性别	-0.079	-0.046	-0.049
年龄	-0.168	-0.145	-0.152
学历	0.095	0.052	0.048
婚姻	-0.011	-0.027	-0.024
工作年限	0.135	0.128	0.129
职位级别	0.097	0.061	0.070
单位性质	0.007	-0.032	-0.038
职场精神性		0.513***	0.507***
家庭需求		-0.007	0.004
职场精神性 * 家庭需求			-0.088*
R^2	0.031	0.287	0.294
$\triangle R^2$	0.031	0.256	0.007
$\triangle F$	1.822	72.351***	4.283*

注：* 表示 $P<0.05$，** 表示 $P<0.01$，*** 表示 $P<0.001$。

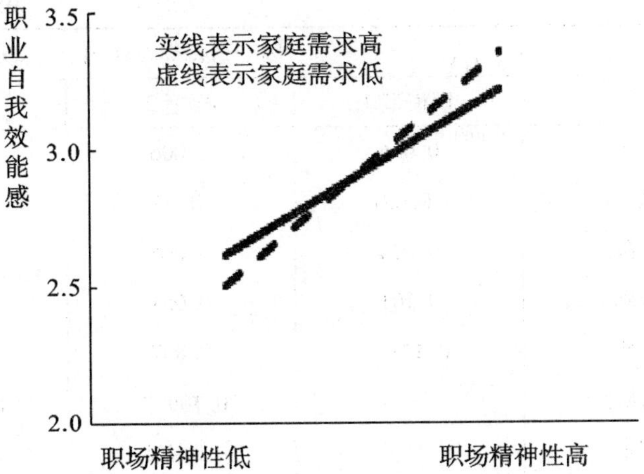

图 5-8　家庭需求在职场精神性和职业自我效能感之间的调节效应图

13. 家庭需求在职场精神性和职业认同之间的调节作用检验

对假设 H13：家庭需求在职场精神性和职业认同之间的调节作用进行检验，我们同样采用乘积法，由于调节变量家庭需求是连续变量，本书直接将自变量和调节变量分别标准化后相乘，形成两个变量的交互项。通过层次回归分析，对家庭需求在职场精神性和职业认同之间的调节作用进行检验，具体来说，以职业认同为因变量，第一步，将控制变量放入回归方程的第一层，形成表 5-32 中的模型 1；第二步，将自变量和调节变量放入回归方程的第二层，形成表 5-32 中的模型 2；第三步，将自变量和调节变量分别标准化后的乘积项放入回归方程的第三层，形成表 5-32 中的模型 3。结果显示，职场精神性和家庭需求的交互项系数显著，且为负数，这表明家庭需求在职场精神性和职业认同之间起负向调节作用。为了进一步明晰家庭需求在职场精神性和职业认同之间的调节作用，本书绘出了家庭需求的调节效应图，见图 5-9 所示。由图 5-9 可以看出，低家庭需求的斜率比高家庭需求的斜率更陡，这说明家庭需求在职场精神性和职业认同之间起负向调节作用。因此，假设 H13 得到验证。

表 5-32　家庭需求在职场精神性和职业认同之间的调节作用检验

变量	因变量：职业认同		
	模模型 1	模型 2	模型 3
性别	-0.030	0.017	0.014
年龄	-0.126	-0.096	-0.103

表5-32(续)

变量	因变量：职业认同		
	模模型 1	模型 2	模型 3
学历	0.066	0.006	0.002
婚姻	-0.031	-0.053	-0.050
工作年限	0.074	0.066	0.067
职位级别	0.101	0.051	0.059
单位性质	0.121*	0.067	0.062
职场精神性		0.709***	0.704***
家庭需求		-0.026	-0.015
职场精神性 * 家庭需求			-0.088*
R^2	0.037	0.527	0.534
$\triangle R^2$	0.037	0.490	0.007
$\triangle F$	2.233*	208.558***	6.407*

注：* 表示 $P<0.05$，** 表示 $P<0.01$，*** 表示 $P<0.001$。

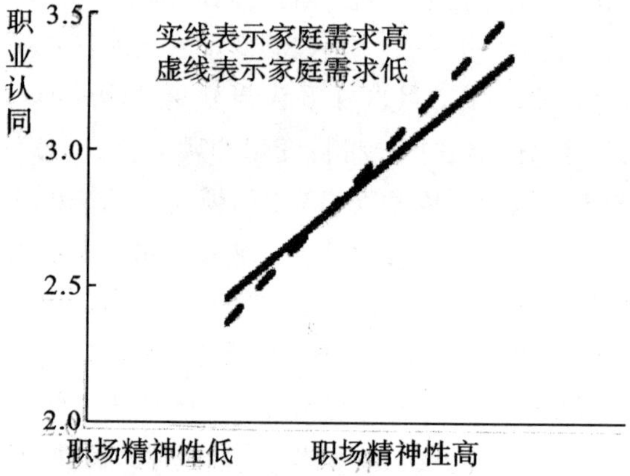

图 5-9　家庭需求在职场精神性和职业认同之间的调节效应图

5.4 本章小结

本章内容重点是对大样本调研数据进行处理和分析，具体体现在以下几个方面：一是介绍了大样本的样本来源、抽样程序及样本分布情况等。二是对大样本数据的内在质量进行评估和检验，重点针对数据的正态性、共同方法偏差及量表的信度和效度进行评估和检验，以及对人口统计变量进行方差分析。三是在保证数据质量基础上对第三章理论模型和研究假设进行验证，包括采用Pearson相关分析法分析变量之间的相关关系、利用多元层次回归的方法检验理论模型中的直接效应、中介效应和调节效应。

6 研究结论与讨论

本章将对实证研究的结论进行进一步讨论和解释，在此基础上探究理论模型和假设带给管理实践的启示，总结本研究的主要局限和不足，并对后续研究的方向及有关亟待解决的问题进行展望。

6.1 假设检验结果汇总

本研究假设的结果汇总如表 6-1 所示，在 13 个待验证的研究假设中，所有假设全部得到有效验证，均支持相关研究假设。

表 6-1　　假设检验结果汇总表

假设	假设内容	验证结果
H1	职场精神性对职业成功有显著正向影响	支持
H2	职场精神性对基本心理需求有显著正向影响	支持
H3	基本心理需求对职业成功有显著正向影响	支持
H4	基本心理需求在职场精神性与职业成功关系之间起中介作用	支持
H5	职场精神性对职业自我效能感有显著正向影响	支持
H6	职业自我效能感对职业成功有显著正向影响	支持
H7	职业自我效能感在职场精神性与职业成功关系之间起中介作用	支持
H8	职场精神性对职业认同有显著正向影响	支持
H9	职业认同对职业成功有显著正向影响	支持
H10	职业认同在职场精神性与职业成功关系之间起中介作用	支持

表6-1（续）

假设	假设内容	验证结果
H11	家庭需求在职场精神性对基本心理需求关系中起负向调节作用。家庭需求感越强，职场精神性对基本心理需求正相关关系越弱	支持
H12	家庭需求在职场精神性对职业自我效能感关系中起负向调节作用。家庭需求感越强，职场精神性对职业自我效能感正相关关系越弱	支持
H13	家庭需求在职场精神性对职业认同关系中起负向调节作用。家庭需求感越强，职场精神性对职业认同的正相关关系越弱	支持

6.2 研究结论

本书在对相关文献进行回顾和总结的基础上，以自我决定理论、社会认知理论和社会认同理论为理论基础，以组织内员工为研究对象，构建了以职场精神性为自变量，职业成功为结果变量，以基本心理需求、职业自我效能感、职业认同为三大中介变量，以家庭需求为调节变量的理论模型，从而揭示了职场精神性对员工职业发展的内在影响机制。通过对理论模型提出假设，并以实证数据进行相关检验，最后得出了以下主要结论：

6.2.1 职场精神性能显著地影响职业成功

本研究通过对大样本数据的实证分析，结果显示，职场精神性对员工的职业成功总体具有显著的正向影响（$\beta=0.738$，$P<0.001$），这一结果表明职场精神性是职业成功的重要前因变量。当个体在职场中感知到高精神性时，个体会表现出对职业及工作的积极态度和情感，并更加投入其中，获得更大的职业成功。该结论也印证了国外学者的一些研究结论（Ashar & Lane-Maher, 2004; Altaf & Awan, 2011; Chawla & Guda, 2010; Usman, 2010），即职场精神性在很大程度上能够积极影响个体工作态度及行为等。

本研究也证实了职场精神性各分维度（工作的意义和目的感、团队归属感、与组织价值观的一致性）均对个体的职业成功具有正向影响，路径系数分别为0.340、0.279及0.240。对于这一结论也可以从以下方面解释：首先，职场精神性强调有意义的工作，个体渴望在职场中追求一个完整和有意义的自我（Ashforth & Pratt, 2010; Giacolone & Jurkiewics, 2010）。可以想象在实际工作中，当个体感觉到自己从事的工作有意义时，员工会更加有动力，也更加愿意投入时间和热情，因而会以饱满的热情和主人翁的态度努力地去完成工作任务，以实现自己内心对于“意义”与“完整的自我”“超越的自我 ”的追求，从而容易促进个体工作业绩的提升和工作满意度的达成，进而更加容易实现职业成功。其次，职场精神性强调个体与工作中他人之间的联系感和团队归属感。当个体在职场中感觉到和同事关系融洽，得到他人理解和支持时，会对团队产生一种归属感和信赖感，从而获得更多的心理资源。当同事关系中存在服务他人的意识时，个体同时也能获得更多的信息分享和实质的工作资源，而心理资源和工作资源都可以帮助个体实现更大的职业成功。而同事关系与职业成功之间关系也得到了以往学者的论证（Gao & Wu，2014；Ucol-Ganiron Jr，2013；McCallum，2008；Bozionelos，2008）。最后，当职场中个体高度感受到其自身核心理念与组织的价值观趋于一致时，个体能将自己归为组织的一分子，组织的发展即自身的发展，那么为了共同的发展，个体会倾向于更加积极努力地工作，所以个体在帮助组织提高绩效的同时也能促进个人的职业成功（Lambert，等，2011；Chawla & Guda，2010；Pawar，2009；Komala & Ganesh，2007；Erdogan，Kraimer & Liden，2004；Bretz & Judge，1994），并且这一点也可以从个人组织匹配与员工之间关系的相关研究中找到解释。另外，我们认为，本研究对职场精神性与员工职业成功之间正向关系的证实也可从职场精神性的显著特征方面做出解释（Bretz & Judge，1994；Erdogan，Kraimer & Liden，2004；Lambert，等，2011）。综上所述，职场精神性是能影响员工的职业发展的，这表明员工个人职业成长可以从职场精神性角度去思考。

6.2.2 基本心理需求在职场精神性与职业成功之间起部分中介作用

1. 职场精神性是基本心理需求的重要前因变量

本研究的数据分析结果显示，职场精神性对基本心理需求有正向促进作用（$\beta=0.651$，$P<0.001$）。本书在国内外现有研究的基础上，进一步深化了对职场精神性与基本心理需求两者关系的认识，将现有的停留在承认两者具有某种关系的层面向前推进到确认了职场精神性能显著正向影响基本心理需求的层面，成为本研究的一大开拓性研究结论。

本研究的实证分析结果也证明了职场精神性各分维度（有意义的工作、团队归属感、与组织价值观的一致感）对基本心理需求均具有正向影响，路径系数分别为0.311、0.325及0.125。进一步的分析发现，“职场精神性中团队归属感”对员工基本心理需求的正向影响最显著，“有意义的工作”维度次之，“与组织价值观的一致感”维度再次之。对于这样的结论，我们可以从以下方面做出解释：首先，从自我决定角度来说，个体的关系需求是三种先天心理需求之一，而团队归属感使得个体很好地感受到与组织中其他工作个体如同事、主管的密切联系和相互关心，让个体很大程度上得到了关系需求这一基本心理需求的满足。其次，当感受到自己所从事的工作是有意义的时候，个体通常会积极主动地争取高效优质地完成该项工作。更积极的心态和主动的姿态更容易使得任务很好地完成，因而个体的自主需求及胜任需求更容易得到满足。

尽管目前尚无学者明确指出职场精神性是个体基本心理需求的重要前置性变量。但由本研究的实证数据和理论分析，我们认为，职场精神性确实是基本心理需求的重要前因变量。因此如何促进个体基本心理需求的满足，可从组织的精神性氛围入手。

2. 基本心理需求是职业成功的重要前因变量

本研究数据还显示，个体心理需求满足对其职业成功具有显著的正向影响（$\beta=0.757$，$P<0.001$）。该研究结论与国内外以往学者的相关研究结论基本一致，即心理需求满足对职业成功的主要指标如工作满意度和工作幸福感正相关（霍宗红，莫玉梅，须邦文，2001；Sapmaz，等，2012；Lynch，Plant & Ryan，2005；Deci & Ryan，2000；Vansteenkiste，等，2007）。

本研究的实证分析结果也证明了个体的心理需求各维度（自主需求、关系需求、胜任需求）均对其职业成功具有正向影响，路径系数分别为0.095、0.575及0.331。其中，自主需求、关系需求、胜任需求对主观职业成功的正向影响系数依次为0.160、0.100及0.466；而自主需求、关系需求、胜任需求对客观职业成功的影响系数依次为0.017、0.929及0.052。自主需求对客观职业成功的影响不显著。从以上数据我们可以大致地判断出，胜任需求对个体职业成功影响最显著，其次是关系需求，最后是自主需求。并且心理需求满足对主观职业成功的正向影响略大于对客观职业成功的影响。对于这样的研究结论，我们可以这样进行解释：胜任需求的满足使得个体在工作时面临较小的工作压力和紧张感，因而个体会以更平稳的发挥来完成工作和收获更多轻松和愉悦的心理体验，从而更容易获得主客观职业成功。而心理需求的三个方面均侧重对个体心理方面的积极作用，因而对主观职业成功的影响要略大于对客观职业成功的影响。

因此，通过以上数据结果和分析我们可以认为，基本心理需求是职业成功的重要解释变量。故而，我们可从提高个体的基本心理需求满足程度入手来探索提高个体职业成功可能性的方法。

3. 基本心理需求在职场精神性与职业成功之间起部分中介作用

本研究实证数据还显示，基本心理需求在职场精神性与职业成功之间起部分中介作用，中介效应占总效应的41.724%。这一结果表明，员工感知到的职场精神性越高，其基本心理需求满足程度也更高，进而带来更高的主客观职业成功的可能性。虽然没有直接证实基本心理需求在职场精神性与职业成功之间起中介作用的研究，但有学者已经做过近似的研究。如在一项对患有心理疾病的研究者的研究中，Patrick 等（2003）探讨了精神性对患者幸福感的影响，他们发现当患者精神性体验较高时，其内心感到更加幸福和满足，从而病症也会相应地减少。通过本研究的实证数据和已有相关研究，我们可以推论，基本心理需求在职场精神性与职业成功之间起着中介作用。

对于心理需求在职场精神性与职业成功之间起中介作用的证实，我们还可以从自我决定理论（核心内容为基本需求理论）视角加以解释。根据基本需求理论，环境因素可以通过影响个体的内在心理需求而对个体的心理健康及行为产生影响，并且个体在社会情境中的三种基本心理需求（自主需求、关系需求、胜任需求）满足程度越高，其动机调节的方式便会越倾向于内在动机调节，个体便会更加长久地坚持某项活动，保持积极的心理状态，从而产生更积极的行为结果。因此，对于高职场精神性的员工而言，当他在职场环境下感受到与同事及工作中他人之间密切的关系时，其关系需求更容易得到满足。当他感受到工作是有意义的而且赞同组织的价值观时，他便会以主人翁的态度和饱满的热情对待自己的工作，这就有利于其自主需求和胜任需求的满足。当三种基本需求得到一定程度的满足后，员工会更自觉、更长久地坚守工作岗位、履行好工作职责，甚至产生较多的组织公民行为，并且对该份工作及该项职业持满意态度，而这些都有利于员工主客观职业成功的达成。综上，研究职场精神性与职业成功之间的关系，我们可以从分析基本心理需求在两者间的关系入手。

6.2.3 职业自我效能感在职场精神性与职业成功之间起部分中介作用

1. 职场精神性能显著影响职业自我效能感

本研究的数据分析结果表明，职场精神性对职业自我效能感具有正向促进作用（$\beta=0.513$，$P<0.001$）。本书在中国情境下对企业员工的职场精神性与职业自我效能感的关系进行研究，仍然得出了与国外学者们较为一致的研究结论，即员工的自我效能感可以通过精神性体验得到一定程度的提高（Duffy & Blustein，2005）。

本研究的实证分析结果也证明职场精神性中有意义的工作和团体感两个维度对职业自我效能感具有显著的正向影响，路径系数分别为0.277及0.304。更进一步的分析发现，团队归属感对职业自我效能感的正向影响最显著，有意义的工作维度次之，而与组织价值观一致维度对职业自我效能感影响的路径系数为0.022，影响不显著。对于该结论的解释也可以从以下方面进行：首先，从社会认知角度来看，自我的评价受到环境因素的影响，这种环境因素包括社会环境和职场环境等。个体在职场环境中感受到的工作的意义、同事关系及与组织的价值是否一致都可以影响其自我评价的形成。对于所从事工作或者职业的信念来源于工作本身，也来源于感知的或真实存在的同事和组织的支持。当个体对职业的信念强的时候，其职业自我效能感也高。这一研究结果也印证了以往学者关于精神性与自我效能感之间关系的研究（Duffy，2005；Lips-Wiersma，2002）。其次，从Banundra（1989）的自我效能感的来源来看，以往的成功经验、模仿与替代、社会劝说等会影响自我效能感的形成。工作的意义感可以让员工对以往工作产生积极的反馈，这种积极反馈让员工对工作产生更多的信心；同时，团队归属感及良好同事关系，可以让个体产生模仿和劝说功能；加上团队归属感这一维度中强调了积极的同事关系，如相互关心，相互帮助，这些积极关系都能起到积极劝导作用，让个体彼此积极模仿，从而提高个体对于工作及职业的信心及效能感。另外，与组织价值观的一致感，从一定意义上讲，也能让个体对自己产生积极评价，对组织产生积极评价，并且模仿组织的积极行为，如服务精神、奉献精神。当然，由于个体与组织之间存在千丝万缕的关系，这种积极的影响所发挥的作用可能受到其他因素的影响也是必然的，因此，与组织价值观的一致感这一维度对于个体的职业自我效能感的影响也会表现得不显著。

从以上分析可以看出，职场精神性作为个体对所在职场环境的一个感知，能够与个体的自我认知产生互动，从而影响个体的职业自我效能感的形成。因此，结合本研究的实证结果，从理论上，我们可以认为职场精神性是影响职业自我效能感的重要前因变量，因此，分析如何提高个体的职业效能感可以从组织的精神性氛围入手。

2. 职业自我效能感是职业成功的重要前因变量

本研究通过实证数据还发现，职业自我效能感对个体的职业成功具有正向影响（$\beta=0.599$，$P<0.001$）。该研究结论也与国内外以往相关的研究相一致（Spurk & Abele，2009，2014；高鑫，2011）。

自我效能感是个体对于自我能够完成或实现某项目标的能力的预测，而职业自我效能感是对所从事职业的能力的信念（陆昌勤，方俐洛，凌文桂，2002）。当个体具有较高的职业自我效能感时，其对自身的能力预测较高，因此能够设立更高的职业目标，并对职业投入更多的努力，能够更加持之以恒地对待各种导向职业成功的目标（Abele & Spurk，2009；Bandura，1997）。也有学者的研究证明，拥有较高职业信心的个体呈现出更高的工作满意度、工作绩效，甚至获得更高的工作地位及薪酬（Abele & Spurk，2009a；Rigotti，Schyns，Mohr，2008；Spurk & Abele，2011）。

综合以上分析，并结合本研究的实证分析结果，从理论上我们可以认为，职业自我效能感能够显著影响职业成功，个体的职业效能感的高低是影响其职业成功的一个重要因素。因此，可以从提高个体的职业自我效能感角度考虑如何提高个体的职业成功。

3. 职业自我效能感在职场精神性与职业成功之间起部分中介作用

本研究实证数据还显示，职业自我效能感在职场精神性与职业成功之间起部分中介作用，中介效应占总效应的 20.65%。这一结果表明，员工感知的职场精神性越高，其对于职业的自我效能感越高。高自我效能感带来的是对职业及工作甚至同事关系等各方面的自信，这种自信有助于设立较高的职业目标，并激励员工为这些目标的成功实现投入更多的努力，赋予更多的耐心，从而获得较高的职业成功。虽然没有研究直接地证实职业自我效能感在职场精神性和职业成功之间起中介作用，但是 Day 和 Allen（2004）的一项研究发现，职业自我效能感在启导（mentoring）与职业成功的相应指标之间发挥着一定的作用，而很多研究证明启导能起到模仿及劝导作用，帮助个体（学徒）形成自我效能感。这一模型推导的结论和本研究的实证研究结果基本一致。

我们也可以从社会认知理论对职业自我效能感在职场精神性与职业成功之间起中介作用的证实加以解释。根据社会认知理论，高职场精神性体验的员工对于职场环境中工作意义、同事关系、组织价值观的感知，会对其自我效能感的程度产生影响，进而影响其相关态度和行为。当这种感知到的职场精神性很高（即员工认为这份工作是有意义的、自己与同事的关系是融洽而深厚的、自己的价值观与组织价值观是高度一致的）时，个体会对工作中他人的支持（如同事支持、主管支持）形成正面预期，这就进一步增加了个体对于完成相关工作任务的自信和抗挫折能力，形成高度的自我效能感，并最终利于员工职业成功的实现。

此外，可以将职业自我效能感的中介作用展开来分析。简单来说，首先，职场精神性对职业自我效能感具有显著的影响（$\beta=0.513$，$P<0.001$），这一结

论与 Duffy 和 Blustein（2005）、Lips-Wiersma（2002）等的实证研究结果比较吻合。这说明，职场精神性是提升员工职业自我效能感的重要前因变量，因此，组织提供一个具有精神性的职场氛围，这对于个体在职业和工作中的自我效能感的形成具有重要作用。其次，职业自我效能感对职业成功具有显著的影响（$\beta=0.599$，$P<0.001$），这一结论在以往的研究中已有直接的展现，许多研究（如 Spurk & Abele，2009，2014；高鑫，2011）为这一结论的成立提供了相关证据，即这些研究都认为自我效能感对职业满意度、职业成功等态度变量具有显著的影响，且本书最后通过实证确实发现职业自我效能感对职业成功具有显著的正向作用。基于此，我们认为职业自我效能感是影响员工职业成功的一个重要前因变量。综上，我们认为在研究职业自我效能感与职业成功之间的关系时，可以从分析职业自我效能感在这两者之间的关系入手。

6.2.4 验证了职业认同在职场精神性与职业成功之间起部分中介作用

1. 职场精神性是职业认同的重要前因变量

本研究的实证结果表明，职场精神性能正向促进员工的职业认同（$\beta=0.709$，$P<0.001$）。本书在中国情境下实证支持了国外学者关于职场精神性与职业认同两者关系的观点，即精神性对认同发展具有重要作用（Kiesling & Sorell，2009；Beaumont & Scammell，2012；F. W. de Klerk，2005）。

本研究的实证分析结果还证明了职场精神性中有意义的工作、团体归属感两个维度对职业认同感也具有正向影响，路径系数分别为 0.473 及 0.337。就分维度的影响程度而言，有意义的工作维度对职业认同感的正向影响最显著，团体感维度次之，而与组织价值观一致这一维度对职业认同感没有影响。对于该结论，我们可以从以下方面做出解释：首先，有意义的工作维度和团体归属感维度对职业认同具有正向影响是因为有意义的工作是个体内在心理对工作本身的认可，而团体归属感是个体内在心理对所处职业群体的心理接纳和认同，因而两者共同构成了对职业的认同影响因素。其次，与组织价值观一致这一维度更多的是强调个体对组织的认同，因而该维度对职业认同影响并不显著。

另外国内学者发现，职业价值（封子奇，姜宇，等，2010）、人际关系满意度（安秋玲，2010；赵伟，2013）、组织氛围（张宁俊，朱伏平，等，2010）等相关的变量对职业认同具有正向预测作用，这就进一步为职场精神性对职业认同具有正向促进作用的假设提供了参考。因此我们认为，职场精神性是职业认同的重要前因变量。

2. 职业认同是职业成功的重要前因变量

本研究的结果数据显示，职业认同可以帮助提升员工的职业成功（$\beta=$

0.669，$P<0.00$）。其中，职业认同对主客观职业成功的影响系数分别为0.545、0.573，影响均显著。本研究关于职业认同正向影响职业成功的结论与国内外学者的研究结论一致（Meijers，Kuijpers，Gundy，2013；Gümüs，Hamarat，Colak，等，2012；刘彩文，若兰等，2014；高艳，乔志宏，宋慧婷，2011；Loi，Yue，Foley，2004）。

对于这样的研究结论，我们可以通过社会认同理论做出解释：社会认同是个体构建自我的过程，这个过程形成于个体对某个社会群体中成员关系的了解，并且与其他从属于该群体的个体的价值观和情感意义相联系（Tajfel，1981）。因此，当个体具有高度的职业认同感（社会认同的一种）时，他会将该职业生活作为自己生命的一部分，将职业作为“完整的我”的重要构成，进而会以主人翁的立场和态度来面对自己所从事的职业，更加尽心尽力地做好工作上的每一件事，并以更积极的态度处理该职业发展道路上遇到的挫折，最终促进个体职业成功的实现。同时，当个体具有高度的职业认同感时，个体即认定了自己目前所从事职业的高价值性和意义感（即对职业工作的认同），因此更愿意投入自己的时间和精力在该职业上，而个体增加的职业投入通常会帮助其提高职业成功的可能性。另外，当具有高度的职业认同感时，个体会不自觉地将自己纳入目前这个职业群体中（即对职业群体的认同），以更积极的态度接纳这个职业群体，并做出符合该职业群体利益的相关行为。作为回报，个体也会得到来自该职业群体或群体中个体的支持（如同事支持、主管支持）或其他群体内资源的提供，进而提高个体职业成功的可能性。

通过本研究的实证数据和以往国内外研究结论，同时结合本研究的理论分析结果，我们从实证和理论两方面都证明，职业认同是职业成功的重要影响因素。因此，我们可以从提高个体的职业认同角度来考虑如何提高个体的职业成功。

3. 职业认同在职场精神性与职业成功之间起部分中介作用

本研究的实证数据还显示，职业认同在职场精神性与职业成功之间起部分中介作用，中介效应占总效应的27.28%。这一结果表明，员工感知到的职场精神性越高，其职业认同感也更高，进而带来员工主客观职业成功可能性的提升。职业认同的中介作用得到了国内外学者相关研究的支持。如国内学者安秋玲（2010）通过访谈与问卷调查发现，与职场精神性相关的因素如人际关系满意度、工作环境、家人支持等因素影响社会工作者的职业认同，职业认同又进而影响社会工作者的工作投入、专业成就感及焦虑感等。国外学者Geh和TAN（2009）从认同角度探讨了基于组织的自尊在职场精神性与组织公民行为之间关系的中介作用。

对于职业认同在职场精神性与职业成功间起中介作用的证实，我们可以从社会认同理论加以解释。根据社会认同理论，个体都试图通过自我归类保持一个积极的社会身份（Tajfel，1982），而职场精神性体验让员工感觉到与同事的紧密联系感、对自己所从事工作和职业的意义的认可、价值观的肯定，因此员工愿意将自我归于这个职业群体，并强烈地希望被该职业群体认可和接纳，而这种职业认同感会使员工产生更多的积极心理反应，得到更多的外部资源和支持，从而产生积极的工作态度和行为等，进而帮助个体在组织和职场环境中有更大的职业发展，并最终促进个体主客观职业成功的实现。

基于此，我们认为职业认同在职场精神性与职业成功之间起中介作用，因而我们研究职场精神性与职业成功的关系还可以从分析职业认同在两者间所起的作用入手。

6.2.5 验证了家庭需求对职场精神性与基本心理需求之间关系的调节作用

本研究对职场精神性和家庭需求的交互项进行层次回归分析发现，职场精神性与家庭需求的交互项对基本心理需求具有显著的负向影响。即该研究结果证实了本研究 H11 的假设，表明家庭需求在职场精神性与基本心理需求之间起负向调节作用。这意味着，个体面临的家庭需求越高，其职场精神性对心理需求的正向影响越弱，而个体面临的家庭需求越低，其职场精神性对心理需求的正向影响越强。职场精神性对基本心理需求的影响强度会根据个体所面临家庭需求的不同而不同。该结论表明了个体在家庭领域的不同程度卷入会对个体的工作卷入造成不同程度的影响（Clark，2000）。

虽然并没有学者探讨过家庭需求在职场精神性与心理需求之间的调节作用，但我们认为，本书的开拓性研究结论印证了工作家庭边界理论的相关内容。根据 Greenhause 等（1985）对于角色冲突的解释，工作领域和家庭领域的角色在某些方面是不可调和的，当感受到来自家庭的需求时，个体会将有限的资源分配一部分到家庭领域中，以承担家庭相关角色对他的责任要求。由婚姻、照料家人、抚养子女等带来的家庭领域角色要求会占用个体的时间与注意力（Boyar，等，2008；Voydanoff，2005），因此必然会导致个体与工作中同事的交往程度、亲密程度的降低，这种工作领域的关系疏远倾向会使个体的关系需求得不到满足。同时，由于个体会因疲于应对来自工作和家庭方面的需求（Byron，2005），而无法最大限度地将时间和精力全身心投入到现在的工作当中，进而会有较差的工作绩效产出，并对自我是否胜任目前工作抱有怀疑的态度，最终导致对工作胜任需求的不满足。另外，面临高家庭需求的个体在职场中追求完整的自我和超越的自我过程中，往往力有不逮，这具体表现在家庭需求对个体工作的牵制性影响上，个体为满足家庭需求进而做出基于整个家庭而非个体自身的相关行为（Leong, 1993），难以更自由更自主地按照自我意愿处理工作上的事宜，最终导致自主需求的不满足。由此可知，家庭需求在职场精神性与基本心理需求之间起负向调节作用，这一结论使得我们可以从家庭领域的家庭需求方面来思考职场精神性对员工基本心理需求的影响。

6.2.6 验证了家庭需求对职场精神性与职业自我效能感之间关系的调节作用

本研究对职场精神性和家庭需求的交互项进行层次回归分析发现，职场精神性与家庭需求的交互项对职业自我效能感具有显著的负向影响。即该研究结果证实了本研究 H12 的假设，表明家庭需求在职场精神性与职业自我效能感之间起显著地负向调节作用。这意味着，个体面临的家庭需求越高，其职场精神性对职业自我效能感的正向影响越弱；而个体面临的家庭需求越低，其职场精神性对职业自我效能感的正向影响则越强。职场精神性对职业自我效能感的影响强度会根据个体所面临家庭需求的强度不同而不同。该结论同样表明了个体来自家庭的不同程度卷入会对个体的工作卷入造成不同程度的影响（Clark, 2000），即工作家庭边界理论、资源保存理论等相关研究理论在这里得到再次证实。

虽然并没有实证研究对家庭需求在职场精神性与职业自我效能感两者间的调节作用做过探讨，但有研究已证实家庭需求负向影响个体的自我效能感，而家庭支持则正向影响个体的自我效能感（Whiston, 1996；Hall, 2003；Lent, Brown, Nota & Soresi, 2003；Nota，等, 2007）。同时，本研究关于家庭需求的调节效应的部分也确实证实了个体的职业自我效能感不仅与其职场精神性相关，还与其面临的家庭需求密切相关。对于该结论，我们可以进行如下解释：根据社会认知的三元交叉理论（Bandura, 1975），环境在很大程度上影响个体的认知水平。从更为宽泛的意义上讲，工作中的个体不只是身处职场这个环境之中，同时也身处于家庭环境之中，职场环境与家庭环境之间的交互作用共同构成一个影响个体认知水平的大环境。因此，作为家庭环境中的重要变量，家庭需求必然会调节职场精神性与作为重要认知因素的职业自我效能感之间的关系。即个体在面临高家庭需求的职场环境中，会对自身能力形成一种较为消极的认知，认为自己没有能力在满足高家庭需求的前提下还能轻松地应对来自工作方面的要求。反之，在低家庭需求的职场环境中，个体则会对自身能力形成一种较为积极的认知，认为自己能很好地应对来自工作方面的要求。由此可知，在考虑如何提升职场中员工的职业自我效能感时，必须有针对性地考虑该职员的家庭因素，从而为更科学地制定公司相关制度和奖励机制提供一定的参考。

6.2.7 验证了家庭需求对职场精神性与职业认同感之间关系的调节作用

本研究对职场精神性和家庭需求的交互项进行层次回归分析后发现，职场精神性与家庭需求的交互项对职业认同感具有显著的负向影响。即该研究结果证实了本研究 H13 的假设，表明家庭需求在职场精神性与职业认同感之间起显著的负向调节作用。这意味着，个体面临的家庭需求越高，其职场精神性对职业认同感的正向影响越弱；而个体面临的家庭需求越低，其职场精神性对职业认同感的正向影响则越强。职场精神性对职业认同感的影响强度会根据个体所面临家庭需求的不同而不同。该结论印证了工作-家庭界面相关的理论如边界理论、角色压力理论等对于工作-家庭界面相关问题的解释，再次说明了员工的职业生活会受到家庭领域的影响，个体的职业认同感与家庭需求有着密切的联系。具体而言，家庭需求能通过影响个体的工作倦怠感（Voydanoff, 1988）、缺勤率（Erickson, Nichols, Ritter, 2000）及工作承诺（Campbell & Campbell, 1994），而对职业认同感产生负面影响。同时，本研究也从反面证实了前人的研究结论，即家庭支持能促进个体职业认同感的培养（Hargrove, 等, 2005; Whiston & Keller, 2004）。

对于家庭需求在职场精神性与职业认同感之间起调节作用的证实，我们可以做出这样的解释：根据工作家庭界面的角色冲突理论（Kahn, 等, 1964; Duxberys & Higgins, 1991），当感受到高家庭需求时，由于要疲于处理随之而来的家庭工作冲突（Voydanoff, 2005; Boyar, 等, 2008），和巨大的环境压力（Frone, Russell, Cooper, 1992; Williams & Alliger, 1994; Nordenmark, 2004; Choi, 等, 2006; Lu, 等, 2008），个体便会对目前所从事工作乃至所从事职业的意义性和价值性产生质疑，并对自己在该职业中的发展前景产生非清晰性、非稳定性的认识，因而会降低其对该职业的兴趣、认可度和忠诚度，并产生调换工作或进入其他职业领域的意愿以摆脱目前所面临的窘境。另外，根据资源保存理论（Hobfoll, 1989; Hakanen, 等, 2011），由于职员要抽出部分资源到家庭领域，因此造成工作领域相关资源的不足，进而出现工作紧张、工作焦虑等情况，从而影响个体在工作中的表现，并最终导致职业认同的降低。综上可知，家庭需求在职场精神性与职业认同间起负向调节作用。组织应该考虑家庭需求对员工职业认同的重要作用，在对雇员进行职业认同的培养时，应更多地考虑雇员的家庭因素的影响。

6.2.8 人口统计变量对相关变量的影响

本研究通过独立样本T检验和单因素方程分析，检验了7个人口统计变量对各变量的影响，研究结果显示，性别、婚姻、年龄、学历和工作年限对各变量的影响不显著。职位级别除了对基本心理需求的影响显著外，对其他变量的影响都不显著；单位性质除了对职业认同及职业成功的影响显著外，对其他变量的影响都不显著。上述人口统计变量对相关变量影响显著性的原因见5.3.4节人口统计变量的方差分析。

6.3 研究的理论贡献

本研究以自我决定理论、社会认知理论和社会认同理论为基础，通过实证数据检验了该研究之前所做出的假设。总的来说，本研究的理论贡献主要体现在以下三个方面：

第一，对职场精神性的结构维度进行了本土化界定和信效度检验。由于职场精神性的相关研究主要在西方基督教文化中进行，国内学者目前对职场精神性的研究还停留在文献综述阶段，缺乏相关实证研究。因此本研究基于中国情境，通过结合国内员工的特点对国内员工的职场精神性维度进行了界定，并通过数据检验了职场精神性量表的信度和效度，结果发现职场精神性量表的信、效度值均大于参考标准，因而具有良好的适用性。由此，为将来探讨我国本土化的职场精神性研究提供了实证参考。

第二，拓展了职场精神性的研究范围，同时也为员工职业发展的前因变量研究提供了新视角。就职场精神性的结果变量而言，本研究将以往关注绩效、工作态度等变量转向到了关注职业成长的长期变量上来，将基于组织利益视角的研究转向到了基于员工利益视角的研究上来，这拓展了职场精神性研究的新视角，为将来研究职场精神性提供了参考。另外，本研究将职业发展的影响因素提高到了精神性层面，从个体工作的根本目的及意义上来探索员工职业成长的动力源泉，为探讨员工职业发展的预测变量开辟了新的道路。

第三，丰富了职场精神性与结果变量间的中介机制研究。在以往关于职场精神性的研究中，中介机制探讨得较少，并且仅有的一些中介机制探讨也只是从单一的理论出发（如社会交换理论）。虽然这些研究已经从一定程度上解释了变量之间的关系（Walumbwa，等，2011），但是还不足以揭示中间的复杂传导机制。本研究同时从自我决定理论、社会认知理论和社会认同理论视角，探讨了职场精神性与职业成功的中介机制，突破了以往研究的不足，丰富了职场精神性中介机制的研究理论，加深了我们对职场精神性发挥效应的认识和理解，为今后进一步的理论研究奠定了基础。

6.4 管理启示与建议

6.4.1 营造组织-员工“命运共同体”的职场精神性氛围

本研究表明，具有高职场精神性体验的员工通常也更有可能取得职业上的成功。而根据社会认知的三元交叉理论（Bandura，1989），员工对于职场精神性的感知在很大程度上会受到工作环境的影响。因此，作为管理方的雇主就应该设法通过改善工作环境来帮助员工培养和提升自己的职场精神性体验以促进其更好地实现职业成功。这是因为：一方面，员工的职场精神性体验会受职场工作环境的影响，而单独的员工个体无法形成有利于高自我精神性感知的职场环境，这就需要借助组织的力量。并且作为职场精神性三大基本构成内容的个体与同事及工作中他人保持密切联系、个体与组织价值观一致这两大内容均需要组织方面做出相应的努力。另一方面，员工的职场精神性体验来源于个体和组织两个层面，而许多研究也证实了当从个体和组织两个层面来培养个体的职场精神性时能极大地发挥职场精神性所带来的效益（Krishnakumar & Neck，2002；Herman & Gioia，1998）。同时，员工的高职场精神性感知会促使其富有激情地在职场中追求一个完整的自我和一个超越的自我（Giacolone & Jurkiewics，2010），并在员工内心形成一种内在的动力。对于现任雇主而言，这种内在的激情、追求、动力和超越无疑会提高组织相应工作的效率，促进组织目标的早日实现，即组织与员工是一种“命运共同体”，双方相互促进，共同发展。组织对员工职场精神性的培养和提高可从营造高职场精神性氛围的组织文化上进行考虑，比如提倡关爱他人和造福社会等超越个人利益的价值观。并可从职场精神性本身所包括的三个维度着手，即通过培养和提升员工在职场环境中对工作意义及工作目的的感受、与同事及其他工作伙伴之间的紧密联系感、对自身核心价值理念与组织价值观一致性的感知而达到提升其职场精神性体验的目的。具体方法如，企业可定期开展与工作相关的不同方面的培训项目、实施工作扩大化及工作丰富化以提升雇员对工作的意义的感知；组建工作团队以提升员工间密切配合、相互支持的合作意识，定期开展座谈会、茶话会，在企业内部培养相亲相爱、互帮互助的家文化以加强雇员间的密切联系感；企业还可适当地对雇员的价值观进行引导性教育及培养，以促使员工的核心价值理念与组织价值观的趋同，实现更好的人与组织的匹配。

6.4.2 培养员工的精神性思维，强化员工的精神性体验

本研究表明，具有高职场精神性体验的员工通常也更有可能取得职业上的更大的发展和成功。因此，作为职场精神性载体的员工本人应该尽量让自己体验到较高的精神性体验，以帮助自己更好地取得职业方面的成功。具体而言，员工本人需要在两个方面作出努力，即员工本人应该首先注重对自我精神性思维的培养，准确地理解自我精神性所涵盖的内容并将其默化为自我精神的奋斗方向和动力源泉，以及知晓提高自我精神性体验的方法。就自我精神性体验所涵盖的内容而言，员工应该明确职场精神性包括了对目前所从事工作的意义性感知、与同事及工作中他人的密切联系感，以及同组织价值观的一致性感知这三个基本内容，它最突出的特征就是个体富有激情地在职场中追求意义感和一个完整的、超越的自我（Giacolone & Jurkiewics，2010）。这种精神性体验有别于宗教信仰，是一种以意义感、联系感、价值一致性为核心内涵的具有实际意义的精神性感受。就自我精神性体验的实现方法而言，员工本人应该以自己对所从事工作的意义性体验为突破和重点，而辅之以与同事及工作中他人保持密切联系、同组织价值观趋同这两方面的努力。这是因为，对工作意义的体验集中体现了职场精神性在个体层面的内容，相比其他两个在团体层面和组织层面的内容更利于员工本人进行自主掌控并且具有针对性强的特点，因而员工本人以对工作的意义性体验为主、以对同事及工作中他人保持密切联系、同组织价值观趋同为辅，这样能很好地提升员工的精神性感知，促进他们的主客观职业成功。

6.4.3 重视员工的基本心理需求及其满足

需求历来都是心理学家们研究的重点。Hull（1943）认为，对需求进行研究的核心是理解个体有机的需求以及环境如何满足需求。自我决定理论（SDT）认为，个体存在三种基本的心理需求，分别为自主需求、胜任需求和关系需求（Deci & Ryan，2000）。以往的企业管理者注重对员工基本生理需求

的满足（如吃、穿、住、行等），而长期以来轻视甚至忽视员工的心理需求及其满足。马斯洛需求层次理论及奥尔德弗的ERG理论均表明，心理需求是比生理需求更为高级的一种需求。在经济发展迅速、人们生活水平显著提高的今天，越来越多的员工个体开始注重自我基本心理需求的满足，但相比生理需求而言，绝大部分员工的心理需求却未得到满足。作为管理方的企业，对员工进行激励的重点是找到激励的依据和正确的激励方法，企业只有正确地识别和满足了员工的需求，才能在管理工作中取得事半功倍的效果。由于员工的基本心理需求具有先天属性并成为当前时代背景下员工追逐的重要目标之一，同时，它对于员工工作投入（Gagne & Deci，2005；李敏，2014）、绩效产出（张剑，张微，Deci，2012；Greguras & Diefendorff，2009；Vansteenkiste，等，2007；Baard，等，2004；Deci，Ryan，Gagne，等，2001）、情感承诺（Greguras & Diefendorff，2009）具有重要的促进作用。因而，员工的基本心理需求理应成为当前企业对员工实施激励的一个非常重要的因素，企业应该重视员工的心理需求及其满足，尤其是关系需求、自主需求和胜任需求这三大基本心理需求，以提升员工的内在工作动力，促进组织目标的顺利实现。为此，企业应该设法深入了解员工的心理需求，并针对员工不同的心理需求制订出个性化的薪酬福利套餐计划，供员工自主选择。同时，企业可以在员工工作岗位的权责设置上稍做调整，增加工作的自主性和灵活性。另外，由于文化和环境因素能影响员工的心理需求满足（Deci，Gagne，Ryan，2001），所以企业还可以通过营造积极的企业文化（相亲相爱、适当放权、知人善用等）来满足员工的这些心理需求。

6.4.4 帮助员工提升对职业的自我效能感

根据Hackett和Betz（1981）对职业自我效能感的最初定义，职业自我效能感是“个体对自身成功完成与职业相关任务或目标的能力的信心”。很显然，员工职业自我效能感的提高有利于其在当前组织中对于工作任务的完成，且通常而言，职业自我效能感越高，员工对工作任务的完成就更有信心也就更有利于组织所安排的工作任务的完成。从更宽泛的角度而言，本研究及之前的部分相关研究（Day & Allen，2004）证明了职业自我效能感在职场精神性与员工职业成功之间的中介作用，而员工的职业成功也越来越与组织的成功相挂钩。因此，作为管理方的组织应该促进员工职业自我效能感的提升，从短期来说这可以促进组织工作的完成，从长期而言则可以通过员工的职业成功而间接地提升组织在市场上的竞争力（如在招聘方面具有优势）。由此可知，组织在帮助员工提升其职业自我效能感方面所做的努力不可谓不重要。大多数关于员工职业自我效能感的影响因素多集中在个人（归因、人口特征）和社会方面（社会支持、他人劝说等）而很少涉及组织。但事实上，组织因素如组织文化、主管支持、同事支持以及工作场所中的启导等均会对员工的自我效能感有重要影响（Day & Allen，2004）。为此，企业可从弗鲁姆的期望理论出发，从提高员工的效能预期和结果预期入手制定出相应的政策措施和激励机制。诸如为提高员工的效能预期，企业可以提前公开明确的解释奖励制度，公正地分配报酬。同时，在给付报酬及奖励员工时应尽量全面地了解员工的个性化需求，并提供这些需求。为提高员工的结果预期，企业可以在员工工作前提供培训和训练，在员工工作过程中及时提供指导和支持等，以培养员工自信的心态和抗挫折能力等。

6.4.5 培养员工对职业的认同及价值感

当前，企业雇主不得不承认的一个事实就是，雇员对于组织的忠诚度逐渐降低，企业员工随时可能离职和跳槽。20 世纪 80 年代以后，随着知识经济时代的到来，工作中的个体逐渐从传统的职业发展模式向“易变的职业生涯”模式转变，逐渐从忠于组织向忠于职业转变。随之改变的是，员工由先前的高组织认同转变为当前的高职业认同。因此，企业必须承认这个事实并制定出相应的措施以应对这种转变趋势。企业必须认识到，雇主与雇员之间应该是一种合作双赢而非此消彼长的关系，在企业与员工的目标和利益追求日趋一致的前提下，员工在某些方面的职业成长（如工作能力提高、对当前职业的认同感提高等）有助于组织的成长，而员工的职业成功在很大程度上也可以被看作是企业成功的一部分内容（如阿里巴巴）。因而，企业组织为促进员工职业成功所做出的努力也就有了实际意义。本研究证实了职业认同可以帮助员工提升其职业成功，这与国内外以往研究结论一致（Meijers，Kuijpers，Gundy，2013；Gümüs，Hamarat，Colak，等，2012；刘彩霞，文若兰，等，2014；高艳，乔志宏，宋慧婷，2011；Loi，Yue，Foley，2004）。由此为企业组织找到了一条促进员工职业成功的途径，那就是企业首先承认员工这种认同转变的趋势，并同时协调好员工个人目标与企业发展目标间的关系，在两者趋于一致的前提下，培养并提升员工的职业认同感，以帮助其实现职业成功，进而实现雇员与雇主的双赢。

6.4.6 关注职场外因素对员工职业发展的影响

系统理论认为，相互关联的一系列因素因相互作用而构成一个整体，其中一个因素的变动必然引起另外某些因素的变动（Nichols & Schwartz，1998）。对于个体来说，工作和家庭都是个体生活整体的不同部分，家庭因素的变动（如家庭需求的上升）必然引起工作因素的变动（如工作压力的增强）。进一步地，家庭系统理论认为，家庭本身也是一个系统。身处家庭系统中的个体的职业行为会直接受到家庭成员关系质量、情感介入等的影响，进而做出基于整个家庭而非个体自身的相关行为（Leong，1993）。毫无疑问，工作个体的家庭因素能够对其职业成功造成一定程度的影响，当这种影响是正向时则表现为家庭-工作促进，而当这种影响是负向时则表现为家庭-工作冲突。作为管理方的组织应该重视并充分地利用家庭因素，即积极利用对员工职业发展和组织发展有利的家庭因素而尽量避免不利的家庭因素对员工和组织所造成的负面影响，并善于区分重要的影响因素和非重要的影响因素而进行有重点的对待。就本研究而言，家庭因素能通过调节职场精神性感知与基本心理需求、职业自我效能感及职业认同感之间的关系，进而对员工的职业发展造成显著的负向影响。为此，企业在帮助员工实现其职业成功的同时，应该考虑其家庭因素对于个体职业发展的影响，如营造组织良好的亲家庭友好型文化氛围、制订弹性的工作计划，并辅以相应的福利计划或活动（如开办公司幼儿园、举办家庭亲子活动等），以此降低家庭工作冲突，提高家庭因素对于员工工作绩效和职业发展的促进，同时达到利于组织管理和组织长期发展的目的。

6.4.7 转变组织态度，帮助员工实现职业成功

随着企业所面临市场竞争的加剧以及员工追求水平的不断提高，越来越多的组织意识到应增加员工的客观物质收益和满足员工的主观心理需求，以促进员工的职业发展。然而，鲜有企业认真思考过这样一个问题：作为已支付了劳动报酬的雇主们为什么还要帮助员工实现他们的职业发展？尽管组织提出了要帮助员工实现其职业发展的口号，由于没有认真思考过这样的问题并得出肯定性的结论，因而组织在具体行动上不免缺少了主动性和积极性，导致多数企业将这样的口号也就停留在了“口号”的层面上。事实上，企业有必要帮助员工实现其职业发展是基于这样的考虑：现代的雇佣关系是一种合作共赢的利益关系，企业为员工谋利益在一定程度上也是为自己谋利益，只不过这样的利益回报分时间长短罢了。就短期而言，企业在为员工客观成功方面所做的努力（比如提高工资福利水平、提升职位等）会获得员工工作主动性和工作积极性的提升、促进工作效率的提高，进而实现组织短期的预定目标（比如年产量、年市场占有率等）。就长期而言，企业在为员工客观成功方面所做的努力（比

如满足员工的关系需求和自主工作需求、提高员工的工作满意度等）除了会获得员工工作主动性、工作积极性以及工作效率的提高外，还会提高员工的组织忠诚度和幸福企业感知，进而在劳动力市场上对组织造成正外部性等有利影响。因而，企业组织为促进员工职业发展所做出的努力也就有了实际意义和动力依据。由此可知，企业必须转变以往只关注企业自身成长的态度，密切关注并促进员工的职业成功才能更好地为组织的发展创造有力的支持环境。然而长期以来，大多数企业并未形成帮助员工实现职业成功的观念，同时也不知道该如何帮助。本研究表明，企业至少可以通过提升员工的基本心理需求满足感、职业自我效能感和职业认同感这三条方法途径而帮助员工实现更大的职业成功。

6.5 研究局限与展望

对职场精神性与员工态度和行为之间关系的研究目前在国外仍然是组织行为研究的热门话题，而职场精神性对员工职业方面的影响则是前沿话题。本研究在自我决定、社会认知理和社会认同三个理论的指导下，深入挖掘职场精神性对员工职业发展的影响机制，并通过数据收集及数据处理得出了与理论假设基本一致的结论，拓展了职场精神性这一领域的研究，对组织及企业的管理实践提供了一定的指导。但由于研究过程中的时间和其他资源有限，本研究也难免存在一些局限性，主要的局限性体现在以下方面：

6.5.1 研究局限

1. 数据收集方面的局限

本研究由于时间及资源方面的限制，因此在数据收集时不可避免地会出现两个方面的局限性。首先是样本的代表性局限问题，虽然本研究是基于大样本的研究，但由于地域因素及社会关系网络等方面因素的影响导致收集的样本在行业分布、地区分布、被试对象的类别方面较为集中而不具广泛的代表性。其次，本研究数据的收集采取的是被试者以自我报告的方式在单一时点进行一次性收集的方式，这就无可避免地存在同源方差（Common Method Variance，CMV）问题。尽管同源方差问题对本书的研究影响不大，但为了得到更可靠的数据信息，同源方差还是应该尽可能地避免，尽可能采用以往学者（如Podsakoff，MacKenzie，等，2003）使用的不同时点样本进行数据的收集。

2. 职场精神性量表修订及测试方面的局限

一方面，由于以往有关职场精神性的研究大多数还仅仅停留在理论和概念描述层面（王明辉，郭玲玲，方俐洛，2009），且关于职场精神性的实证研究还比较缺乏，因此导致相关的可操作化的职场精神性量表较少，中国本土的职场精神性量表甚至还没有出现。另一方面，有关职场精神性的研究多存在于欧美国家，其文化渊源主要为基督教文化，能否将相关研究成果应用到其他文化环境中还必须从理论和实践两个方面加以检验（张志鹏，和萍，2012）。由于目前还没有职场精神性的本土化量表，因此我们借鉴了国外的成熟量表（Milliman，等，2003 修订自 Ashmos 和 Duchon 2000 的 21 题项量表）。虽然对问卷进行了适应中国文化环境的本土化修订，但由于修订过程中翻译用词或文化差异等原因，以及被试者作答环境、责任心等无法控制的因素的影响，修订后的量表在信度和效度方面可能存在一定的局限性。

3. 部分变量的维度或测量指标选取方面的局限

职场精神性包括多个维度（Gupta，Kumar，Singh，2014），在国外以往的研究中，职场精神性所涉及的维度包括了有意义的工作（Ashmos & Duchon，2000；Kinjerski & Skrypnek，2004）、团队感（Ashmos，Duchon，2000）、整体性（Kinjerski，Skrypnek，2004；Ashforth，Rogers，Pratt，2010）、自我超越（Ashforth，Rogers，Pratt，2010；Giacalone & Jurkiewicz，2010）、社会贡献感（Rego，Cunha，2008）、组织价值（Milliman，等，2003）、怜悯之心（Gupta，Kumar，Singh，2014；Petchsawang，Duchon，2009）等。本研究对于职场精神性维度的选取虽然与国外众多学者（Milliman，等，2003；Gupta，Kumar，Singh，2014）对于职场精神性维度的选取一致，但选取的三个维度在中国环境下的适用性还需要更多的实证研究加以进一步的验证。

6.5.2 研究展望

任何研究都不会是终结，再完善的研究也有值得后续学者继续探讨的地方。基于本研究的结论及研究局限，后续学者可从弥补本研究局限、完善研究方法、拓展研究内容三个方面进行深入研究。

1. 弥补本研究局限

后续研究可从弥补本研究局限入手，具体表现在以下方面：首先，在数据收集方面应尽量选取更多不同类型的行业与企业、不同地区、不同职位的员工，并在不同时间点尽量采用配对样本进行数据的收集，这可以在很大程度上保证样本数据的广泛代表性，并降低同源方差对研究可靠性的影响。其次，在量表方面，后续研究可进行中国本土化量表的专项研究，在借鉴国外以往杰出学者或学者广泛认可的维度的基础上确定符合中国情景的相关变量维度，并开发出适合中国本土研究的职场精神性量表。

2. 完善研究方法

根据陈晓萍、徐淑英和樊景立（2012）主编的《组织与管理研究的实证方法》一书对于研究方法的分类，研究方法主要包括了实验法、准实验技术、问卷调查、二手数据及质性研究五类。结合上述分类，我们认为学者在研究时所采用的方式和技术手段，都应该称为研究方法，而非仅仅包括上述学理式研究方法。因此我们建议，后续学者在本研究运用问卷调查法、二手数据法等研究方法的基础上，应该增加分层研究法、对比研究法、评估分析法、案例研究法等方法的使用。同时，由于本研究采用的是横截面研究，但职场精神性对员工的影响是一个动态的过程，尤其是职业成功要在一个较长的时期内才能测量出来，因此今后的研究可增加时间维度以对职场精神性的相关问题进行前因后果的过程性分析，并且这种纵向研究方法也符合现今的研究趋势。

3. 拓展研究内容

后续学者对于职场精神性研究内容的拓展主要包括三个方面。其一，拓展研究对象。由于职场精神性的研究多在国外进行，并且国内对于职场精神性的研究也仅限于讨论和综述性研究，实证性研究较为缺乏。本书所进行的实证性研究也只限于特定某个领域中的特定对象，因此后续学者在中国情境下进行职场精神性的实证研究可从其他更多的行业领域中的对象入手。其二，拓展职场精神性的前因变量、结果变量、中介变量及调节变量等方面的研究。如本研究中调节变量选取的是家庭需求，后续学者也可考虑将领导风格作为调节变量进行研究，以丰富中国情境下职场精神性的研究内容。其三，拓展研究理论与研究视角。任何一个现象的研究都可以从多个角度用多种理论加以解释。本研究使用了自我决定理论、社会认知理论、社会认同理论对职场精神性与个体职业成功的关系进行了研究，后续学者可考虑能否从其他理论如特质激发理论、压力需求-控制理论等进行研究，从不同的角度得出更为全面的结论。

6.6 本章小结

职场精神性作为一个比较成熟的构念，虽然学者对其定义有所不同，但是其最基本的一些内涵范畴如工作的意义感、与他人的联系感、与组织的联系感、内在精神生活及超越自我的实现等，是组织内员工普遍想追求的。基于此，本研究探讨了职场精神性对员工职业发展影响的内在机制及情境条件。本章在前文的基础上，重点对研究结果进行了进一步深入的分析和阐释，对本研究中给予验证的假设进行了讨论和分析。在研究结论的基础上，本书分别就提高员工职场精神性体验、帮助员工实现更大的职业发展，在职业上取得更大的成功，给出了一些相应的管理措施及建议。最后，总结本研究的局限和不足，并对后续探究亟待深入讨论研究问题进行展望。

参考文献

[1] ABELE A E, SPURK D. How do objective and subjective career success interrelate over time? [J]. Journal of Occupational and Organizational Psychology, 2009, 82 (4): 803-824.

[2] ABELE A E, SPURK D, VOLMER J. The construct of career success: measurement issues and an empirical example [J]. Zeitschrift für Arbeitsmarktforschung, 2011, 43 (3): 195-206.

[3] ADAMS G A, KING L A, KING D W. Relationships of job and family involvement, family social support, and work-family conflict with job and life satisfaction [J]. Journal of applied psychology, 1996, 81 (4): 411.

[4] AHMAD D, ABIDIN Z, RAZAK A, et al. Family Issues and Work-Family Conflict among Medical Officers in Malaysian Public Hospitals [J]. International Journal of Business and Social Science, 2010, 1 (1): 26-36.

[5] ALDERFER C P. An empirical test of a new theory of human needs [J]. Organizational behavior and human performance, 1969, 4 (2): 142-175.

[6] ALI H, ALI H. Demographics and spiritual leadership: Empirical evidence from Pakistan [J]. Business and Management Review, 2011, 1 (10): 36-42.

[7] ALTAF A, AWAN M A. Moderating affect of workplace spirituality on the relationship of job overload and job satisfaction [J]. Journal of business ethics, 2011, 104 (1): 93-99.

[8] ANDERSON J C, GERBING D W. Structural equation modeling in practice: A review and recommended two-step approach [J]. Psychological bulletin, 1988, 103 (3): 411.

[9] ARTAZCOZ L, BORRELL C, BENACH J. Gender inequalities in health among workers: the relation with family demands [J]. Journal of Epidemiology and

Community Health, 2001, 55 (9): 639-647.

[10] ARTHUR M B, KHAPOVA S N, WILDEROM C P M. Career success in a boundaryless career world [J]. Journal of organizational behavior, 2005, 26 (2): 177-202.

[11] ASHAR H, LANE-MAHER M. Success and spirituality in the new business paradigm [J]. Journal of management inquiry, 2004, 13 (3): 249-260.

[12] ASHFORTH B, ROGERS K, PRATT M. Ambivalence in organizations [C] //annual meeting of the Academy of Management, Montreal. 2010.

[13] ASHMOS D, DUCHON D. Spirituality at work [J]. Journal of management inquiry, 2000, 9 (2): 134-145.

[14] AWAN S, SITWAT A. Workplace Spirituality, Self-esteem, and Psychological Well-being Among Mental Health Professionals [J]. Pakistan Journal of Psychological Research, 2014, 29 (1).

[15] AYERS D F, MILLER-DYCE C, CARLONE D. Security, Dignity, Caring Relationships, and Meaningful Work Needs Motivating Participation in a Job-Training Program [J]. Community College Review, 2008, 35 (4): 257-276.

[16] BAARD P P, DECI E L, RYAN R M. Intrinsic Need Satisfaction: Amotivational Basis of Performance and Well-Being in Two Work Settings [J]. Journal of Applied Social Psychology, 2004, 34 (10): 2045-2068.

[17] BAETZ M, BOWEN R, JONES G, et al. How spiritual values and worship attendance relate to psychiatric disorders in the Canadian population [J]. Canadian Journal of Psychiatry, 2006, 51 (10): 654.

[18] BAETZ M, LARSON D B, MARCOUX G, et al. Canadian psychiatric inpatient religious commitment: an association with mental health [J]. Canadian Journal of Psychiatry, 2002, 47 (2): 159-166.

[19] BAGOZZI R P, YI Y. On the evaluation of structural equation models [J]. Journal of the academy of marketing science, 1988, 16 (1): 74-94.

[20] BAKKER A B, SCHAUFELI W B, LEITER M P, et al. Work engagement: An emerging concept in occupational health psychology [J]. Work & Stress, 2008, 22 (3): 187-200.

[21] BALLOUT H I. Career commitment and career success: moderating role of self-efficacy [J]. Career Development International, 2009, 14 (7): 655-670.

[22] BAMBER E M, IYER V M. Big 5 auditors' professional and organizational

identification: Consistency or conflict? [J]. Auditing: A Journal of Practice & Theory, 2002, 21 (2): 21-38.

[23] BANDURA A. Self-efficacy: Toward a unifying theory of behavioral change [J]. Psychological Review, 1978, 1 (4): 139-161.

[24] BANDURA A . Social foundations of thought and action: A social cognitive theory [M]. Englewood Cliffs, New Jersey: Prentice-Hall, 1986.

[25] BANDURA A. Social cognitive theory of human development [J]. International encyclopedia of education, 1996 (2): 5513-5518.

[26] BARAL R, BHARGAVA S. Work-family enrichment as a mediator between organizational interventions for work-life balance and job outcomes [J]. Journal of Managerial Psychology, 2010, 25 (3): 274-300.

[27] BARON R M, KENNY D A. The moderator-mediator variable distinction in social psychological research: Conceptual, strategic, and statistical considerations [J]. Journal of personality and social psychology, 1986, 51 (6): 1173.

[28] BAUMEISTER R F, LEARY M R. The need to belong: desire for interpersonal attachments as a fundamental human motivation [J]. Psychological bulletin, 1995, 117 (3): 497.

[29] BEAUMONT S L, SCAMMELL J. Patterns of spirituality and meaning in life related to identity [J]. Identity, 2012, 12 (4): 345-367.

[30] BEIJAARD D, VERLOOP N, VERMUNT J D. Teachers' perceptions of professional identity: An exploratory study from a personal knowledge perspective [J]. Teaching and teacher education, 2000, 16 (7): 749-764.

[31] BERTOLINO M, TRUXILLO D M, FRACCAROLI F. Age as moderator of the relationship of proactive personality with training motivation, perceived career development from training, and training behavioral intentions [J]. Journal of Organizational Behavior, 2011, 32 (2): 248-263.

[32] BETZ N E, HACKETT G. Applications of Self-efficacy Theory to the Career Assessment of Women [J]. Journal of Career Assesment, 1997, 5 (4): 383-402.

[33] BICKERTON G R, MINER M H, DOWSON M, et al. Incremental validity of spiritual resources in the job demands-resources model [J]. Psychology of Religion and Spirituality, 2015, 7 (2): 162.

[34] BLACKBURN R T, BENTLEY R J. Faculty research productivity: Some

moderators of associated stressors [J]. Research in Higher Education, 1993, 34 (6): 725-745.

[35] BODLA M A, ALI H. Workplace spirituality: A spiritual audit of banking executives in Pakistan [J]. African Journal of Business Management, 2012, 6 (11): 3888-3897.

[36] BOUDREAU J W, BOSWELL W R, JUDGE T A. Effects of personality on executive career success in the United States and Europe [J]. Journal of Vocational Behavior, 2001, 58 (1): 53-81.

[37] BOYAR S L, CARR J C, JR D C M, et al. The Development and Validation of Scores on Perceived Work and Family Demand Scales [J]. Educational and Psychological Measurement, 2007, 67 (1): 100-115.

[38] BOYAR S L, MAERTZ JR C P, MOSLEY JR D C, et al. The impact of work/family demand on work-family conflict [J]. Journal of Managerial Psychology, 2008, 23 (3): 215-235.

[39] BOYAR S L, MAERTZ JR, C P. Work-family conflict: The mediating effect of work and family demand. Orlando: Paper presented at the annual meetings of the Society for Industrial and Organizational Psychology, 2003.

[40] BOZIONELOS N. Intra-organizational network resources: How they relate to career success and organizational commitment [J]. Personnel Review, 2008, 37 (3): 249-263.

[41] BROECK A V, MAARTEN V, HANS D W. Explaining the relationships between job characteristics, burnout, and engagement: The role of basic psychological need satisfication [J]. Work and Stress, 2008, 22 (3): 277-294.

[42] BROWN S P, JONES E, LEIGH T W. The attenuating effect of role overload on relationships linking self-efficacy and goal level to work performance [J]. Journal of Applied Psychology, 2005, 90 (5): 972.

[43] BYRON K. A meta-analytic review of work-family conflict and its antecedents [J]. Journal of Vocational Behavior, 2005, 67 (2): 169-198.

[44] CAESENS G, STINGLHAMBER F. The relationship between perceived organizational support and work engagement: The role of self-efficacy and its outcomes [J]. Revue Européenne de Psychologie Appliquée/European Review of Applied Psychology, 2014, 64 (5): 259-267.

[45] CAMPBELL D J, CAMPBELL K M. The effects of family responsibilities

on the work commitment and job performance of non-professional women [J]. Journal of Occupational and Organizational Psychology, 1994, 67 (4): 283-296.

[46] CARR A. Evidence based practice in family therapy and systemic consultation: child focused problems [J]. Journal of Family Therapy, 2000, 22 (3): 273-295.

[47] CAVANAGH G F, BANDSUCH M R. Virtue as a benchmark for spirituality in business [J]. Journal of business ethics, 2002, 38 (1-2): 109-117.

[48] CHAMBERLAIN K, ZIKA S. Religiosity, meaning in life, and psychological well-being [J]. Religion and mental health, 1992: 138-148.

[49] CHAWLA V, GUDA S. Individual spirituality at work and its relationship with job satisfaction, propensity to leave and job commitment an exploratory study among sales professionals [J]. Journal of Human values, 2010, 16 (2): 157-167.

[50] CHAWLA V. The effect of workplace spirituality on salespeople's organisational deviant behaviours: research propositions and practical implications [J]. Journal of Business & Industrial Marketing, 2014, 29 (3): 199-208.

[51] CHOI J, CHEN C C. Gender differences in perceived work demands, family demands, and life stress among married Chinese employees [J]. Management and Organization Review, 2006, 2 (2): 209-229.

[52] CLARK L, LEEDY S, MCDONALD L, et al. Spirituality and job satisfaction among hospice interdisciplinary team members [J]. Journal of palliative medicine, 2007, 10 (6): 1321-1328.

[53] CLARK S C. Work/family border theory: A new theory of work/family balance [J]. Human relations, 2000, 53 (6): 747-770.

[54] COHEN B, GREENFIELD J. Ben & Jerry's Double-Dip Lead with Your Values And Make Money, To [J]. Library Journal, 1997, 122 (10): 110.

[55] CONKLIN A M, DAHLING J J, GARCIA P A. Linking Affective Commitment, Career Self-Efficacy, and Outcome Expectations A Test of Social Cognitive Career Theory [J]. Journal of Career Development, 2013, 40 (1): 68-83.

[56] CRAWFORD A, HUBBARD S S, LONIS-SHUMATE S R, et al. Workplace spirituality and employee attitudes within the lodging environment [J]. Journal of human resources in hospitality & tourism, 2008, 8 (1): 64-81.

[57] DAY R, ALLEN T D. The relationship between career motivation and self-efficacy with protégé career success [J]. Journal of Vocational Behavior, 2004,

64 (1): 72-91.

[58] DECI E L, CONNELL J P, RYAN R M. Self-determination in a work organization [J]. Journal of Applied Psychology, 1989, 74 (4): 580.

[59] DECI E L, KOESTNER R, RYAN R M. Extrinsic rewards and intrinsic motivation in education: Reconsidered once again [J]. Review of educational research, 2001, 71 (1): 1-27.

[60] DECI E L, RYAN R M. Cognitive evaluation theory [M]. Intrinsic motivation and self-determination in human behavior. Springer US, 1985: 43-85.

[61] DECI E L, RYAN R M. Handbook of self-determination research [M]. Rochester: University Rochester Press, 2002.

[62] DECI E, L, RYAN R M. The "what" and "why" of goal pursuits: human needs and the self- determination of behavior [J]. Psychological Inpuiry, 2000, 11: 227-268.

[63] DECI E L, RYAN R M, GAGNE M, et al. Need satisfaction, motivation, and wellbeing in the work organizations of a former Eastern Bloc country [J]. Personality and Social Psychology Bulletin, 2001, 27.

[64] DE KLERK J J. Spirituality, meaning in life, and work wellness: A research agenda [J]. International Journal of Organizational Analysis, 2005, 13 (1): 64-68.

[65] DE NEVE J E, OSWALD A J. Estimating the influence of life satisfaction and positive affect on later income using sibling fixed effects [J]. Proceedings of the National Academy of Sciences, 2012, 109 (49): 19953-19958.

[66] DE VOS A, DE HAUW S, VAN DER HEIJDEN B I J M. Competency development and career success: The mediating role of employability [J]. Journal of Vocational Behavior, 2011, 79 (2): 438-447.

[67] DOBROW S R, TOSTI-KHARAS J. Calling: The development of a scale measure [J]. Personnel Psychology, 2011, 64 (4): 1001-1049.

[68] DRIES N, PEPERMANS R, CARLIER O. Career success: Constructing a multidimensional model [J]. Journal of Vocational Behavior, 2008, 73 (2): 254-267.

[69] DUFFY R D, BLUSTEIN D L. The relationship between spirituality, religiousness, and career adaptability [J]. Journal of Vocational Behavior, 2005, 67 (3): 429-440.

[70] DUFFY R D, DIK B J, STEGER M F. Calling and work-related outcomes: Career commitment as a mediator [J]. Journal of Vocational Behavior, 2011, 78 (2): 210-218.

[71] DUFFY R D, FOLEY P F, RAQUE-BODGAN T L, et al. Counseling Psychologists who view their careers as a calling: A qualitative study [J]. Journal of Career Assessment, 2012, 78 (2): 293-308.

[72] DUFFY R D, REID L, DIK B J. Spirituality, religion, and career development: implications for the workplace [J]. Journal of Management, Spirituality and Religion, 2010, 7 (3): 209-221.

[73] DUST S B, GREENHAUS J H. Spirituality and the work-home interface: a demands-resources perspective [J]. Journal of Management, Spirituality & Religion, 2013, 10 (3): 282-305.

[74] DUXBURY L E, HIGGINS C A. Gender differences in work-family conflict [J]. Journal of applied psychology, 1991, 76 (1): 60.

[75] EBY L T, BUTTS M, LOCKWOOD A. Predictors of success in the era of the boundaryless career [J]. Journal of Organizational Behavior, 2003, 24 (6): 689-708.

[76] EBY L T, CASPER W J, LOCKWOOD A, et al. Work and family research in IO/OB: Content analysis and review of the literature (1980-2002) [J]. Journal of Vocational Behavior, 2005, 66 (1): 124-197.

[77] EDWARD L, DECI E L, RICHARD M, et al. Self-Determination Theory: A Macrotheory of Human Motivation, Development, and Health [J]. Canadian Psychology, 2008, 49 (3): 182-185.

[78] EITH T K, STUMMER H, SCHUSTERSCHITZ C. Career success perception and work-related behaviour of employees in geriatric care-a pilot study in a German geriatric care facility [J]. Scandinavian journal of caring sciences, 2011, 25 (1): 45-52.

[79] ERDOGAN B, KRAIMER M L, LIDEN R C. Work value congruence and intrinsic career success: the compensatory roles of leader-member exchange and perceived organizational support [J]. Personnel Psychology, 2004, 57 (2): 305-332.

[80] ERICKSON R J, NICHOLS L, RITTER C. Family influences on absenteeism: Testing an expanded process model [J]. Journal of Vocational Behavior, 2000, 57 (2): 246-272.

[81] ERIKSON E H. Identity: Youth and Crisis. New York: WW Norton & Company, 1994.

[82] FELDMAN D C. Careers in organizations: Recent trends and future directions [J]. Journal of Management, 1989, 15 (2): 135-156.

[83] FESTINGER L. A Theory of Cognitive Dissonance (Vol. 2) [J]. American Journal of Psychology, 1957.

[84] FINEGOLD D, MOHRMAN S A. What do employees really want [C] // The perception vs. the reality. In proceedings of the annual meeting of the World Economic Forum, Davos, Switzerland. 2001.

[85] FITCHETT G, CANADA A L. The role of religion/spirituality in coping with cancer: Evidence, assessment, and intervention [M] // HOLLAND J C, BREITBART W S, JACOBSEN P B, et al. PsychoOncology. Oxford, NY: Oxford University Press, 2010.

[86] FORD M T, HEINEN B A, LANGKAMER K L. Work and family satisfaction and conflict: a meta-analysis of cross-domain relations [J]. Journal of Applied Psychology, 2007, 92 (1): 57.

[87] FORNELL C, LARCKER D F. Evaluating structural equation models with unobservable variables and measurement error [J]. Journal of marketing research, 1981: 39-50.

[88] FRONE M R, RUSSELL M, COOPER M L. Antecedents and outcomes of work-family conflict: testing a model of the work-family interface [J]. Journal of applied psychology, 1992, 77 (1): 65.

[89] FRONE M R, RUSSELL M, COOPER M L. Prevalence of work-family conflict: Are work and family boundaries asymmetrically permeable? [J]. Women Employees and Human Resource Management, 2000, 723: 172.

[90] FRY L W. Toward a theory of spiritual leadership [J]. The leadership quarterly, 2003, 14 (6): 693-727.

[91] FRY L W, COHEN M P. Spiritual leadership as a paradigm for organizational transformation and recovery from extended work hours cultures [J]. Journal of business ethics, 2009, 84 (2): 265-278.

[92] GAGNÉ M. Autonomy support and need satisfaction in the motivation and well-being of gymnasts [J]. Journal of Applied Sport Psychology, 2003, 15 (4): 372-390.

[93] GAGNÉ M, DECI E L. Self-determination theory and work motivation [J]. Journal of Organizational behavior, 2005, 26 (4): 331-362.

[94] GANSTER D C, HENNESSEY H W, LUTHANS F. Social desirability response effects: Three alternative models [J]. Academy of Management Journal, 1983, 26 (2): 321-331.

[95] GAO J, WU J J. The influence of Workplace Friendship for female employees' Career Success in the logistics industry [J]. 2014.

[96] GARCIA-ZAMOR J C. Workplace spirituality and organizational performance [J]. Public administration review, 2003, 63 (3): 355-363.

[97] GATTIKER U E, LARWOOD L. Subjective career success: A study of managers and support personnel [J]. Journal of Business and Psychology, 1986, 1 (2): 78-94.

[98] GAZIEL H H. Sabbatical leave, job burnout and turnover intentions among teachers [J]. International Journal of Lifelong Education, 1995, 14 (4): 331-338.

[99] GEBELT J L, LEAK G K. Identity and spirituality: Conceptual and empirical progress [J]. 2009.

[100] Geh, Zhen Yao Eugene and TAN, Gilbert Yip Wei. Spirituality at Work and OCB: An Examination of the Mediation Effect of Organizational Commitment. (2009). 8th Asian Conference and 1st MENA Conference of the Academy of HRD, Bahrain, December 2009. Research Collection Lee Kong Chian School Of Business.

[101] GEIGLE D. Workplace Spirituality Empirical Research: A Literature Review [J]. Business and Management Review, 2012, 2 (10): 14-27.

[102] JURKIEWICZ C L. Ethics and spirituality in crisis [J]. Handbook of workplace spirituality and organizational performance, 2010.

[103] GIBSON C, DEMBO M H. Teacher efficacy: a construct validation [J]. Journal of Educational Psychonology, 1984, 76 (4): 569-582.

[104] GOLPARVAR M, ABEDINI H. A comprehensive study on the relationship between meaning and spirituality at work with job happiness, positive affect and job satisfaction [J]. Management Science Letters, 2014, 4 (2): 255-268.

[105] GOTSIS G, KORTEZI Z. Philosophical foundations of workplace spirituality: A critical approach [J]. Journal of business ethics, 2008, 78 (4): 575-600.

[106] GREENHAUS J H, BEUTELL N J. Sources of conflict between work and

family roles [J]. Academy of management review, 1985, 10 (1): 76-88.

[107] GREENHAUS J H, PARASURAMAN S, WORMLEY W M. Effects of race on organizational experiences, job performance evaluations, and career outcomes [J]. Academy of management Journal, 1990, 33 (1): 64-86.

[108] GREENHAUS J H, POWELL G N. When work and family are allies: A theory of work-family enrichment [J] The Academy of Management Review, 2006, 31: 72-92.

[109] GREGURAS G J, DIEFENDORFF J M. Different Fits Satisfy Different-Needs: Linking Person-Environment Fit to EmployeeCommitment and Performance Using Self-determination Theory. Journal of Applied Psychology, 2009, 94 (2): 465-477.

[110] GÜMÜS M, HAMARAT B, ÇOLAK E, Et al. Organizational and occupational identification: Relations to teacher satisfaction and intention to early retirement [J]. Career Development International, 2012, 17 (4): 300-313.

[111] GUPTA M, KUMAR V, SINGH M. Creating Satisfied Employees Through Workplace Spirituality: A Study of the Private Insurance Sector in Punjab (India) [J]. Journal of Business Ethics, 2014, 122 (1): 79-88.

[112] GUSHUE G V, CLARKE C P, PANTZER K M, et al. Self-efficacy, perceptions of barriers, vocational identity, and the career exploration behavior of Latino/a high school students [J]. The Career Development Quarterly, 2006, 54 (4): 307-317.

[113] HACKETT G H, BETZ N E. A self-efficacy approach to the career development of women [J]. Journal of Vocational Behavior, 1981, 18 (3): 326-339.

[114] HACKMAN J R, OLDHAM G R. Motivation through the design of work: test of a theory [J]. Organizational Behavior & Human Performance, 1976, 16 (2): 250-279.

[115] HAIR J F, BLACK B, ANDERSON R, et al. Multivariate Data Analysis: Text and Readings [J]. Reading Psychology, 1995.

[116] HAKANEN J, PEETERS M, PERHONIEMI R. Enrichment processes and gain spirals at work and at home: A three-year cross-lagged panel design [J]. Journal of Occupational and Organizational Psychology, 2011, 84 (1): 8-30.

[117] HALL A S. Expanding Academic and Career Self-Efficacy: A Family

Systems Framework [J]. Journal of Counseling & Development, 2003, 81 (1): 33-39.

[118] HALL D T, CHANDLER D E. Psychological success: When the career is a calling [J]. Journal of Organizational Behavior, 2005, 26 (2): 155-176.

[119] HARGROVE B K, INMAN A G, CRANE R L. Family interaction patterns, career planning attitudes, and vocational identity of high school adolescents [J]. Journal of Career Development, 2005, 31 (4): 263-278.

[120] HARRINGTON W J, PREZIOSI R C, GOODEN D J. Perceptions of workplace spirituality among professionals and executives [J]. Employee Responsibilities and Rights Journal, 2001, 13 (3): 155-163.

[121] HEKMAN D R, BIGLEY G A, STEENSMA H K, et al. Combined effects of organizational and professional identification on the reciprocity dynamic for professional employees [J]. Academy of Management Journal, 2009, 52 (3): 506-526.

[122] HESLIN P A. Conceptualizing and evaluating career success [J]. Journal of Organizational behavior, 2005, 26 (2): 113-136.

[123] HIGGINS M C, DOBROW S R, CHANDLER D. Never quite good enough: The paradox of sticky developmental relationships for elite university graduates [J]. Journal of Vocational Behavior, 2008, 72 (2): 207-224.

[124] HIRSCHI A, JAENSCH V K. Narcissism and career success: Occupational self-efficacy and career engagement as mediators [J]. Personality and Individual Differences, 2015 (77): 205-208.

[125] HOBFOLL S E. Conservation of resources: A new attempt at conceptualizing stress [J]. American psychologist, 1989, 44 (3): 513.

[126] HOFMAN J, KREMER L. Professional identity and teacher dropout [J]. Studies in Education, 1981 (31): 99-108.

[127] HOGG M A. A social identity theory of leadership [J]. Personality and social psychology review, 2001, 5 (3): 184-200.

[128] HOLAHAN C K, GILBERT L A. Interrole conflict for working women: careers versus jobs [J]. Journal of Applied Psychology, 1979, 64 (1): 86.

[129] HOLLAND J J, GOTTFREDSON D C, POWER P G. Some diagnostic scales for research in decision making and personality: Identity, information, and barriers [J]. Journal of Personality and Social Psychology, 1980, 39 (6): 1191.

[130] HOLLAND J L, JOHNSTON J A, ASAMA N F. The Vocational Identity

Scale: A diagnostic and treatment tool [J]. Journal of Career Assessment, 1993, 1 (1): 1-12.

[131] HO M Y, CHEN X, CHEUNG F M, et al. A Dyadic Model of the Work-Family Interface: A Study of Dual-Earner Couples in China [J]. Journal of Occupational Health Psychology, 2013, 18 (1): 53-63.

[132] BROWN F. Principles of behavior [J]. Scientific Monthly, 1944, 59 (2): 161-162.

[133] HU L T, BENTLER P M, HOYLE R H. Structural equation modeling: Concepts, issues, and applications [J]. Evaluating model fit, 1995: 76-99.

[134] HUGHES E C. Institutional office and the person [J]. American journal of sociology, 1937: 404-413.

[135] ILARDI B C, LEONE D, KASSER T, et al. Employee and Supervisor Ratings of Motivation: Main Effects and Discrepancies Associated with Job Satisfaction and Adjustment in a Factory Setting1 [J]. Journal of Applied Social Psychology, 1993, 23 (21): 1789-1805.

[136] JEX S M, BLIESE P D. Efficacy beliefs as a moderator of the impact of work-related stressors: a multilevel study [J]. Journal of applied psychology, 1999, 84 (3): 349.

[137] JUDGE T A, HELLER D, MOUNT M K. Five-factor model of personality and job satisfaction: a meta-analysis [J]. Journal of applied psychology, 2002, 87 (3): 530.

[138] JUDGE T A, HIGGINS C A, THORESEN C J, et al. The big five personality traits, general mental ability, and career success across the life span [J]. Personnel psychology, 1999, 52 (3): 621-652.

[139] JUDGE T A, HURST C. How the rich (and happy) get richer (and happier): relationship of core self-evaluations to trajectories in attaining work success [J]. Journal of Applied Psychology, 2008, 93 (4): 849.

[140] JUNE M L. Bangi. "Career commitment and career success: Moderating role of emotion perception [J]. Career Development International, 2004, 4: 374-390.

[141] JURKIEWICZ C L, GIACALONE R A. A values framework for measuring the impact of workplace spirituality on organizational performance [J]. Journal of business ethics, 2004, 49 (2): 129-142.

[142] KAHN W A. Psychological conditions of personal engagement and disengagement at work [J]. Academy of Management Journal, 1990, 33 (4): 692-724.

[143] KANFER R, ACKERMAN P L. Aging, adult development, and work motivation. Academy of Management Review, 2004, 29.

[144] KARAKAS F. Spirituality and performance in organizations: A literature review [J]. Journal of business ethics, 2010, 94 (1): 89-106.

[145] KARASEK JR R A. Job demands, job decision latitude, and mental strain: Implications for job redesign [J]. Administrative science quarterly, 1979: 285-308.

[146] KARATEPE O M, BEKTESHI L. Antecedents and outcomes of work-family facilitation and family-work facilitation among frontline hotel employees [J]. International Journal of Hospitality Management, 2008, 27 (4): 517-528.

[147] KASSER T, RYAN R M. Further examining the American dream: Differential correlates of intrinsic and extrinsic goals [J]. Personality and Social Psychology Bulletin, 1996 (22): 280-287.

[148] KAZEMIPOUR F, MOHD AMIN S. The impact of workplace spirituality dimensions on organisational citizenship behaviour among nurses with the mediating effect of affective organisational commitment [J]. Journal of nursing management, 2012, 20 (8): 1039-1048.

[149] KHANIFAR H, JANDAGHI G, SHOJAIE S. Organizational consideration between spirituality and professional commitment [J]. European Journal of Social Sciences, 2010, 12 (4): 558-571.

[150] KIESLING C, SORELL G. Joining Erikson and identity specialists in the quest to characterize adult spiritual identity [J]. Identity: An International Journal of Theory and Research, 2009, 9 (3): 252-271.

[151] KINJERSKI V M, SKRYPNEK B J. Defining spirit at work: Finding common ground [J]. Journal of organizational change management, 2004, 17 (1): 26-42.

[152] KINJERSKI V, SKRYPNEK B J. Measuring the Intangible: Development of the Spirit at Work Scale [C] //Academy of Management Proceedings. Academy of Management, 2006 (1): 1-6.

[153] KING Z. Career self-management: Its nature, causes and consequences

[J]. Journal of Vocational Behavior, 2004, 65 (1): 112-133.

[154] KOLODINSKY R W, GIACALONE R A, JURKIEWICZ C L. Workplace values and outcomes: Exploring personal, organizational, and interactive workplace spirituality [J]. Journal of business ethics, 2008, 81 (2): 465-480.

[155] KOMALA K, GANESH L S. Individual spirituality at work and its relationship with job satisfaction and burnout: An exploratory study among healthcare professionals [J]. The Business Review, Cambridge, 2007, 7 (1): 124-129.

[156] KONOPACK J F, MCAULEY E. Efficacy-mediated effects of spirituality and physical activity on quality of life: A path analysis [J]. Health, 2012, 12: 17.

[157] KORMAN A K, WITTIG-BERMAN U, LANG D. Career success and personal failure: Alienation in professionals and managers [J]. Academy of Management Journal, 1981, 24 (2): 342-360.

[158] KRISHNAKUMAR S, NECK C P. The "what", "why" and "how" of spirituality in the workplace [J]. Journal of managerial psychology, 2002, 17 (3): 153-164.

[159] LAMBERT E G, ALTHEIMER I, HOGAN N L, et al. Correlates of Correctional Orientation in a Treatment-Oriented Prison A Partial Test of Person—Environment Fit Theory [J]. Criminal Justice and Behavior, 2011, 38 (5): 453-470.

[160] LEE P C. Cognition and affect in leader behavior: The effects of spirituality, psychological empowerment, and emotional intelligence on the motivation to lead [D]. Virginia Beach: Regent University, 2005.

[161] LENT R W, BROWN S D, NOTA L, et al. Testing social cognitive interest and choice hypotheses across Holland types in Italian high school students [J]. Journal of Vocational Behavior, 2003, 62 (1): 101-118.

[162] LEONG F T L. The Career Counseling Process With Racial-Ethnic Minorities: The Case of Asian Americans [J]. The Career Development Quarterly, 1993, 42 (1): 26-40.

[163] LIPS-WIERSMA M. The influence of spiritual "meaning-making" on career behavior [J]. Journal of Management Development, 2002, 21 (7): 497-520.

[164] LIU C H, ROBERTSON P J. Spirituality in the workplace: Theory and measurement [J]. Journal of management inquiry, 2010.

[165] LOI R, HANG-YUE N, FOLEY S. The effect of professional identifica-

tion on job attitudes: A study of lawyers in Hong Kong [J]. Organizational Analysis, 2004, 12 (2): 109-128.

[166] LONDON M, STUMPF S A. Managing careers [M]. Addison Wesley Publishing Company, 1982.

[167] LONG B S, HELMS MILLS J. Workplace spirituality, contested meaning, and the culture of organization: A critical sensemaking account [J]. Journal of organizational change management, 2010, 23 (3): 325-341.

[168] LU L, KAO S F, CHANG T T, et al. Work/family demands, work flexibility, work/family conflict, and their consequences at work: A national probability sample in Taiwan [J]. International Journal of Stress Management, 2008, 15 (1): 1.

[169] LYNCH M, PLANT R, RYAN. Psychological needs and threat to safety: Implications for staff and patients in a psychiatric hospital for youth. Professional Psychology Research and Practice, 2005, 36.

[170] MADDUX J E. Self-efficacy, Adaptation, and Adjustment: Theory, Research, and Application [M]. New York: Plenum Press, 1995.

[171] MARTINS L L, EDDLESTON K A, VEIGA J F. Moderators of the relationship between work-family conflict and career satisfaction [J]. Academy of Management Journal, 2002, 45 (2): 399-409.

[172] MATSUI T, OHSAWA T, ONGLATCO M L. Work-family conflict and the stress-buffering effects of husband support and coping behavior among Japanese married working women [J]. Journal of vocational Behavior, 1995, 47 (2): 178-192.

[173] MCARDLE S, WATERS L, BRISCOE J P, et al. Employability during unemployment: Adaptability, career identity and human and social capital [J]. Journal of vocational behavior, 2007, 71 (2): 247-264.

[174] MCCALLUM S Y. An examination of internal and external networking behaviors and their relationship to career success and work attitudes [M]. 2008.

[175] MCDONALD T, SIEGALL M. The effects of technological self-efficacy and job focus on job performance, attitudes, and withdrawal behaviors. Journal of Psychology, 1992, 126 (5): 465.

[176] MCKEE-RYAN F, SONG Z, WANBERG C R, et al. Psychological and physical well-being during unemployment: a meta-analytic study [J]. Journal of applied psychology, 2005, 90 (1): 53.

[177] MEIJERS F, KUIJPERS M, GUNDY C. The relationship between career competencies, career identity, motivation and quality of choice [J]. International Journal for Educational and Vocational Guidance, 2013, 13 (1): 47-66.

[178] MEIJERS F. The development of a career identity [J]. International Journal for the Advancement of Counselling, 1998, 20 (3): 191-207.

[179] MCSHERRY W, MSHERRY R, WATSON R. Care in Nursing: Principles, values and skills [M]. Oxford: Oxford University Press, 2012.

[180] MILLIMAN J, CZAPLEWSKI A J, FERGUSON J. Workplace spirituality and employee work attitudes: An exploratory empirical assessment [J]. Journal of organizational change management, 2003, 16 (4): 426-447.

[181] MINER M, BICKERTON G, DOWSON M, et al. Spirituality and work engagement among church leaders [J]. Mental Health, Religion & Culture, 2015, 18 (1): 57-71.

[182] MITROFF I I, DENTON, ELIZABETH A. A spiritual audit of corporate America [M]. San Francisco: Jossey-Bass Inc., 1999.

[183] MONIQUE V, JAMIE J L. Family and career path characteristics as predictors of women's objective and subject career success: integrating traditional and protean career explanations [J]. Journal of Vocational Behavior, 2008 (73): 300-309.

[184] MOORE M, HOFMAN J E. Professional identity in institutions of higher learning in Israel [J]. Higher education, 1998, 17 (1): 69-79.

[185] MOORE T W, CASPER W J. An examination of proxy measures of workplace spirituality: A profile model of multidimensional constructs [J]. Journal of Leadership & Organizational Studies, 2006, 12 (4): 109-118.

[186] MOXLEY R S. Leadership and spirit: Breathing new vitality and energy into individuals and organizations [M]. Jossey-Bass Publishers, 2000.

[187] NATIONAL CAREER DEVELOPMENT ASSOCIATION. Career development: A policy statement of the National Career Development Association board of directors [J]. 1993.

[188] NETEMEYER R G, BOLES J S, MCMURRIAN R. Development and validation of work-family conflict and family-work conflict scales [J]. Journal of applied psychology, 1996, 81 (4): 400.

[189] NG T W H, EBY L T, SORENSEN K L, et al. Predictors of objective

and subjective career success: a meta-analysis [J]. Personnel psychology, 2005, 58 (2): 367-408.

[190] NG T W H, FELDMAN D C. Organizational tenure and job performance [J]. Journal of Management, 2010, 36 (5): 1220-1250.

[191] NICHOLSON N, DE WAAL-ANDREWS W. Playing to win: Biological imperatives, self-regulation, and trade-offs in the game of career success [J]. Journal of Organizational Behavior, 2005, 26 (2): 137.

[192] NICHOLS M P, SCHWARTZ R C. Family therapy: Concepts and methods [M]. Allyn & Bacon, 1998.

[193] NOTA L, FERRARI L, SOLBERG V S H, et al. Career search self-efficacy, family support, and career indecision with Italian youth [J]. Journal of Career Assessment, 2007, 15 (2): 181-193.

[194] NORDENMARK M. Balancing work and family demands Do increasing demands increase strain? A longitudinal study [J]. Scandinavian journal of public health, 2004, 32 (6): 450-455.

[195] NORDENMARK M. Does gender ideology explain differences between countries regarding the involvement of women and of men in paid and unpaid work? [J]. International Journal of Social Welfare, 2004, 13 (3): 233-243.

[196] OLDNALL A. A critical analysis of nursing: meeting the spiritual needs of patients [J]. Journal of Advanced Nursing, 1996, 23 (1): 138-144.

[197] O'NEILL B S, MONE M A. Investigating equity sensitivity as a moderator of relations between self-efficacy and workplace attitudes [J]. Journal of Applied Psychology, 1998, 83 (5): 805-816.

[198] OSWICK C. Burgeoning workplace spirituality? A textual analysis of momentum and directions [J]. Journal of management, spirituality and religion, 2009, 6 (1): 15-25.

[199] PANDEY A, GUPTA R K, ARORA A P. Spiritual climate of business organizations and its impact on customers' experience [J]. Journal of business ethics, 2009, 88 (2): 313-332.

[200] PARASURAMAN S, PUROHIT Y S, GODSHALK V M, et al. Work and family variables, entrepreneurial career success, and psychological well-being [J]. Journal of Vocational Behavior, 1996, 48 (3): 275-300.

[201] PATRICK A. Forum on American spirituality [J]. Religion and Ameri-

can Culture, 1999 (9): 139-145.

[202] PATRICK J H, KINNEY J M. Why believe? The effects of religious beliefs on emotional well being [J]. Journal of Religious Gerontology, 2003, 14 (2-3): 153-170.

[203] PAWAR B S. Workplace spirituality facilitation: A comprehensive model [J]. Journal of business ethics, 2009, 90 (3): 375-386.

[204] PEETER M, MONTGOMERY A, BAKKER A, et al. Balancing work and home: How job demands and home demands are related to burnout [J]. International Journey of Stress Management, 2005, 12 (1): 43-62.

[205] PENICK N I, JEPSEN D A. Family functioning and adolescent career development [J]. The career development quarterly, 1992, 40 (3): 208-222.

[206] PETCHSAWANG P, DUCHON D. Measuring workplace spirituality in an Asian context [J]. Human resource development international, 2009, 12 (4): 459-468.

[207] PODSAKOFF P M, MACKENZIE S B, LEE J Y, et al. Common method biases in behavioral research: a critical review of the literature and recommended remedies [J]. Journal of applied psychology, 2003, 88 (5): 879.

[208] POON J M L. Career commitment and career success: moderating role of emotion perception [J]. Career Development International, 2004, 9 (4): 374-390.

[209] REGIDOR E, PASCUAL C, DE LA FUENTE L, et al. Socio-economic position, family demands and reported health in working men and women [J]. European Journal of Public Health, 2010, 21 (1): 109-115.

[210] REGO A, PINA E CUNHA M. Workplace spirituality and organizational commitment: an empirical study [J]. Journal of organizational change management, 2008, 21 (1): 53-75.

[211] REIS H T, SHELDON K M, GABLE S L, et al. Daily well-being: The role of autonomy, competence, and relatedness [J]. Personality and social psychology bulletin, 2000, 26 (4): 419-435.

[212] RIGOTTI T, SCHYNS B, MOHR G. A short version of the occupational self-efficacy scale: Structural and construct validity across five countries [J]. Journal of Career Assessment, 2008, 16 (2): 238-255.

[213] ROBERT T E, YOUNG J S, KELLY V A. Relationships between adult workers' spiritual well-being and job satisfaction: A preliminary study [J]. Counse-

ling and Values, 2006, 50 (3): 165.

[214] ROMERO C, FRIEDMAN L C, KALIDAS M, et al. Self-forgiveness, spirituality, and psychological adjustment in women with breast cancer [J]. Journal of Behavioral Medicine, 2006, 29 (1): 29-36.

[215] ROTHAUSEN T J. "Family" in organizational research: A review and comparison of definitions and measures [J]. Journal of Organizational Behavior, 1999, 19: 817-836.

[216] RYAN R M, DECI E L. Self-determination theory and the facilitation of intrinsic motivation, social development and well- being [J]. American Psychologist, 2000, 55 (1): 68-78.

[217] RYAN R M, DECI E L. Self-regulation and the problem of human autonomy: does psychology need choice, self-determination, and will? [J]. Journal of personality, 2006, 74 (6): 1557-1586.

[218] SADRI G, ROBERTSON I T. Self-efficacy and work-related behaviour: A review and meta-analysis [J]. Applied Psychology: An International Review, 1993.

[219] SAPMAZ F, DOGAN T, SAPMAZ S, et al. Examining Predictive Role of Psychological Need Satisfaction on Happiness in terms of Self-Determination Theory [J]. Procedia-Social and Behavioral Sciences, 2012 (55): 861-868.

[220] SCHWARZER R, JERUSALEM M. Optimistic self-beliefs as a resource factor in coping with stress [M] //Extreme stress and communities: Impact and intervention. Springer Netherlands, 1995: 159-177.

[221] SCHYNS B, VON COLLANI G. A new occupational self-efficacy scale and its relation to personality constructs and organizational variables [J]. European Journal of Work and Organizational Psychology, 2002, 11 (2): 219-241.

[222] SEIBERT S E, KRAIMER M L, LIDEN R C. A social capital theory of career success [J]. Academy of Management Journal, 2001, 44 (2): 219-237.

[223] SHANNON S E, TATUM P. Spirituality and end-of-life care [J]. Missouri medicine, 2002, 99 (10).

[224] SHENG C W, CHEN M C. Chinese viewpoints of workplace spirituality [J]. International Journal of Business and Social Science, 2012, 3 (15): 195-203.

[225] SMITH E R, SEGER C R, MACKIE D M. Can emotions be truly group level? Evidence regarding four conceptual criteria [J]. Journal of personality and so-

cial psychology, 2007, 93 (3): 431.

[226] SOLBERG S V, GOOD G, NORD D, et al. Assessing career search expectations: Development and validation of the career search efficacy scale [J]. Journal of Career Assessment, 1994, 2 (2).

[227] SPURK D, ABELE A E. Synchronous and time-lagged effects between occupational self-efficacy and objective and subjective career success: Findings from a four-wave and 9-year longitudinal study [J]. Journal of Vocational Behavior, 2014, 84 (2): 119-132.

[228] STAINES G L. Spillover versus compensation: A review of the literature on the relationship between work and nonwork [J]. Human Relations, 1980, 33 (2): 111-129.

[229] STAJKOVIC A D, LUTHANS F. Self-efficacy and work-related performance: A meta-analysis [J]. Psychological Bulletin, 1998, 124 (2): 240.

[230] STUMPF S A, DOH J P, TYMON W G. The strength of HR practices in India and their effects on employee career success, performance, and potential [J]. Human Resource Management, 2010, 49 (3): 353-375.

[231] STURGES J, GUEST D, CONWAY N, et al. A longitudinal study of the relationship between career management and organizational commitment among graduates in the first ten years at work [J]. Journal of Organizational Behavior, 2002, 23 (6): 731-748.

[232] SUN B, ZENG Z J. Proactive Personality and Career Success: A Person-organization Fit Perspective [J]. Soviet Journal of Experimental, 2014, 21 (10): 21-26.

[233] TAJFEL H. Social identity and intergroup relations [M]. Cambridge, MA: Cambridge University Press, 1982.

[234] TAYLOR K M, BETZ N E. Applications of self-efficacy theory to the understanding and treatment of career indecision [J]. Journal of Vocational Behavior, 1983, 22 (1): 63-81.

[235] TEN BRUMMELHUIS L L, LIPPE T, KLUWER E S, et al. Positive and negative effects of family involvement on work-related burnout [J]. Journal of Vocational Behavior, 2008, 73 (3): 387-396.

[236] THARENOU P. Going up? Do traits and informal social processes predict advancing in management? [J]. Academy of management Journal, 2001, 44 (5):

1005-1017.

[237] THARENOU P. Is there a link between family structures and women's and men's managerial career advancement? [J]. Journal of Organizational Behavior, 1999, 20 (6): 837-863.

[238] TIERNEY P, FAMER S M, GRAEN G B. The examination of leadership and employee creativity: The relevance of traits and relationship [J]. Personnel Psychology, 1999, 52 (3): 591-620.

[239] TISCHLER L. The growing interest in spirituality in business: A long-term socio-economic explanation [J]. Journal of Organizational Change Management, 1999, 12 (4): 273-280.

[240] TSUI A S, ASHFORD S J, CLAIR L S, et al. Dealing with discrepant expectations: Response strategies and managerial effectiveness [J]. Academy of Management journal, 1995, 38 (6): 1515-1543.

[241] TRYBOU J, GEMMEL P, PAUWELS Y, et al. The impact of organizational support and leader-member exchange on the work-related behaviour of nursing professionals: the moderating effect of professional and organizational identification [J]. Journal of advanced nursing, 2014, 70 (2): 373-382.

[242] TURNER J C. Social categorization and the self-concept: A social cognitive theory of group behavior [J]. Advances in group processes: Theory and research, 1985 (2): 77-122.

[243] TYLER D, MCCALLUM R S. Assessing the relationship between competence and job role and identity among direct service counseling psychologist [J]. Journal of Psychoeducational Assessment, 1998 (16): 135-152.

[244] UCOL-GANIRON JR T, MALVECINO-GANIRON T. Managing Career Success of Geodetic Engineers [J]. International Journal of Education and Learning, 2013, 2 (1): 13-24.

[245] USMAN A, DANISH R Q. Spiritual consciousness in Banking Managers and its impact on Job Satisfaction. International Business Research, 2010, 3 (2): 65-72.

[246] VALCOUR M, LADGE J J. Family and career path characteristics as predictors of women's objective and subjective career success: Integrating traditional and protean career explanations [J]. Journal of Vocational Behavior, 2008, 73 (2): 300-309.

[247] VANDEN BERG R. Teacher's meanings regarding educational practice [J]. Review of Educational Research, 2002, 72 (4): 577.

[248] VAN KNIPPENBERG D, HOGG M A. A social identity model of leadership effectiveness in organizations [J]. Research in Organizational Behavior, 2003, 25: 243-295.

[249] VANSTEENKISTE M, NEYRINCK B, NIEMIEC C P, et al. On the relations among work value orientations, psychological need satisfaction and job outcomes: A self-determination theory approach [J]. Journal of Occupational and Organizational Psychology, 2007, 80 (2): 251-277.

[250] VERPLANKEN B. Value congruence and job satisfaction among nurses: a human relations perspective [J]. International Journal of Nursing Studies, 2004, 41 (6): 599-605.

[251] VOYDANOFF P. The differential salience of family and community demands and resources for family-to-work conflict and facilitation [J]. Journal of Family and Economic issues, 2005, 26 (3): 395-417.

[252] VOYDANOFF P. Work role characteristics, family structure demands, and work/family conflict [J]. Journal of Marriage and the Family, 1988, 50 (3): 749-761.

[253] WALLACE J E. Job stress, depression and work-to-family conflict: A test of the strain and buffer hypotheses [J]. Relations Industrielles/Industrial Relations, 2005: 510-539.

[254] WALUMBWA F O, MAYER D M, WANG P, et al. Linking ethical leadership to employee performance: The roles of leader-member exchange, self-efficacy, and organizational identification [J]. Organizational Behavior and Human Decision Processes, 2011 (115): 204-213.

[255] WARR P, MILES A, PLATTS C. Age and personality in the British population between 16 and 64 years [J]. Journal of Occupational and Organizational Psychology, 2001, 74 (2): 165.

[256] WEICK K. Enactment and the boundaryless career: Organizing as we work [J]. The boundaryless career: A new employment principle for a new organizational era, 1996: 40-57.

[257] WESTMAN M, HOBFOLL S E, CHEN S, et al. Organizational stress through the lens of conservation of resources (COR) theory [J]. Research in Occu-

pational Stress and Well-being, 2005 (4): 167-220.

[258] WHISTON S C. The relationship among family interaction patterns and career indecision and career decision-making self-efficacy [J]. Journal of Career Development, 1996, 23 (2): 137-149.

[259] WHISTON S C, KELLER B K. The influences of the family of origin on career development a review and analysis [J]. The Counseling Psychologist, 2004, 32 (4): 493-568.

[260] WHITELY W, ENGLAND G W. Managerial values as a reflection of culture and the process of industrialization [J]. Academy of Management Journal, 1977 (20): 439-453.

[261] WHITE R W. Motivation reconsidered: the concept of competence [J]. Psychological review, 1959, 66 (5): 297.

[262] WILLIAMS G C, DECI E L, RYAN R M. Building health-care partnerships by supporting autonomy: Promoting maintained behavior change and positive health outcomes [J]. Partnerships in healthcare: Transforming relational process, 1998: 67-87.

[263] WILLIAMS K J, ALLIGER G M. Role stressors, mood spillover, and perceptions of work-family conflict in employed parents [J]. Academy of Management Journal, 1994, 37 (4): 837-868.

[264] YANG N, CHEN C C, CHOI J. Sources of Work-Family Conflict: A Sino-U. S. Comparison of the Effects of Work and Family Demands [J]. Academy of Management Journal, 2000, 43 (1): 113-123.

[265] ZAFAR J, MAT N. A Review of Career Success with Gender, Human Resource Policies and Cultural Diversity [J]. Middle-East Journal of Scientific Research, 2013, 17 (5): 655-659.

[266] 安秋玲. 社会工作者职业认同的影响因素 [J]. 华东理工大学学报(社会科学版), 2010 (2): 39-47.

[267] 边玉芳. 学习自我效能感量表的编制 [J]. 心理科学, 2004 (5): 1218-1222.

[268] 常广财. 养老机构的灵性照顾与社工介入 [D]. 长春: 吉林大学, 2013.

[269] 车文博. 心理咨询大百科全书 [M]. 杭州: 浙江科学技术出版社, 2001.

[270] 陈华伟，周艳球，汪传信. 基于心理需求的贫困大学生思想政治教育[J]. 国家教育行政学院学报，2006（10）：84-85.

[271] 陈晓萍，徐淑英，樊景立，组织与管理研究的实证方法 [M]. 北京：北京大学出版社，2012.

[272] 成晓光. 班杜拉的社会学习理论中的认知因素 [J]. 辽宁师范大学学报，2003（6）：30-33.

[273] 范金刚，门金泽. 高中生自我效能感在班级心理气氛与学习投入间的中介效应 [J]. 中国健康心理学杂志，2011，19（2）：206-208.

[274] 封子奇，姜宇，杜艳婷. 免费师范生教师职业认同及其影响因素研究 [J]. 河北师范大学学报（教育科学版），2010，12（7）：69-75.

[275] 封子奇，王雪，金盛华，等. 领导力的社会认同理论：主要内容及研究进展 [J]. 心理学探新，2014，34（2）：166-171.

[276] 高山川，孙时进. 社会认知职业理论：研究进展及应用 [J]. 心理科学，2006，28（5）：1263-1265.

[277] 高鑫. 精准化组织支持，自我效能感及工作投入的研究 [D]. 西安：陕西师范大学，2011.

[278] 高艳，乔志宏，宋慧婷. 职业认同研究现状与展望 [J]. 北京师范大学学报（社会科学版），2011（4）：47-53.

[279] 顾远东，彭纪生. 组织创新氛围对员工创新行为的影响：创新自我效能感的中介作用 [J]. 南开管理评论，2010（1）：30-41.

[280] 郭本禹，姜飞月. 职业自我效能理论及其应用 [J]. 东北师大学报，2003（5）：130-138.

[281] 黄芳铭. 结构方程模式：理论与应用 [M]. 北京：中国税务出版社，2005.

[282] 胡湜，顾学英. 使命取向对职业满意度的影响：职业弹性的中介作用及工作资源的调节作用 [J]. 心理科学，2014，37（2）：405-411.

[283] 霍宗红，莫玉梅，许邦文. 急诊患者家属心理需求的调查分析与护理 [J]. 实用护理杂志，2001，17（2）：54-55.

[284] 姜飞月，郭本禹. 职业自我效能的测量及其量表修订 [J]. 淮南师范学院学报，2004（6）：92-95.

[285] 江静，杨百寅. 领导-成员交换、内部动机与员工创造力：工作多样性的调节作用 [J]. 科学学与科学技术管理，2014（1）：165-172.

[286] 金家飞，徐姗，王艳霞. 角色压力、工作家庭冲突和心理抑郁的中美

比较：社会支持的调节作用［J］. 心理学报，2014（8）：1144-1160.

［287］柯江林，孙健敏，王娟. 职场精神力量表的开发及信效度检验［J］. 中国临床心理学杂志，2014（5）：826-830.

［288］柯江林，王娟，范丽群. 职场精神力的研究进展与展望［J］. 华东经济管理，2015（2）：149-157.

［289］李敏. 中学教师工作投入与基本心理需求满足关系研究［J］. 教师教育研究，2014，26（2）：43-49.

［290］李太，涂乙冬，李燕萍. 团队中的关系、迎合与职业成功：基于戏剧理论的解释框架［J］. 南开管理评论，2013，16（2）：36-46.

［291］李永鑫，赵娜. 工作-家庭支持的结构与测量及其调节作用［J］. 心理学报，2009（9）：863-874.

［292］李永鑫，周海龙，田艳辉. 真实型领导影响员工工作投入的多重中介效应［J］. 心理科学，2014（3）：716-722.

［293］刘彩霞，文若兰，覃文懿，等. 临床护士主观幸福感，职业认同与离职倾向的关系研究［J］. 广东医学院学报，2014（2）：257-259.

［294］刘海燕，闫荣双，郭德俊. 认知动机理论的新进展-自我决定论［J］. 心理科学，2003，26（6）：1115-1116.

［295］刘华芹，黄茜，古继宝. 无边界职业生涯时代员工心理因素对职业成功的影响：自我职业生涯管理的中介作用［J］. 大连理工大学学报：社会科学版，2013（1）：30-35.

［296］刘秋颖，苏彦捷. 初次就业个体的职业认同获得及其相关因素［J］. 北京大学学报（自然科学版），2007，43（2）：257-265.

［297］刘燕，张秋惠. 女性高层次人才职业成功模型改进［J］. 社会科学家，2014（8）：75-79.

［298］刘雅玲，袁园，冯华栋，等. 社会支持对低年级护理本科生职业自我效能感和专业课成绩的影响. 护理研究，2013（10）：3242-3243.

［299］龙立荣，方俐洛，凌文辁. 职业承诺及测量研究进展［J］. 心理学动态，2000，8（4）：39-39.

［300］龙书芹. 职业成功测量：主客观指标的整合及实证研究［J］. 华中师范大学学报：人文社会科学版，2010（4）：52-57.

［301］楼玲娣. 女大学生职业自我效能感分析［J］. 教育与职业，2012（29）：95-97.

［302］陆昌勤，方俐洛，凌文辁. 组织行为学中自我效能感研究的历史、

现状与思考 [J]. 心理科学, 2002 (3): 345-346.

[303] 卢纹岱. SPSS for Windows 统计分析 [M]. 北京: 电子工业出版社, 2000.

[304] 马庆国. 管理统计: 数据获取, 统计原理, SPSS 工具与应用研究 [M]. 北京: 科学出版社, 2002.

[305] 孟慧, 梁巧飞, 时艳阳. 目标定向、自我效能感与主观幸福感的关系 [J]. 心理科学, 2010 (1): 96-99.

[306] 宁甜甜, 张再生. 无边界职业生涯时代个体职业成功影响因素研究: 基于工作敬业度的中介效应 [J]. 大连理工大学学报: 社会科学版, 2014, 35 (4): 44-49.

[307] 邱皓政, 林碧芳. 结构方程模型的原理与应用 [M]. 北京: 中国轻工业出版社, 2009.

[308] 任皓, 温忠麟, 陈启山. 心理资本对企业员工职业成功的影响: 职业承诺的中介效应 [J]. 心理科学, 2013, 36 (4): 960-964.

[309] 荣泰生. AMOS 与研究方法 [M]. 重庆: 重庆大学出版社, 2009.

[310] 孙钰华. 教师职业认同对教师幸福感的影响 [J]. 宁波大学学报: 教育科学版, 2008, 30 (5): 70-73.

[311] 王惠卿. 社会工作者职业认同的结构与测量 [J]. 四川理工学院学报 (社会科学版), 2013 (4).

[312] 王明辉, 郭玲玲, 方俐洛. 工作场所精神性的研究概况 [J]. 心理科学进展, 2009, 17 (1): 172-179.

[313] 王小霏. 基于职场灵性视角的个体复原力研究 [J]. 价值工程, 2013, 32 (32): 1-3.

[314] 温忠麟, 张雷, 侯杰泰, 等. 中介效应检验程序及其应用 [J]. 心理学报, 2004, 36 (5): 614-620.

[315] 温忠麟, 叶宝娟. 有调节的中介模型检验方法: 竞争还是替补? [J]. 心理学报, 2014, 46 (5): 714-726.

[316] 魏立莹, 赵介城, 巫善勤. 抑郁与归因方式关系的研究. 中国临床心理学杂志, 1999 (4): 213-215.

[317] 魏淑华. 国外教师职业认同研究述评 [J]. 上海教育科研, 2005 (3): 16-18.

[318] 魏淑华. 教师职业认同研究 [D]. 重庆: 西南大学, 2008.

[319] 吴捷, 李幼穗, 王芹. 离退休老年人心理需求状况 [J]. 中国老年

学杂志，2011（16）：3143-3146.

[320] 吴明隆. SPSS 统计应用实务：问卷分析与应用统计［M］. 北京：科学出版社，2003.

[321] 吴明隆. 构方程模型：AMOS 的操作与应用［M］. 重庆：重庆大学出版社，2010.

[322] 闫威，陈燕. 管理自我效能感与管理绩效和组织承诺关系的实证研究［J］. 管理评论，2009（8）：45-51，22.

[323] 杨付，刘军，张丽华. 精神型领导，战略共识与员工职业发展：战略柔性的调节作用［J］. 管理世界，2014（10）：100-113.

[324] 杨国枢，文崇一，吴聪贤，等. 社会及行为科学研究法［M］. 重庆：重庆大学出版社，2006.

[325] 杨红明. 基于工作特征的企事业单位员工内在动机和敬业度作用机制研究［D］. 武汉：华中科技大学，2010.

[326] 杨宜音. "社会认同的理论与经验研究" 工作坊召开研讨会［J］. 社会学研究，2005（4）：240-242.

[327] 杨志蓉. 团队快速信任，互动行为与团队创造力研究［D］：杭州：浙江大学，2006.

[328] 姚春序，刘艳林. 魅力型领导与下属工作投入：双维认同构念的中介机制［J］. 心理科学，2013（4）：32.

[329] 姚凯. 自我效能感研究综述：组织行为学发展的新趋势［J］. 管理学报，2008（3）：463-468.

[330] 余琛. 知识型人才组织支持感、职业承诺和职业成功的关系［J］. 软科学，2009，23（8）：107-109.

[331] 张剑，张微，Edward，等. 心理需要的满足与工作满意度：哪一个能够更好地预测工作绩效？［J］. 管理评论，2012，24（6）：98-104.

[332] 张敏. 国外教师职业认同与专业发展研究述评［J］. 比较教育研究，2006（2）：77-81.

[333] 张宁俊，袁梦莎，兰海. 工作家庭间跨界增益：逻辑主线与模型［J］. 心理科学，2015，38（2）：500-505.

[334] 张宁俊，朱伏平，张斌. 高校教师职业认同与组织认同关系及影响因素研究［J］. 教育发展研究，2013（21）：53-55.

[335] 张淑美，陈慧姿. 癌症病人生命意义与灵性关怀之探讨［J］. 成人及终身教育学刊，2007（7）：1-20.

[336] 张旭，樊耘，黄敏萍，等. 基于自我决定理论的组织承诺形成机制模型构建：以自主需求成为主导需求为背景 [J]. 南开管理评论，2013，16 (6)：59-69.

[337] 张志鹏，和萍. 国外管理学研究新热点职场灵性研究前沿探析 [J]. 外国经济与管理，2012，34 (11)：61-71.

[338] 赵伟. 职业认同理论文献综述 [J]. 合作经济与科技，2013 (17)：55-56.

[339] 周国韬，戚立夫. 人类行为的控制与调节：班杜拉的自我效能感理论述评 [J]. 东北师范大学学报（教育科学版），1988 (4)：38-44.

[340] 周浩，龙立荣. 共同方法偏差的统计检验与控制方法 [J]. 心理科学进展，2004，12 (6)：942-950.

[341] 周文霞. 职业成功标准的实证研究与理论探讨 [J]. 经济与管理研究，2006 (5)：59-62.

[342] 周文霞，郭桂萍. 自我效能感：概念、理论和应用 [J]. 中国人民大学学报，2006 (1)：91-97.

[343] 周文霞，潘静洲，庞宇."关系"对个体职业发展的影响：综述与展望 [J]. 中国人民大学学报，2013，27 (2)：148-156.

[344] 周文霞，孙健敏. 中国情境下职业成功观的内容与结构 [J]. 中国人民大学学报，2010 (3)：124-133.

[345] 周笑平. 团体辅导在提升独立学院毕业生职业自我效能感方面的应用研究 [J]. 科教文汇，2009 (32)：79.

[346] 邹文篪，刘佳，卜慧美. 职场精神力对主观幸福感的影响：情绪劳动为中介变量 [J]. 中国临床心理学杂志，2015 (3)：544-547.

附录　调查问卷

《职场精神性对职业成功影响的调查问卷》

尊敬的先生/女士：

您好！我是西南财经大学经贸外语学院的一名老师，衷心感谢您抽出宝贵的时间参与我们的问卷调研，此问卷大约占用你5分钟左右的时间。本次调查的目的在于了解员工职业方面相关情况，本调查采用匿名方式，我们保证获取的数据仅作为学术研究，并保证对您的回答严格保密，请您放心填写。

请您仔细阅读下列题目，所有问题均为单选题，在相应选项后打“√”，问卷答案没有对错之分，只需要根据自己的实际情况填写即可。再次感谢您的配合与支持！

第一部分：个人基本信息

您的性别	（1）男　（2）女
婚姻状况	（1）已婚　（2）未婚
您的年龄	（1）25岁及以下　（2）26~30岁　（3）31~35岁 （4）36~40岁　（5）41~45岁　（6）46岁以上
您的学历	（1）高中及以下　（2）大专 （3）本科　（4）硕士研究生　（5）博士研究生
您参加工作的年限	（1）3年以下　（2）3~6年　（3）7~10年 （4）11~14年　（5）15年及以上
您在本单位工作年限	（1）3年以下　（2）3~6年　（3）7~10年 （4）11~14年　（5）15年及以上
您目前的职位级别是	（1）一般员工　（2）基层管理者 （3）中层管理者　（4）高层管理者

您目前的收入状况	（1）3 000元及以下 （2）3 000~5 000元 （3）5 000~7 000元 （4）7 000~9 000元 （5）9 000元以上（包括工资、津贴、补贴等）
工作以来晋升的总次数	（1）0次 （2）1~2次 （3）3~4次 （4）5~6次 （5）更多 （晋升可以是职务、职称或者岗位重要性等相关）
您在现单位的晋升次数	（1）0次 （2）1~2次 （3）3~4次 （4）5~6次 （5）更多
您所在单位的性质	（1）国有企业 （2）民营企业 （3）中外合资企业 （4）外商独资企业 （5）其他________（请填写）

第二部分：职场精神性与职业成功的关系调查

本部分是针对您的职场精神性体验与职业成功关系的感知及态度进行调研，请根据您的真实感受进行填写，每题为单选。其中：1代表“完全不同意”、2代表“基本不同意”、3代表“不确定”、4代表“基本同意”、5代表“完全同意”。

职场精神性

	完全不同意	基本不同意	不确定	基本同意	完全同意
1. 在工作中我能体会到快乐	1	2	3	4	5
2. 在工作中，我感觉精神充实	1	2	3	4	5
3. 工作和我认为的生命中重要的东西相关	1	2	3	4	5
4. 我每天期待着去上班	1	2	3	4	5
5. 我觉得自己的工作对整个社会有所贡献	1	2	3	4	5
6. 我看到了工作带给我的个人意义	1	2	3	4	5
7. 同事之间的相互合作是有价值的	1	2	3	4	5
8. 我觉得自己是团队（集体）中的一员	1	2	3	4	5
9. 我相信团队总成员都相互支持	1	2	3	4	5
10. 在团队中（集体）中我们可以自由表达意见	1	2	3	4	5
11. 我认为有一个更大的共同目标联系着团队成员	1	2	3	4	5
12. 我相信团队（集体）中的成员都真诚关心彼此	1	2	3	4	5
13. 在团队中，我有一种家的归属感	1	2	3	4	5
14. 我感觉我们公司（单位）的价值观是积极的	1	2	3	4	5
15. 我们公司（单位）能够关心穷人	1	2	3	4	5

（续表）

	完全不同意	基本不同意	不确定	基本同意	完全同意
16. 我们公司（单位）能够关心所有员工	1	2	3	4	5
17. 我们公司（单位）是有道德善心的	1	2	3	4	5
18. 我觉得自己和公司（单位）的目标息息相关	1	2	3	4	5
19. 公司（单位）能够关心员工的健康	1	2	3	4	5
20. 我觉得自己和公司的最高使命有关系	1	2	3	4	5
21. 公司（单位）关心我的内在精神世界是否充实	1	2	3	4	5

主观职业成功

	完全不同意	基本不同意	不确定	基本同意	完全同意
1. 我对自己的职业所取得的成功感到满意	1	2	3	4	5
2. 我对自己职业中取得的进步感到满意	1	2	3	4	5
3. 我对自己职业取得的薪酬感到满意	1	2	3	4	5
4. 我对自己的晋升速度感到满意	1	2	3	4	5
5. 我对自己职业中不断获得的新技能而感到满意	1	2	3	4	5

职业认同

	完全不同意	基本不同意	不确定	基本同意	完全同意
1. 当别人称赞我的职业时，我感觉自己也受到了称赞	1	2	3	4	5
2. 当别人批评我的职业时，我感觉自己也受到了屈辱	1	2	3	4	5
3. 当谈到我的职业时，我经常用“我们”而不是“他们”来称呼	1	2	3	4	5
4. 我从事的职业本身的成功，也代表着我个人的成功	1	2	3	4	5
5. 如果媒体批评我从事的职业时，我会感到很尴尬	1	2	3	4	5

职业自我效能感

	完全不同意	基本不同意	不确定	基本同意	完全同意
1. 工作遇到困难时我能保持冷静，因为我相信自己的能力	1	2	3	4	5
2. 工作中出现问题的时候，我通常能找到多种解决办法	1	2	3	4	5
3. 无论工作中遇到什么问题，我一般都能处理	1	2	3	4	5
4. 我感觉自己的工作经验有助于将来的职业发展	1	2	3	4	5
5. 我认为自己能实现自己设定的职业目标	1	2	3	4	5
6. 我认为自己能应对职业中的大部分挑战	1	2	3	4	5

基本心理需求

	完全不同意	基本不同意	不确定	基本同意	完全同意
1. 我感觉能够决定自己的工作如何开展	1	2	3	4	5
2. 我感觉在工作中受到了强制	1	2	3	4	5
3. 我感觉在工作中能自由发挥自己的想法和见解	1	2	3	4	5
4. 在工作中我需要按照别人所吩咐的去做	1	2	3	4	5
5. 我没有机会决定如何开展自己的工作	1	2	3	4	5
6. 我真的很喜欢与自己一起工作的人	1	2	3	4	5
7. 我和工作中的同事相处融洽	1	2	3	4	5
8. 我将一起工作的人视为朋友	1	2	3	4	5
9. 工作中和我亲近的人很少	1	2	3	4	5
10. 我有机会学习工作中有趣的新技能	1	2	3	4	5
11. 我常常能从工作中感到成绩感	1	2	3	4	5
12. 我享受工作中的挑战	1	2	3	4	5
13. 我没有机会在工作中展示自己的能力	1	2	3	4	5

家庭需求

	完全不同意	基本不同意	不确定	基本同意	完全同意
1. 我要费力处理与家庭相关的各种事情	1	2	3	4	5
2. 我的家庭需要我所有的关注和照料	1	2	3	4	5
3. 我感觉自己面临很多的家庭需求	1	2	3	4	5
4. 我在家庭需要承担很多的责任	1	2	3	4	5

问卷到此结束，对于您所提供的协助，我们表示诚挚的感谢!!